国連平和構築

紛争のない
世界を築くために
何が必要か

長谷川祐弘
Sukehiro HASEGAWA

日本評論社

目次

序章

国際平和と安全を維持するために、国際連合が一九四五年に設立されてから七〇年以上経った。東西の冷戦時代の終焉に伴い、一九九〇年代になると国家間の戦争が少なくなる一方で、国内や国々が隣接する地域での紛争や武力闘争が多発するようになった。そして二一世紀になると、人種、民族そして宗派の対立が深まり、紛争や闘争の形態も変わってきた。このような状況で国連はどのような政策で平和を維持し構築しようとしてきたか。本書はこの課題に関心を抱いている方々に向けて書かれた本である。

筆者はニューヨークに本部がある国連開発計画（ＵＮＤＰ）に一九六九年に勤めはじめてから、二〇〇六年に引退するまでの三七年間にわたりニューヨークとジュネーブ、そしてアジア・アフリカの七カ国で勤務した。初めは国連専門機関や世界銀行などの開発金融機関と共同で技術援助や投資前調査などを行った。当時は先進国の問題意識を反映した国際機関が中心となって発展途上国の開発を促進する傾向が強かった。しかし一九七〇年代になってジャクソン報告書が提出され[1]、援助の受け入れ国の開発戦略を尊重すべきとの勧告が国連総会で採択されると、国別援助方式が採用されるようになり、筆者はパキスタン担当官となった。当時のパキスタンはまだ東と西の領土から構成されていた。東パキスタンがアワミ連盟の指導者ムジブル・ラーマンの指揮下で一〇〇万とも推定される犠牲者を出しながらも一九七二年一月にバングラデシュとして独立する直前には、カラチからインド大陸の周りを六時間かけて飛行してダッカにたどり着いたことを覚えている。その後、フィリピンや、当時はビルマと呼ばれていたミャンマーの担当官になり、これらの国々への国連の開発援助を統括した。

ニューヨーク本部での勤務が一〇年近くなると、現地で開発援助に直接携わりたいとの気持ちが高まり、人事関係者にそのように告げた。この要望は直ちに受け入れられ、一九七八年にはネパールへ派遣されてＵＮＤＰ常駐副代表となった。その三年後の一九八〇年にはインドネシアに転勤した。そして一九八四年の七月には、南太平洋地域のサモア、クック、ニウエ、トケラウ諸島担当のＵＮＤＰ常駐代表・国連開発活動常駐調整官に任命された[2]。筆者四二歳のときである。この頃はＵＮＤＰが資金を各々の国連機関に提供していたので、国連システム内ではかなりの影響力があった。国連機関が一致団結して開発・人道援助を実施するようにとの目的で国連総会が設けた国連開発活動常駐調整官の役割は、比較的に若かった筆者にとっては力量を試される任務となった。

筆者にとって、南太平洋地域でＵＮＤＰ、ＵＮＦＰＡ、ＵＮＥＳＣＯ、ＦＡＯなどの国連機関の活動の調整官として勤務することはやりがいのある職務であったが、家族にとっては耐えがたい試練になった。現地にはまともな学校がなく、子供たちは二年ほど学校で学ぶレベルが落ちてしまっていた。妻は子供のことを考え、これ以上は南太平洋の孤島にいることはできないと、スイスの実家に子供を連れて行ってしまった。当時のUNDPのアジア太平洋局長だったアンドリュー・ジョセフ（Andrew Joseph）氏が配慮してくださり、二年後の一九八七年にはジュネーブに本部がある国連ボランティア計画（UNV）の事務局次長として就任することになった。任務は発展途上国で草の根レベルで開発支援を行うボランティアを派遣する事業を推進することであった。

冷戦後の一九九〇年代になり、アジア・アフリカ地域での紛争が多発するようになると、国連の平和活動が急速に増加した。国連ボランティア計画はこの分野でも貢献できると信じ、一九九三年にはカンボジア総選挙を担うための選挙監視団を派遣することにした。この事業は国連ボランティア計画と筆者にとって平和維持や平和構築活動に積極的に携わっていく重大な転機となった。日本からも三〇人の選挙管理人を募りカンボジアに派遣したが、そのうちの一人であった、若く正義心に燃えた中田厚仁氏が、現地の選挙管理職員に選ばれなかったカンボジア人の親戚の軍人に殺害された。世界各国から従事していた五〇〇名以上の選挙管理人のうちの一割ほどの人たちが、危機感を感じ任務を放

1　Robert Jackson, A Study of the capacity of the United Nations Development System, Geneva, 1969.
2　英語では Resident Coordinator of the United Nations System's Operational Activities for Development という名称であった。

棄して自国に帰ってしまった。選挙管理人の統括責任者として、筆者は最後まで任務を果たしたいと残った四五〇人ほどのボランティアの方々の身の安全を確保するにはどうしたらよいか苦心した。当時カンボジアで国連事務総長特別代表をされていた明石康氏およびサンダーズ軍司令官と二回にわたる団体交渉をして、国連ボランティア選挙監視員が公務で働いているときには護衛をしてもらうことにした。また日本人の選挙管理人たちの身の安全が日本国内での重大な政治問題となり、万全を期してプノンペンへ避難させることにした。国連内で特定の国から派遣された職員を優遇することは問題になるので、一時避難の理由付けをするのにも苦労した。それと同時に、明石特別代表には、多くの障害や不安定要素があっても民主的な政府を設立する決心を堅持して、国連ボランティア選挙監視団には最後まで任務を全うさせることを誓った。

このように筆者が現地に滞在して直接に平和活動に携わることになったのは一九九三年のことであったが、翌年の一九九四年にはソマリアで国連平和維持活動（ＵＮＯＳＯＭⅡ）の政策企画担当部長を務めた。その後、一九九五年から一九九六年の二年間近くの間には、ルワンダで国連の人道・開発支援活動の常駐調整官として勤務した。その間には、国際連合ルワンダ支援団（ＵＮＡＭＩＲ）のシャヒャー・カーン（Shahryar M. Khan）特別代表と緊密に協力して仕事をした。このアフリカの二か国での仕事は平和維持活動と平和構築活動の両方に現地で直接に携わる機会となった。ソマリアでアメリカ軍のヘリコプターが撃墜され兵士が地上で引きずりまわされると、当時のクリントン大統領は二度とアメリカ兵をアフリカに派遣しないことを決めた。そのために、ルワンダで八〇万人とも推定される住民の大虐殺が起こるのを国連は止めることができずに、国連の威信が地に落ちた。そのような状況でルワンダに行く気のある国連職員を探していた国連本部から、キガリへの赴任を打診されたときには、筆者は迷わずに直ちに現地に向かった。今ではよくも躊躇しなかったと驚いているが、そのときには、今にはない平和構築への確固とした志があったのだろう。

ソマリアそしてルワンダでの勤務が三年間近くになると、ＵＮＤＰニューヨーク本部が、アフリカ局かアジア太平洋地域局の次長ポストを用意してくれた。アジアを選び、その後の三年間は北朝鮮を含めて、アフガニスタンから南太平洋の国々まで出向いて仕事をした。そして定年の六〇歳に近づいてきた一九九九年九月に、東京のＵＮＤＰ駐日代表に赴任した。新しくＵＮＤＰ総裁になったマーク・マロック・ブラウン（Mark Malloch Brown）氏から日本を最大拠出国にするようにとの使命を与えられた。外務省のみならず小渕内閣総理大臣の官邸まで行って働きかけ、二〇〇〇年度にはＵＮＤＰへの日本からの通常拠出金を一億ドルに増やしてもらい、日本を最大拠出国にすることに成功した[3]。これで国連生活から満足して引退できると思っていたら、想定外のことが起こった。六〇歳になる四か月前の二〇〇二年七月に、インドネシアから独立を勝ち取ったばかりの東ティモール民主共和国での国連事務総長特別副代表そして国連開発人道活動の調整官の職務を兼任するようにとの指令がきた。東ティモールに行き、上司のカマレシュ・シャルマ（Kamalesh Sharma）事務総長特別代表の下で、国家機関の能力育成事業に携わることになった。二年間があっという間に経つと、二〇〇四年五月にシャルマ氏の後任として国連事務総長特別代表に任命された。その後二〇〇六年九月に引退するまでの二年半近くの間にわたり、国連東ティモール支援団（ＵＮＭＩＳＥＴ）、国連東ティモール事務所（ＵＮＯＴＩＬ）そして国連東ティモール統合ミッション（ＵＮＭＩＴ）の長官の職務も務めた。この間の仕事は東ティモールが紛争や内戦に戻らない安定した国を築き上げる平和構築支援活動であった。[4]

このようにカンボジア、ソマリア、ルワンダ、東ティモールの現地で体験して得たことは、平和が現地の人たちにとって何を意味するかは、各々の国と社会によって異なり、またつねに変化しているということであった。民主主義の根付いた先進国に住む市民に取って、平和とは人権が擁護され自由な生活ができることを意味しているが、筆者が駐在していたときのこれらの国々は破綻国家あるいは脆弱国家の状態であって、紛争や武力闘争が日常となっている住民にとっては、平和とは身の安全が保たれる状態を意味し、せめて最低限度の衣食住が確保されていることが重要なのである。よって、国際社会が平和構築支援策を立案するにおいても、個々の国々の状況を把握し、政治、社会、文化、宗教そして歴史的な経緯を十分理解する必要があるということを痛感した。そのうえユネスコ憲章で示唆されているごとく、戦争は人の心の中で生れるものであるから、当事国の人の心の中に平和の砦を築かなければならないという認識を持った。[5]具体的には、どの国でも、その国の指導者や当事者が平和を築き上げるためには、自らのメンタリティーと思考方法を変える必要があるということを自覚する必要があるということである。

国連が創設されたときには平和とは国家間の紛争や戦争のない状態を示唆していたが、冷戦終結に伴い状況は多面的になりなおかつ多様化した。東西冷戦が一九九〇年代の初頭に終結した後には、国際社会での国家間の紛争が減少したが、世界の数多くの国々や地域で内戦や紛争が勃発した。この新たな紛争の展開には歴史的な意義があった。国家の枠組みを超えた民族や宗教そして自己主張が紛争の起因となったのである。それでも、冷戦後の二〇年間ほどは、国際社会は、アメリカの覇権の下で、国家間の戦争のみならず国内闘争や地域内での紛争にも対処してきた。その間、紛争の根源的な要因を取り除き安定した平和状態を作り上げる目的を抱いて平和構築活動が台頭してきたが、平和維持活動と混同されて、十分に存在価値を発揮できてこなかったと言えよう。[6]

一方、グローバリゼーションが加速すると、国際社会を一体のコミュニティーとしてグローバル・

3　国連開発計画（ＵＮＤＰ）の資金は任意拠出金からなる通常資金（コア）とその他の資金（ノン・コア）により構成されている。通常資金とは使途を特定しない資金であり、その他の資金にはドナー政府・多国間機関や実施国から目的別に資金協力を得るコスト・シェアリングや基金・信託基金が含まれる。日本は二〇〇〇年に通常資金（コア）を一億円拠出して最大拠出国となった。Hasegawa, Sukehiro, "Japan and the United Nations: Its Past, Present and Future," in Hiroshi Kato, John Page and Yasutami Shimomura eds., *Japan's Development Asistance: Foreign Aid and the Post-2015 Agenda*, Palgrave MacMillan, 2016, p. 242.

4　Hasegawa, Sukehiro, *Primordial Leadership: Peacebuilding and National Ownership in Timor-Leste*, UN University Press, 2013.

5　The Preamble to the Constitution of UNESCO declares that "since wars begin in the minds of men, it is in the minds of men that the defences of peace must be constructed."

ガバナンスの観点から対処する必要性が出てきた。そして国連がその任務を果たすことが期待された。国連は国連憲章にある国際平和の維持のために、平和活動の目的、形態、そして施行方法を柔軟に取り入れることが求められた。多面的な国連平和活動を展開する必要性が増した。新世紀に入ると、指導者の権力闘争や富の獲得などを撲滅することが、平和を達成するための必要条件とみなされるようになった。そして成し遂げた平和を維持していくためには紛争の根本原因を取り除く平和構築が必要であるという認識が、国連のほとんどすべての加盟国で共有されるようになった。平和構築の目的も国家機関の統治能力の育成から、二〇〇五年には民主主義国家作りになった。平和構築政策として紛争の根源的な要因を除去し、人権と法の支配を重んじた民主主義の理念に基づいた、持続可能な平和と安定した社会体制の構築をすることが、国連の主要な任務となった。人権委員会の理事会への格上げとともに平和構築委員会が設置され、平和構築が国連の主要な活動になると期待された。

本書では、国際連合の平和構築政策がどのように作成され、実施されてきたかを究明する。国連加盟国の指導者と専門家たちが紛争と平和をどのように認識し、平和維持と平和構築の概念がどう変化してきたかを検証する。紛争の再発を阻止し、維持可能な平和を築き上げるための国連の平和活動政策や運営当事者の考え方を吟味する。そして、新たな世紀に入って紛争の要因が多様化する中で、国連の平和活動政策や運営当事者の考え方がどのように変遷してきたか精査する。

第1章では、民族間の敵対意識が武力紛争に発展しはじめた時代の一九九二年に国連事務総長になったブトロス・ブトロス＝ガーリ（Boutros Boutros-Ghali）が一九九六年までの五年の任期中に発表した「平和への課題」「開発への課題」そして「民主化への課題」と題する三つの報告書に込められた問題意識と提案を精察する。これらの報告書では、冷戦の終結後に国家間の戦争が無くなった反面、民族間の紛争が多発するようになり、一般住民の安全を守ることが、現地社会の指導者のみならず国際社会の新たな任務となってきたことに触れている。平和と開発そして民主主義の理念と体制の関係を吟味して、紛争多発国と地域における予防外交、平和創造と平和維持のみならず紛争後の平和構築を国連が戦略的に行う必要性を示唆している。平和活動に関する一連の概念を統合して、紛争後の国家において恒久的な平和を構築できるようにするにはどうしたらよいかを考察している。ブトロス・ブトロス＝ガーリにとっては、平和構築の核心的な目的は、武力紛争へと発展していく部族間などの対立関係を平和的に解決し、社会の包括的な紛争処理能力を向上させることであった。安定した秩序と平和を維持していくためには、国家のみならず、国際社会全体において正義に基づき公正な社会作りを目指した民主主義政治が実現されることであった。ブトロス＝ガーリが任期の最後の年の一九九六年に書き上げた「民主化への課題」で表されたこの問題意識と概念は、国際社会の民主化を目指した既存の国際体制に対する挑戦であった。その結果として、米国の反対によりブトロス・ブトロス＝

6　アレックス・ベラミー（Alex Bellamy）は平和構築活動を平和維持活動の支援活動として扱った。Bellamy, Alex J. and Paul D. Williams, *Understanding Peacekeeping*, Polity Press, 2010, Part III, Chapter 12.

ガーリは第二期目の再選を安保理で拒否されてしまった。

第2章では、国連が紛争後の国々や地域において、インフラや経済基盤の復旧支援から、基本的人権を擁護した人間の安全保障の概念を基にして、国家社会の統治能力の育成へと、どのように移行していったかを吟味する。そして、人間の安全保障と民主主義の理念自体がどのように進化していったかを精査する。

第3章では、平和維持活動の効率性と効果性を改善していくために、国連がどのような具体策を打ち出したかを検証する。ブラヒミ勧告を受け入れ、安保理は平和維持活動部隊の早期の派遣を実施して、総括した展開をしていくという試みをした。そしてコフィ・アナン国連事務総長は、専門家を招集して、「脅威・挑戦・変革」と題する報告書を踏まえて、自らの平和への志を反映した、「全人類のためのより大きな自由を求めて」という勧告案を提出した。カナダが提案した「保護する責任」という概念も取り入れ、国連は二〇〇五年には特別総会で成果文書を採択して、平和維持から平和構築活動へと前進していくことを確認した。国連事務局は平和活動を推進していく指針案としてキャップストーン・ドクトリンを二〇〇七年に、そしてニュー・ホライズンを二〇〇九年に公表した。この章ではその内容と意義を精査する。

第4章では、国連が創設されてから七〇年目にあたる二〇一五年は、国連の平和活動に関する重要な三つの報告書、「平和活動に関するハイレベル独立パネル」報告書、「平和構築アーキテクチャー」に関する報告書、そして国連安全保障理事会が「女性と平和、安全保障に関する決議」第一三二五号を採択した後の一五年間の進展状態に関する報告書および国連総会が二〇一五年に採択した「維持可能な開発目標の達成のための二〇三〇アジェンダ」の目標16の意義と内容を精査する。ＨＩＰＰＯと呼ばれるようになった、ラモス＝ホルタ元東ティモール大統領が率いるパネルは、新しい課題に対処し、現在の国連平和活動を徹底的に見直し包括的に検討して、新たな脅威にどのように対応していくべきか勧告した。平和構築アーキテクチャー諮問グループは、国連平和構築委員会（ＰＢＣ）、平和構築基金（ＰＢＦ）と平和構築支援事務所（ＰＢＳＯ）が平和構築に積極的に取り組めるよう、どのように改革されるべきかを入念に調査した。そして国連安保理決議一三二五（二〇一五）の勧告案がどの程度にわたり実施されたか調査したグループは、紛争と平和の確保のために女性の役割がどのように効果的になったかを検討した。すべての人々に司法へのアクセスを提供するとともに、あらゆるレベルにおいて効果的で責任ある包摂的な制度を構築することを目標にした。この章では、これらの報告書と勧告案とともに、日本で行われた意見交換会で検討された要点を吟味してみる。

第5章では最初に、紛争後の国々において、国連が支援した移行期正義の確立に焦点を当て、民主主義国家の構築がどのように始められたかを検証する。そして、基本的人権擁護と民主主義の理念を基盤とした統治能力の育成に専心するようになった経緯を見定め、紛争後の国々において、国家機関の役割の改善と機能・能力の強化にシフトした意味を吟味する。国連は、公正な社会を実現するにはどうしたら良いかを論じたジョン・ロールズの一九七一年の著作『正義論』（*A Theory of Justice*）を受け入れ、人権と法の支配を実現するための政策論の基盤とした。国連は高度な専門的知識と技術を持った専門家を派遣することによって、国家建設（state building）を達成して、持続可能で安定した社会を築くという政策を推進した。国家社会の民主化を推進するために選挙の導入を進めたが、このプロセスが平和構築に果した役割がどうだったかをこの章では見定める。

第6章では、紛争後の国家での経済の復興と雇用の創出の必要性に関する問題意識がどのように変遷してきたか精査する。そして持続可能な開発の枠組みへの移行が試みられる中に、人間開発と人間の安全保障が国連の平和構築政策にどのように反映されてきたかを吟味する。また、国連総会が二〇一五年に採択した「維持可能な開発目標の達成のための二〇三〇アジェンダ」の目標16が、平和で包摂的な社会を推進するにあたってどのような意味があったか吟味する。

第7章では、紛争後の社会における平和構築が試みられるにあたって、国家指導者と政治活動家の役割がどのように変化してきたかを考察する。歴史的な社会構造の変遷するなかで政治文化と政治行動がどのような関係があったか、住民の集団帰属意識の意義と民主主義文化の観点から考察する。そして紛争後の国家や社会の指導者の役割を見定めるために、指導者の心理と態度を分析する。

第8章では、紛争後の社会での平和構築の核心的な要素を見定める。冷戦の終結に伴い、自由民主主義が世界中の国々の社会での良きガバナンス（Good Governance）の土台になるという思想が広まると、平和構築支援者は紛争地域や紛争後の国々の社会での民主化に邁進してきた。しかし、政治経済体制の自由民主化は住民の生活の向上に即時には効果をもたらさずに、かえって国家社会を不安定にして紛争の再来を招くような状態が起きた。紛争後の国や地域では、治安をもたらし持続できる平和の構築を成し遂げるために、新たな見方と説明が必要になってきた。その一環として、現地の統治体制よりも指導者の志と資質が決定的な要因であることを、哲学者カントの『永遠なる平和のために』必要な条件とは何であるかという問いを基にして論じ、現地の指導者たちと国際社会の平和構築支援者がどのような志を持って平和構築活動に携わっていくべきかを考察する。

第1章　国連平和構築政策の誕生
——ブトロス＝ガーリが志したもの

東西冷戦が一九九〇年代の初頭に終結すると、国際社会での国家間の紛争が減少して平和な世界になっていくと期待された。その期待は破られ、世界の数多くの国々や地域で内戦や紛争が起こりはじめた。この新たな状況の進展に応じて、国連は憲章にある国際平和の概念をより柔軟に解釈し、平和活動の目的、形態、そして施行方法を変更して、加盟国内や地域での平和と安定をもたらすために、多次元的な活動を行うようになった。それとともに、平和と安全を維持するために、平和構築の重要性を示唆するようになった。

国連は一九四八年に中近東で最初の平和維持活動に着手して以来、国家間の戦争や紛争に携わっている国家を監視するだけでなく、国際平和と安定を維持する手段や能力を築きあげようとしてきた。最近では、紛争多発国・地域あるいは紛争後の国家・地域においては、平和維持活動を実施するにあたって住民の保護とともに平和構築に精力を費やしている。国連が現在行う広義の平和活動は平和創造から、紛争予防、平和執行、平和維持そして平和構築活動まで多面にわたる幅広い活動に至っている。

本章では、過去二〇年の間の国連平和活動の概念と活動形態の進化を吟味することとする。そして平和維持と平和構築学説の相違点を検証し、その関連性の土台を吟味したい。そうする中で、紛争後の国家がどのようにして平和を持続可能なものにするか、より幅広い国際環境における現在の国連平和活動の本質と主な要素を検討する。そして、平和活動で重要視される基本原則と、平和活動の支援者が国家の指導者たちとともに従事しなくてはならない活動全体の総合的な対処の形式を吟味する。そのために、一九九二年から一九九三年にカンボジアで展開された国連平和活動である国連カンボジア暫定統治機構（UNTAC）の選挙監視活動の総括者、また、第二次国連ソマリア活動（UNOSOMⅡ）の政策企画部長として、そしてルワンダでの国連機関の開発援助活動の常駐調整官として直接従事した筆者自身の経験を念頭におきながら、東ティモールにおける平和維持と平和構築活動でのこうした経験から得た主な教訓を熟考していくこととしたい。

冷戦の終了後、国際平和維持と平和構築学説の主要な発想は、国連安保理の要請に基づいて当時の国連事務総長であったブトロス＝ガーリが一九九二年に発表した「平和への課題」、そして、その二年後の一九九四年に総会に提出した「開発への課題」に反映されていたといえよう。また、ブトロス＝ガーリが一九九六年に自ら発表した「民主化への課題」の中では、国際社会の民主化という課題が取り上げられた。これら三つの課題によって、全体的な平和の概念が形成され、人権や法の支配に基づく民主主義社会の形成と恒久平和の達成との相互関連性が提言され、平和維持だけではなく、平和構築における新しい国連の役割と機能を指摘した点が有意義であった。[1]

その後二〇〇〇年になって、アルジェリアのラフダール・ブラヒミ（Lakhdar Brahimi）が、多様な平和活動における安全保障維持軍、国連警察隊、人権専門家、人道活動家、そして開発専門家などを含む国連平和ミッションの活動の概念的な変革を提案し、ブラヒミ・パネル（国連平和活動検討パネル）は、国連平和維持活動の要員はいったん派遣されたら、自らの業務を効率的かつ効果的に遂行しなくてはならないと提言した。またそのためには、平和維持活動に従事する者は、平和合意へのコミットメントを翻したり武力行使でそれを妨害したりする現地の武力勢力から、自身のみならず平和維持活動の他の部門の要員の安全と任務の遂行を確保することができなければならないと説いた。[2]

一九九〇年代になると、国連は人道や開発援助機関による活動の調整を組織的に始めた。国連人道問題調整事務所（ＯＣＨＡ）による人道的な救援活動の効率化と、国連開発グループによる開発援助に携わっている各々の機関のさまざまな活動を調整する動きが加速した。現地においては、人道調整官（Humanitarian Coordinator）と常駐調整官（Resident Coordinator）が現地で活動するさまざま

1　「平和の課題」「開発の課題」そして「民主化の課題」で何を意味したかに関してはブトロス＝ガーリ氏が一九九九年に東京で講演した英語の要旨を参照。Boutros Boutros-Ghali, "Peace, Development and Demonstration," Japan Institute for International Studies, December 1999, Tokyo, Japan.

2　国連平和活動に関するパネルレポート（A/55/305-S/2000/809）、勧告の要約2と3。

な国連専門機関、基金やプログラムによる活動を調整するようになった。

災害や紛争地域での支援活動に携わっていた人道問題担当局（Department of Humanitarian Affairs）は、一九九一年の国連総会によって緊急事態に対応する国連全体の活動の効果的な調整に専心するように促された。国連事務総長はまた、緊急援助が救済から復興と長期的な開発へのスムーズな移行を実現する方法で提供されるよう勧告した。[3] 国内紛争や内戦が人間の安全保障への新しい脅威として出現するにつれ、国連は「複雑な緊急事態」（complex emergency）と呼ばれる新しい危機状況に直面するようになった。そしてこの状況の中で、UN Office for Coordination of Humanitarian Affairs（OCHA）と正式には呼ばれる国連人道問題調整事務所が効果的で体系的な危機管理を通じて中心的な役割を担うよう委任された。その背景としては、こうした複雑な緊急事態における紛争の本質の変化と戦闘員による住民の基本的人権への軽視が、新たな危機的状況に即座に対応できる組織の必要性を増大させたからである。人種、民族そして部族間の武装紛争は一般市民への恣意的な攻撃へとつながり、被害を受けた民間人への人道支援のアクセスが政治的な交渉手段として規制されることによって、何の罪もない民間人が受ける苦難はさらに増大したためでもある。さらには鉱産物などの天然資源を搾取する戦乱下の経済とともに小型武器の普及によっても一般市民の生命へのリスクは増大し、民間人の安全確保への新しい対処の仕方を取り入れていくことがますます必要になったためでもあった。[4]

人権の擁護と法の支配は、長期的に持続可能な安定と平和を成し遂げるための鍵であり、優れたガバナンスのための土台となるべきものであることが、徐々にではあるが、国際社会において広く認識されるようになった。そして「良きガバナンス」（good governance）の観念は「民主的ガバナンス」（democratic governance）へと進化したのである。新しい世紀である二〇〇〇年代の始まりまでに、民主主義は社会を治めていくための理想的な体制とみられるようになった。全ての国連加盟国の国家元首と政府が、ニューヨークの国連本部に集った二〇〇五年九月までに、政治的、経済的、社会的そして文化的な形態を国民が自らの意思で決め政治・行政に滞りなく参加できるという民主主義制度を公式に認め、それが自由に表現された国民の意思に基づいた普遍的な価値であるということを再確認したのである。これにより国際社会の指導者たちは「民主主義の原則を実行するための能力を強化しようとする加盟国をその要請に従って支援するために、国連自体の支援能力を強化することを決意すること」[5]を再確認したのである。

国連はまた、人類の存続に対する新しい脅威に対応するために国際社会が取り入れなくてはならない新たな要件を検討することにした。国連事務総長は、「脅威・挑戦・変革に関する評議委員会」を設置して、タイの元首相のアナン・パンヤーラチュン（Anand Panyarachun）を会長に任命した。

3　国連総会のその決議 A/RES46/182は、一九九一年一二月一九日七八回本会議で、より効果的な調整が行われるよう勧告した。
4　変わりつつある状況に関するより詳細な説明はＯＣＨＡウェブサイトに掲載されている。http://ochaonline.un.org/humanitarianissues/tabid/1081
5　二〇〇五年一〇月二四日の国連総会決議 60/1、パラグラフ１３６参照のこと。

国家主席や外務大臣あるいは国際機関の事務局長などを務めた人たちを委員として、二〇〇四年一二月、人類の将来に対する包括的な概観を作り上げた。評議委員会は人類全体の安全保障に対する一〇項目の主要な脅威を特定し、これらの課題に対処することは国際社会が担わなくてはならない集団的な責任であると進言した。また評議委員会は、武装紛争や内戦が終わったとき、国際社会が紛争後の平和構築に従事することは非常に重要であると指摘した。さらに委員会は、平和構築の成功には適正な任務を行い潜在的な妨害者を抑制する充分な能力を備えた平和維持活動の要員を派遣することが必要であるが、国連はこの重要な課題に対してほとんど注意を払わず、手段も提供していないと指摘した。また委員会は平和維持や動員解除、武装解除のようなさまざまな活動のための予算や基金を確保することが必要であると考え、復興と戦闘員の社会復帰、そして国家の再構築事業に必要な最低限の財源を補うために少なくとも二億五〇〇〇万ドルの新たな信託基金の設立を提案し、法の支配の分野において国家機関の諸制度上の施行能力の構築に焦点を当てるべきだと提案した。評議委員会はこれが国連の核となる役割であるべきだとさえ断言した。[6] この提案は、アナン国連事務総長が二〇〇五年の国連総会に提出した「より大きな自由を求めて」と題する報告書にほとんどすべて反映され、総会の成果文書に書き込まれた。

その後、二〇〇八年三月に完結した「国連平和維持活動：原則と指針」(キャップストーン・ドクトリン[Capstone Doctrine])と二〇〇九年七月に公表された「新パートナーシップ基本方針：国連平和維持活動の新たな展望」(ニュー・ホライズン[New Horizons])によって、平和維持および平和構築活動の原則と政策に関する包括的な方針が確立されたといえよう。[7] この二つの文書は主に平和維持活動の施行に関連する国連側の問題意識を反映しているといえるが、キャップストーン・ドクトリンは現在の国連平和維持活動の計画と遂行を支える基礎的な概念とそれらの核となる機能を提示し、ニュー・ホライズンは共通の理解に基づいた中・長期の目標を成し遂げるために、すべての利害関係者、すなわち関係国や機関の間の、新しい協力関係の構築と積極的な支援体制の必要性を提示した。

これらの二つの文書に明言されているように、国連事務局内部で賛同を得たのは、対処に際して全ての関係国や機関が共有する問題意識や理解に基づいた共通の政策を確立する必要があるということ、つまり平和維持・構築活動が特定の先進国の首都で作り上げてきた独自の政策や実践に従って施行される傾向を超越する必要があるということであった。現地の指導者たちと国内の活動家たちは、危機に際して何がなされるべきかという課題に対し、自らが育ってきた社会の習慣と知識に従って行動するからである。「国際社会」といっても実際には個々の国々や機関であり、それらが植え付けようとする規範と基準は、対象国あるいは地域にほとんど理解されていなかったからである。その結果、紛争を解決し、持続可能な解決策を見つけるために必ずしも効果的とは言えない状態が生まれることが

6　国連、国連事務総長報告書、脅威・挑戦・変革に関するハイレベル・パネル著「より安全な世界：筆者たち共通の責任」二〇〇四年一二月二日発行：A/59/565。

7　これらの文書は国連の平和維持活動局とフィールド支援局によって作成された。「ニュー・ホライズン」の方は討論のために配布された「ノン・ペーパー」として公開され、正式な性格を持たないとされている。

頻繁にあったのである。いろいろな異なった見解と活動の相違を少なくするには、国際社会が現地の価値観や規範にさらに敏感になることが絶対に必要なことは明白である。平和維持・構築活動に携わる者は自分たちが社会のガバナンスの基礎の再構築の支援をしたいと願っている紛争後の国家でも、その現地の社会的・文化的な枠組みの中で新しいアイディアと対処の仕方をどのように適用させるか、理解しようと努力すべきである。

近年において国家の法律と現地の習慣を尊重する必要性とともに、女性と児童の権利がますます重要視されるようになってきたのは評価されるべきである。特に二〇〇〇年一〇月三一日に国連安全保障理事会が全会一致で採択した「女性・平和・安全保障に関する国連安保理決議一三二五号」は、女性の権利と平和、安全保障の問題を前進させる大きなきっかけとなり、また平和構築における女性の参加を促したことは有意義であるといえよう。[8]

第1節　ブトロス＝ガーリの志と遺産

国連憲章に示されていない国連の平和活動維持そして平和構築政策を打ち出したのは、第六代国連事務総長に一九九二年に選出されたブトロス＝ガーリ（Boutros Boutros-Ghali）であった。カイロ大学を卒業した後に、パリ大学に留学したブトロス＝ガーリは豊富な知性と強い自尊心を持った国際政治学者であると同時に行動派でもあった。アンワル・アッ＝サーダート大統領によって外務大臣に任ぜられ、イスラエルとの和平合意に尽力をつくした。サーダート暗殺後も、ホスニー・ムバークのもと、外務大臣を一九九一年まで務めた。一九八九年には、ムバーラク大統領に随行し、外務大臣として昭和天皇の大喪の礼に参列していた親日派でもあった。

国連事務総長になると、ブトロス＝ガーリは自らの平和への志を「平和への課題」を初めとした提言書で発表し、その達成に向けて邁進した。学者として国連政策の理論を構築することは容易にできたが、ともすれば独善的で粗暴な態度がスタッフに脅威感を与え、大国、特に米国の大使などに嫌気を抱かせることにもなった。当時アメリカの国連大使であったマデレーン・オルブライト(Madeleine Albright) 女史との対立は、一九九六年の事務総長選挙の際にアメリカが拒否権を発動して再選を阻止する結果をもたらした。

それでは、ブトロス＝ガーリは国連の平和維持活動をどのように改革していこうと考えていたか精

8　この決議は全部で一八項目よりなるが、北京宣言及び行動綱領（A/52/231）および第二三回国連特別総会での「女性二〇〇〇：二一世紀に向けたジェンダー平等、開発、平和」成果文書（A/S-23/10/Rev.1）で示された女性と武力紛争に関する事項を想起し、国連憲章の目的および原則、そしてその下における、国際的平和と安全保障を維持するという安全保障理事会の主要な責任に留意した。また、女性と子供たちが、難民や国内強制移住者を含む、武力紛争による被害者の圧倒的多数を占める点に留意して、戦闘要員や武力装置の標的とされていることに対する懸念をも表明した。そして、紛争の防止および解決と平和構築における女性の重要な役割を再確認し、平和と安全の維持および促進における女性の平等な参加と完全な統合、紛争予防と解決に関わる意思決定における女性の役割を高める必要を強調した。

査してみる。[9]

「平和への課題」

ブトロス＝ガーリは一九九二年に国連事務総長に就任すると、国連総会からの勧告を得て紛争多発国と地域における予防外交、平和創造と平和維持において国連の戦略的な思考能力を向上させる提案を「平和への課題」と題する報告書で示した。[10] 冷戦終結後になって顕著に表面化した人種間の敵対意識が武力紛争に発展

ブトロス＝ガーリ（第6代国連事務総長：1992-1996、Igorvk/CC-BY-SA-3.0）

し、その結果として台頭した「安全保障の新たな側面」を指摘した。「平和への課題」において、大学教授であったブトロス＝ガーリは、平和活動に関する一連の概念を統合し、紛争後の国家において国連が担うであろう平和活動での新たな役割の基礎を築いたといえよう。

今から四半世紀も前にブトロス＝ガーリはすでに二つの対比的な力が働いていたことを示唆した。すなわち、ヨーロッパ、アフリカ、南米そして東南アジアの地域では国家の連合が進んでいたが、主権国家の国内での民族相互間の対立や紛争は増加する傾向があった。民族主義など、情け容赦のない人種的、宗教的、社会的、文化的もしくは言語的な敵対関係によって、国内や地域内での融和は危機に瀕していると判断した。そして社会の平和と秩序が新たな差別と排他主義により危険に晒されてお

り、テロ行為によって、民主的な手段による発展と変革が妨げられていると説いた。

このような世界的な状況で、ブトロス＝ガーリは、部族間などの対立関係が武装闘争になることを避けるためには、平和維持と平和構築を含む国連の平和活動の核心的な目的は、国家と国際社会の包括的な紛争処理能力を向上させることであると提唱した。平和構築活動とは市民社会の確立に重点を置きながら経済的な発展、政治制度や司法制度の強化を促進する目的をもって国家の努力そして国際社会の支援を結集した取り組みと活動であると示唆した。ブトロス＝ガーリはさらに、国家社会での指導者と扇動者の対立関係の台頭を避けるために、多面にわたり複数のレベルにまたがる活動を提案した。そして、この概念から抽出された戦略は、紛争後の国家で平和を維持できるような要素を制度化するということを意味した。「平和への課題」で、ブトロス＝ガーリは、伝統的な国連平和維持活動とともに、平和活動の新しい展開として、特に紛争の根本にある原因の撲滅を目的とする平和構築活動が重要であると指摘した。[11]

また、ブトロス＝ガーリは、紛争が起りつつある段階においては、大規模な安全保障活動に走るよ

9　長谷川祐弘「ブートロス・ガリの遺産：国連平和活動の変遷と残された課題」『經濟學論纂』第51巻第3・4合併号、二〇一一年三月二二日。

10　United Nations, Report of the Secretary-General, *An Agenda for Peace: Preventive diplomacy, peace making and peace-keeping*, 1992（A/47/277-S/24111）. 日本語の非公式訳はブトロス・ブトロス＝ガーリ国連事務総長「平和への課題」国際連合広報センター、一九九五年。

りも水面下で行われる交渉の方が、紛争の拡大を予防するために効果的であると考えた。世界中で平和を維持するという目標を追求する際の国連の役割とその任務の施行力を強化すべきであると提唱した。具体的には、以下の四つの段階で平和活動を進めていくべきであると説いた。

第一に、可能である限り早期の段階で対立の状況を認定して、それらが武力行使へと発展する前に折衝を通じて争点を解決するよう努力する。

第二に、紛争が起こってしまったら、紛争に発展した争点を解決する目的で平和創造に従事する。

第三に、平和維持活動を通じて、戦闘が停止した状態がどれほど脆弱であっても平和を維持することに努め、調停者によってなされた合意を維持するために支援を行う。

最後に、地域戦争や、内戦や武力衝突によって傷ついた国々の制度とインフラを再構築することによって平和構築を支援する。[12]

紛争後の国家において持続可能な平和を構築するために、ブトロス＝ガーリは紛争多発国で紛争の根本にある原因に対応することが必要不可欠であると説いたが、とくに政治的抑圧、経済的停滞と社会での不公正が主な要因であるとした。そして、基本的人権や他の国際的な規範を尊重する必要性は国際法で規定されており、世界中で国家や指導者はそれらを守る必要があるという道徳的認識がますます共有されるものとなってきたという認識を示した。[13]

ブトロス＝ガーリは、なおかつ、グループ間での対立が生じることを防ぎ、既存の対立が紛争にエスカレートすることを防ぐために予防外交が重要であると説いた。[14] このために、真実解明ミッションをより積極的に派遣することを推奨し、国連による仲裁を通じて紛争の勃発を予防する枠組みと手段を確立できると考えた。ブトロス＝ガーリが平和創造として定義した第二段階は、明らかに紛争の平和的解決に関する国連憲章第６章に基づいて構成されていた。それはまた一定の条件の下で平和執行と平和維持活動を行うことを任務とする国連常設平和維持軍の役割も提言していた。

「平和への課題」によると、平和の再構築は対立する当事者同士を合意に至らせる停戦から、平和合意までのプロセスである。この目的を達成するために、ブトロス＝ガーリは、国連が紛争仲裁に関する蓄積した情報と知識を提供する知識集約センターとして、支援国や関係機関のための連絡組織として役割を果たすことを提案した。多くの紛争が解決され、紛争の悪化が防がれてきたことに着目して、ブトロス＝ガーリは、特に、国連政治局内に成功した例を記録して活用する停戦支援グループを設立することも提案した。その例としてエルサルバドル、グアテマラ、ナミビア、カンボジア、モザンビークなどが挙げられた。このように、ブトロス＝ガーリが、対立する当事者間の武力紛争の再発を防ぐために平和構築の観念を強化する必要性を十分に認識していたことは評価すべきであるといえよう。また、彼は武装解除・動員解除・社会復帰（ＤＤＲ）そして法の支配と安全保障分野の改革

11　「平和への課題」パラグラフ25。
12　同パラグラフ15。
13　同パラグラフ15。
14　同上パラグラフ20。

（ＳＳＲ）を持続可能な平和を構築するための主要な事業として位置づけたことは意義深い。

「平和への課題」は、また、現地のＮＧＯや他の市民社会組織のサポートの下で社会的経済的な開発とともに人権の尊重を強化し選挙改革を行うことを盛り込み、平和と安定性を維持するための包括的な方法の必要条件を明確に体系化して示した初めての文書でもあった。なおかつブトロス＝ガーリは、哲学的なアプローチによって、対立を解決するための国家の指導者や国家機関の参加と当事者意識を深化させ、それらを平和と国家建設のプロセスの土台として進化させることが出来ると認識すべきであると説いた。[15] 筆者自身、東ティモールでの経験から、同じような問題意識をもった。平和構築が成功するためには、究極的には、現地の指導者が国家の利益を優先して、経済の復興そして国家機関の効率的な運営をしていくことが不可欠であると感じたからだ。

「開発への課題」

ブトロス＝ガーリは、二年後の一九九四年に「平和への課題」の続編として、第二の報告書、「開発への課題」を発表した。彼は「開発は基本的な人類の権利である。開発は平和にとっての最も確固とした基盤である。[16]」と提言し、彼のアジェンダすなわち戦略的な課題として開発の重要性を指摘した。これは国連開発計画（ＵＮＤＰ）が一九九四年に発表した「人間開発報告書」における、安全保障の概念をもっと人間の安全保障観念に対応させるべきだという問題意識と一致した。この文書の発表前には、開発の概念は国家の国民総生産（ＧＮＰ）のレベルによって表されるような経済、財政そして金融面の健全性に焦点を置いていた。そして開発援助の役割は国家がより高いレベルの生産性と経済発展を成し遂げるための先進国からの物質や技術の援助とみなされていた。しかし、国家の安定と紛争回避のためには、経済と雇用の重要性を見逃してはならないという考え方が、国際社会に浸透してきた。

世界銀行で一九九八年から二〇〇三年まで開発研究グループの主任エコノミストの役職を務めたポール・コリアー（Paul Collier）教授は、経済成長の欠如と格差の拡大は社会の緊張を高め、新たな武装紛争へとつながっていくと分析した。そして貧困と紛争の罠に陥った社会は武力衝突そして内戦への道を避けることが難しくなると説いた。経済状況の改善の欠如が不安定性と武装紛争への逆戻りが続く主な理由であり、紛争多発国家や紛争後の国家では、単なる民主主義の下でなされるものとは違った開発戦略が必要であると指摘した。国家開発戦略は、それゆえ、戦争で荒廃した社会や紛争後の国家における個々の国民のニーズに対応するために形成されなくてはならないと述べた。[17]

ブトロス＝ガーリは、開発活動は平和的な社会環境の中でこそ最良の結果を生むとはいえ、復旧開発活動は戦闘行為や対立が終わる前に始められなくてはならないと指摘した。そして、緊急性のある

15　この方法は、ラフダール・ブラヒミがアフガニスタンの国連事務総長特別代表と国連アフガニスタン支援ミッション（UNAMA）の総括責任者になったときに検証された。
16　United Nations (1994). A/48/935, Paragraph 3.

人道援助と長期的なガバナンス能力の助成を包括的に行わなくてはならないと説いた。緊急援助と持続可能な開発は代替関係とみなされてはならない。互いに国家社会の土台を提供し合っているのである。緊急援助のための必要条件は初めから持続する開発のための土台を提供する方法で満たされなくてはならない。難民と強制移動させられた人々のためのキャンプは、被害者を収容する場所以上のものではなくてはならない。ワクチンの提供、識字率の改善そして女性のための環境に対する特別な配慮はこの時期に重要なのである。緊急援助が提供されている最中でさえ全てが地域共同体開発のための土台を築くことができるのである。行政能力の構築は紛争、対立の正式な終了を待つべきではなく、紛争中の緊急措置と共に行われはじめなくてはならないのである。紛争はひどいものだが、大きな社会改革の機会になることができる。民主主義の理想、人権の尊重と社会正義のための手段がこの段階で形成されはじめるのである。そのようにブトロス＝ガーリは説いた。

また、ブトロス＝ガーリは冷戦の終わりを、第三世界の国々への開発援助を提供する際の東側の社会主義国と西側の自由民主主義国二つのグループ間の競争の終わりをもたらしたものとして特徴づけた。それを開発援助減少の理由として特定するのは的確ではないとする一方で、国内紛争と、内戦の主な原因と彼が考える貧困を削減するための手段としての、開発のあるべき姿と新しい開発援助の活性化を訴えた。そして、開発なしに持続する平和の可能性はありえないと主張し、開発の課題は国連が担う特異な役割にその基礎を置いていると述べた。ここで彼が掲げた点を吟味してみよう。

ブトロス＝ガーリは平和への課題に続いて、飢餓や文盲、疾病と、紛争や武力行使との間には関連があると示唆している。彼は、発展のレベルによって国を区別するなら紛争中の国々も同様になされなくてはならないと主張した。緊急援助と開発は代替関係にあるとみなされるべきではない。緊急援助は持続する開発の土台を提供すべきであり、制度的キャパシティ構築のための努力は対立の完全な終了を待ってからなされるのでは遅い。そしてブトロス＝ガーリは、民主主義の理想、人権の尊重と社会正義のためのその他の手段を育成する可能性を探る必要性を指摘した。

彼はまた、一九九四年に、「紛争から生まれた国々にとっては、平和構築は開発をより強力なものとする新しい社会、政治、司法制度を設立する機会をも提供している」と述べている。地雷や不発弾の撤去は他のあらゆる紛争後の平和構築活動の必須条件である。現地の人間が長期にわたって地雷撤去活動を行えるようにトレーニングされるべきである。ブトロス＝ガーリは元戦闘員を社会復帰させることの困難さを認識していたが、紛争後に安定性を確保させることの重要性を考えると、これは成し遂げられなくてはならないと明言した。復興開発事業のための資金と小規模企業プログラムが必要であり、元戦闘員が生産的な仕事を見つけるために欠かせないものであると示唆した。

ブトロス＝ガーリは、紛争へと導いた状況に適応した方法で紛争の根本原因に対応するべきだとした。文化社会学者が理解する概念では定義はしなかったものの、平和の社会文化が育成されるべきだ

17　国際復興開発銀行編『戦乱下の開発政策』（世界銀行政策研究レポート）、シュプリンガーフェアラーク東京、二〇〇四年。ポール・コリアー著、甘糟智子訳『民主主義がアフリカ経済を殺す』日経BP社、二〇一〇年。

と述べた。彼にとっては、土地改革、水の共同使用、公共の経済組織も含め、土地の所有権や公共機関による水資源などの公共財の管理が、健全な社会が機能するためには必要なのであった。

また、社会の安定性が危険にさらされないようにするために明らかに重要であると考えていた点は、社会の統合と発展だった。すなわち、「社会が成長できる環境を整える手助けをするために、社会における全てのレベルでの国民の参加が非常に重要である。彼らの潜在能力を活用するために、国民は彼ら自身の目標を形成することに積極的に参加しなくてはならず、意思決定機関で彼らの声が聞かれなくてはならない。なぜなら彼らは彼らの最も適正な成長のための道を追い求めているのだから」である[18]。

ブトロス＝ガーリは「緊急の人道回廊」(emergency humanitarian corridor) の概念が、国際法の枠組みに組み込まれたという事実と、何の罪もない民間人の大量虐殺を予防するために、国連平和維持活動がこの回廊の概念を活用できるようになったという事実を大きく評価した。その上で、国際規準が現地の社会に適応されるように、国際社会が推進する平和構築政策の一貫性と互換性を促進することが重要であると考えた。

しかし、ここで指摘しておくべき点は、国連総会の要請に従って作成された「開発への課題」で示されたブトロス＝ガーリの提案は、論争を引き起こしたことである。平和と開発の関係に関するブトロス＝ガーリの分析では、国際紛争と国内紛争の違いが明確にされていなかった。読者の中には「成長の欠如は国際緊張と軍事力の必要性の認識につながり、さらに緊張を高める。このサイクルに陥った社会は衝突、紛争や全面戦闘への関与を避けることが難しくなる」[19]という彼の論議を疑問視する者もいるであろう。筆者自身は「(国連)組織によって設立された組織は、開発協力をより受け入れやすく、多種の活動家たちにとってより活動しやすい環境を作り出すことに貢献することができる。緊張した不安定な時期には、とくに国連に象徴される国際的な存在は、開発を進めていくための勢いと能力を維持するには重要であるだろう」[20]と述べたブトロス＝ガーリの意見に同意する。

ブトロス＝ガーリは、成長を成し遂げるための民主主義の有用性を初期の段階では支持していなかった感がある。成長と民主主義の関係はだれもが認めているものの、立証することが困難であったからである。しかし、民主主義が、対立している民族的、宗教的、文化的な要因に暴力的な国内紛争のリスクを最小限にとどめる唯一の長期的な土台を提供するという意味で、成長と民主主義の関連性を認識していたといえよう。意思決定プロセスに参加する国民の権利を守る民主主義の役割は、成長のための基本的な教義である。ブトロス＝ガーリは、民主主義とは社会の安定性を脅かし破壊さえする政治的、社会的、経済的、民族的緊張を抑制するための長期的な手段であると受けとめたのである。そして、論理の一貫性を保つために、ブトロス＝ガーリは国際社会が民主主義の原理に沿って治めら

18　United Nations (1994), *op. cit.*, paragraph 22.
19　*Ibid*, paragraph 108.
20　*Ibid*, paragraph 208.

れるべきであると考えた。これが、国連事務総長として致命的な結果を産んだのである。

「民主化への課題」

ブトロス＝ガーリが任期の終わるほんの前の一九九六年一二月二〇日に、国連総会に公式文書として「民主化の課題」が提出された（A/51/761）[21]。この文書でブトロス＝ガーリは、民主主義の促進を奨励すると同時に、自らの意見を次のように忌憚なく述べた。

① 民主主義政治は各々の国によって異なる形態と思考方法があり、均一的な民主主義の導入というものではない。

② 国家において民主主義を奨励するとともに国際社会においても民主主義の理念に基づいて政策を作成して施行していくべきである。

国際レベルでの民主的ガバナンスの原則の採用の呼びかけは、当時の米国政権を警戒させた。そしてブトロス＝ガーリが国連事務総長として二期目を務めることを、安保理での数度の投票において最後には米国一国だけで拒否権を行使して阻止するという事態をもたらした。

ブトロス＝ガーリの「民主化への課題」はフィリピンの先導による一九八〇年代後半の新生・復興民主主義運動と呼ばれる動きの産物であったといえよう。この運動は、国家の民主化プロセスは国際協力によってより可能になると考えられ、国際支援があれば民主主義の広がりに反対する内部や外部の圧力から民主化プロセスを守ることができる事を示そうとした。ブトロス＝ガーリはこの新生民主化プロセスにおいて国連が担うべき特定の役割を見つけ、民族国家だけではなく、国際社会自体が民主主義の原則をガバナンスのための理想的な手段として適用する可能性を示唆した。そして、「民主化への課題」の中で民主化プロセスを「台頭しつつあるコンセンサス」と呼んだ。ブトロス＝ガーリは、なおかつ、政府が新生・復興民主主義を促進し、統合していくために国連システムが一致団結して支援を提供すべきだと呼びかけた。

すでに述べたように「民主化への課題」には、国家の民主化と共に国際社会全体のガバナンスの構造が民主化されるべきだというブトロス＝ガーリの考え方が含まれていた。それは米国や安全保障理事会の主要な加盟国にとってはまったく受け入れがたい提案と見なされた。そして、安全保障理事会や総会の要請なくして、ブトロス＝ガーリが、任期が終了する一九九六年一二月の最終週に発表したために、国連の長として留まることが許されるべきでない人間の証拠でもあると見なされたのである。ブトロス＝ガーリが国連を去った後にも、国連は加盟国内での民主化の普及に努め、政治局、平和維持活動局とＵＮＤＰや専門機関は積極的に民主化のための課題や可能性に取り組んだ。加盟国が直面する民主化の課題に対する解決策を見出すよう競って支援するようになった[22]。

ブトロス＝ガーリの後任となったコフィ・アナン事務総長のもとでの民主化は、先進西洋諸国の自由民主主義と妥協する形で進展していったといえよう。一九九七年一〇月に発表した初めての民主化

21　この「民主化の課題」は、民主化に関する前の二つのレポートへの補遺とされた。

の報告書の中で、コフィ・アナンは、ブトロス＝ガーリのアジェンダの継承を提言したが、同時に、国連の民主化政策は新たな従前の西洋のネオリベラル的な民主化の解釈に近いものになり、自由な金融市場の役割を含むグローバル化と民主化への脅威との関連性に関してはさらに研究が必要であると述べるに留まっていた。一方で、新生・復興民主主義グループはその教義を実践し広げていった。一九九四年と一九九七年にマナグアとブカレストで開催された新生・復興民主主義国際会議（International Conference of New or Restored Democracies）で国連とＵＮＤＰは積極的に新しい政治的な課題を反映させることに努めた。ブカレスト会議（一九九七年）の最終文書で、新生・復興民主主義の一三か国の代表は、彼らの社会における民主化プロセスに対するコミットメントを再確認し、「民主主義、開発と優れたガバナンスの間に存在する相互依存と強化の関係」を深く認識した。さらに「グローバル化に適切に対処することは国際社会のすべてのセクターに影響を及ぼすとても重要なプロセスである。現在の国際環境の中で、グローバル・ガバナビリティに関する新しい合意を採用することは必要なのかもしれない。これはそれ自身平和のための新しい道義的契約、そして経済、株式、金融投機に対する規制そして通信の民主化に関する新しい合意を意味する」[23]と述べた。国連はこの課題に取り組むためのウェブサイトも設立した。一方で新生・復興民主主義国際会議はその開催を数多くの地域で行うことによって民主主義の教義を広めようとした[24]。

第2節　ブトロス＝ガーリの平和政策論の意義と課題

ここまで東西冷戦終結後の二〇年ほどの間に世界の平和と安全保障の概念が変遷を遂げて深化してきたことを書き留めると同時に、平和活動の形態も複雑化する平和の条件により進化してきたことを説明した。そして国家間の戦争予防から国内紛争の防止へ、国家社会での集団防衛から国際社会の治安維持と安定確保へ、構成国が一致団結し行動する必要性が認識されるようになったことを指摘した。この平和政策の基盤となったのがブトロス＝ガーリの平和論であるといえよう。ここでは、国際社会の構造の歴史的な変動に伴いブトロス＝ガーリが残した遺産ともいえる真の国際協調の下での平和維持から平和構築への移行を含めた統合されたアプローチが、平和の概念の深化とともに平和活動をどのように進化させてきたか検証するとともに、残された課題が何であるかを考察してみよう。

22　UN General Assembly, "Support by the United Nations system of the efforts of Governments to promote and consolidate new or restored democracies Report of the Secretary-General," A/60/556, 15 November, 2005.

23　ルーマニアの首相で外務大臣のAdrian Severinが一九九七年九月九日付けで国連事務総長に送った書簡の追記参照。

24　ブカレストの後、新生・復興民主主義国際会議の開催は東ヨーロッパからアフリカへ移動し第四回会議が二〇〇〇年一二月ベニンのコトノーで行われた。モンゴルの首都、ウランバートルは二〇〇三年九月の第五回会議の開催地となり、第六回会議はカタールで二〇〇六年一〇月二九日から一一月一日の間開催された。

「平和への課題」が発表されるまでは、冷戦の余震が続いていた数年間、国連安全保障理事会は国家間で戦闘を行っている当事者間の停戦合意とその遵守を確保するための多くの平和維持ミッションを立ち上げることを容認していた。その後に国内紛争が勃発するようになった。現地に派遣された平和維持要員が、国内紛争当事者による武力行使衝突の再発を避けるために設けられた対立グループ間の緩衝区域を設立するようになり、停戦合意がなされると文民スタッフが平和構築に従事するため派遣された。しかし、国連が派遣するミッションには必要な平和維持活動のみならず、人道援助、復興そして国家の統治能力などを育成するための手段が与えられなかった。国連平和維持活動の従事者は国際的な存在を示すとともに、対立グループの間を仲裁し平和維持活動を実行するために送られただけであった。またブルーヘルメット（国連平和維持軍のヘルメット）を着用する兵士たちは軽武装で自己防衛のためだけに武器の使用を認められていたので、武力衝突が起こっても住民を保護するために発砲することは許されなかった。

ブトロス＝ガーリは、必要なのはもはや伝統的な意味での平和維持ではないということを認識しなければならないと感じていた。すなわち、第一に、維持すべき平和や治安の安定が存在していない地域でも、国連の平和活動を行わなくてはならない。第二には、新しい形態の行動が必要とされていた。国連平和維持軍は今や、救援物資を守り、被害者を保護し、難民のニーズに対応し、武器の輸入禁止を強制執行し、対人地雷を撤去し、武器を押収することも期待されていたのである。第三に、国連平和活動は軍事関連の手段以上に、選挙の監視、公共の安全、情報と通信、制度構築、そしてインフラや行政の復興等の、市民生活に関わる民間活動を行うものとなった[25]。

「平和への課題」でブトロス＝ガーリが提案した最も特記すべき部分は、多数の国々から派遣された五〇〇〇人程度の兵士によって構成される多国籍の国連軍の形成であった。安全保障理事会の主要国は、この構想は、主権国家の軍隊を国連などの国際機関に委ねることを意味し、主権国家としての自国の権益を侵害することになるとして受け入れず、理事会は国連事務総長が加盟国によって提供される軍隊に頼ることしか許さなかった。これは最も残念なことであったといえよう。なぜならば国連事務総長が大量虐殺や人類に対する犯罪へとつながる重大な人権侵害が発生したときなどに、迅速にそして効果的に対応するために独自の常設軍隊を維持することによってのみ、危機が起った場合に強固な力で即時に対応することが可能であるからである。一九九四年のルワンダにおける大量虐殺はこの点を証明した[26]。もし「平和への課題」で想定されたように、危機が勃発する前にあるいは直後に派遣できる国連軍が構成されていたら、ブトロス＝ガーリは事務総長としてルワンダでの大量虐殺を止

25　一九九九年一二月一一日、一二日に東京の国連大学で行われた日本国際問題研究所の四〇周年記念シンポジウムにおいて、「人間の安全保障を求めて」という題でブトロス＝ガーリによる基調演説が行われた。

26　一九九四年四月に大量虐殺が始まったとき、安全保障理事会平和維持軍隊を撤退させる決定でさえ行った。開発活動のための国連常駐調整官として一九九五年一月筆者がキガリに到着した時、国連は平和の守護者としての信頼を失ったのだと感じた。国連事務総長ブトロス＝ガーリは、八万人もの人々の大量虐殺を止めるための国連軍を承認することができなかったと新しいルワンダ政府の指導者に公に批判された。

めるために行動を起こしていたであろう。筆者は当時ソマリアでの平和活動に政策企画部長として従事していたが、そのとき判っていたことは、米国軍が惨事を起こして撤退した後で当時の米国大統領であったクリントンや政府関係者の挫折感が深く、米国兵士に二度とアフリカでの内戦や地域紛争に関わらせたくないという気持ちがあることを、国連事務総長そして執行部が熟知していたことである。オバマ大統領の下で米国大使をしていたサマンサ・パワー女史は、当時の国務長官そして米国政府が虐殺は起こっていなかったと言って人道介入をためらったことを指摘していた。[27]

虐殺が起こった数年後に、クリントンが、当時のアメリカ政府が地域紛争に自国が巻き込まれることに消極的であり、ルワンダで進行していた殺戮行為をジェノサイドと認定することを拒絶したことを後悔していたことは周知のとおりである。[28] アメリカから平和維持軍を五〇〇〇人送り込んでいれば、五〇万人の命を救うことができたと述べた。このことは、米国などの主要国のコミットメントなしに国連が紛争や虐殺を阻止する権力や武力を持たないことのみならず、その意志もないことをも露呈した結果となった。

「平和への課題」によると、平和執行活動は国連憲章の第七章の下で規定されている紛争当事国の合意がなくても行うことができる。国連憲章によれば、安全保障理事会は「国際の平和と安全を維持し、又は回復するのに必要な、空軍、海軍または陸軍の行動をとること」ができるとしている。[29] この条項を使って、国連はソマリアに第一次および第二次国連ソマリア活動（ＵＮＯＳＯＭ ⅠとⅡ）そしてルワンダの国連ルワンダ支援団（ＵＮＡＭＩＲ）等のいくつかの平和執行活動を実施し、筆者は両国で国連幹部職員として従事した。そこで明らかになったことは、これらの国連平和活動は迅速に変わる現地の状況に対応できないという現実であった。国連事務総長は安全保障理事会の主要理事国に、迅速で効果的な治安部隊の派遣のために、他の方式を模索するよう何度となく要求してきた。これを受けて、安全保障理事会の主要国は自らの軍隊を国連のために常設させる案ではなく、アフリカ連合（ＡＵ）や北大西洋条約機構（ＮＡＴＯ）等の地域機関と協力して安全保障維持軍を投入する代替的な方法をとった。安全保障理事会はその後、軍事介入が必要な危機に直面した時、即時に数か国による安全保障維持軍の派遣を承認し、地域間組織や関係諸国と連携してそれを実施することを始めた。この方法により、一九九九年にアフガニスタン、シエラ・レオネ、象牙海岸に安全保障維持軍が派遣された。そして、著者が事務総長特別代表をしていた二〇〇六年には東ティモールに国連の指揮下ではなくオーストラリアを中心とした多国籍軍が独自の治安部隊として派遣されたのである。

　このように常設国連軍というブトロス＝ガーリの大構想が実現しなかったことの背景には、ウエストファリア体制の下で主権国家が自らの国防軍の指揮権を国連などに移譲する意図はないという厳し

27　Samantha Power, "Bystanders to Genocide: Why the United States Let the Rwandan Tragedy Happen," *The Atlantic Monthly*, September 2001.

28　William Ferroggiaro, ed. *The U.S. and the Genocide in Rwanda 1994: Evidence of Inaction, National Security Archive*, The George Washington University, August 20, 2001.

29　国連憲章第四三条。

い現実があった。このような状況でブトロス＝ガーリが安全保障理事会の指揮下にある国連平和維持軍を設立し、平和活動と開発活動との間の相互依存関係を確立しようとしたことは有意義であった。「平和への課題」の発表後、安全保障と開発から安全保障と民主主義の間の相互依存の構想を求め続けたのは戦略的な意図があったといえる。

ブトロス＝ガーリの第二のレポート「開発への課題」は、すでに指摘した以上に、主に経済学および欧米国家からの開発援助に依拠した開発の観念が、貧しい紛争後の国家を自立した国家に成長させることに失敗したことを示唆した。ブトロス＝ガーリは、多くの国々が産業化や情報技術（ＩＴ）インフォメーション・テクノロジーの導入によって、経済と社会を進化させてきたと考察した。経済的・社会的進化のプロセスは成功してきたし、「筆者たちが描く世界、明日のグローバル・ヴィレッジに関するいくつかの共通の価値と共通の展望における合意」[30]を形成するのに貢献してきたとさえ考えた。そしてブトロス＝ガーリは平和を成し遂げるための必要な条件として、開発に関する新しい発想が必要であると考えた。開発が平和を保証できるものではないにしても、新しい構想として「開発は基本的人権であり、開発は平和のためのもっとも確実な基盤である」[31]という理解から始めるべきだと述べた。

その後、ブトロス＝ガーリは、紛争後の国家における開発の最も重要な機能の一つとして、既存の経済的、社会的システムに対して不安あるいは怒りさえ感じている若者のための雇用機会の創出の必要性を挙げた[32]。開発に関するこの新しい有益な概念が受け入れられなければ、紛争は永遠に続くであろうと考えた。そして、平和維持と同様、開発プロセスも段階的な活動として考えられるべきだと提案した。理由として、第一に、紛争以前の時期に開発が進められれば、紛争が勃発するのを予防する助けとなるだろうと説いた。そして、人々の活力を有意義に利用することによって、開発は一般の住民への貧困の悪影響を和らげ、衝突を和らげ、経済的、社会的な悪化を避けることに貢献することができるだろうと述べた。政情の安定と経済の活性化のどちらが先かということは、因果関係の証明が万全に行えるわけではないが、相関関係があることは明白であろう。ミャンマーの外務大臣そして国家特別顧問アウンサンスーチーが二〇一六年の一一月に日本を訪問したときに、経済成長と安定が民主主義の育成には欠かせないことを指摘したことも、この相関関係の重要さを示したと言えよう。[33]

第二に、武力紛争が起きている段階では、住民が生きていくための最小限度に必要な食料や医療品は一時的には人道援助によって満たされるかもしれないが、紛争状況下では開発を進めることが出来ないとの認識を持った。すなわち、開発プロセスは食糧、シェルターや他の生き延びるための基礎的

30　一九九九年一二月一一日に東京の国連大学で行われた日本国際問題研究所四〇周年記念シンポジウム「人間の安全保障を求めて」（国際連合大学・日本国際問題研究所共催）での、ブトロス＝ガーリの基調演説を参照。

31　United Nations, *Agenda for Peace*, Report of the Secretary-General. A/48/935, 6 May 1994, paragraph 3.

32　この点に関して筆者は、ＵＮＯＳＯＭⅡの政策企画部長として、一九九四年にソマリアで紛争グループの頭領や彼らの手下と交渉した経験に基づいて同意している。頭領の一人、キスマヨ（Kismayo）地域のモルガン将軍（General Morgan）は筆者に、彼の部下が略奪に走るのを予防するために何らかの利益のある雇用を与える必要があると述べた。

33　ＮＨＫのＢＳ国際報道、二〇一六年一一月四日。

な手段を必要としている人々に対する人道支援に置き替えられるが、そのような救援策では、最善の場合でも紛争が始まる前と同じような状況に戻るだけなのである。この考え方は、後にポール・コリアー教授（Paul Collier）が膨大なデータを駆使して実証した。

第三に、重要な課題は「紛争後」に何をすべきであるかである。開発は復興と社会の再構築の形を取り、紛争が停止したときのみ本来の開発活動に再び根を張らせ、紛争後の平和構築を基にして国家構築と国造りの作業を開始させることができると思われた。持続性を重要視したのである。ブトロス＝ガーリにしてみれば、この時点で、国際会議で展開された「持続可能な開発」という新しい概念を認識し、平和構築の重要性が全ての国や社会にとっての長期的な展望としてますます明確になったのである。一九九二年リオ・デ・ジャネイロでの環境と開発に関する国連会議（ＵＮＣＥＤ）で、参加者は、すべての国家の国内経済政策はその地球環境に対する影響を考慮に入れなくてはならないということで同意した。リオ会議はその後、すべての加盟国を拘束する既存原則に付け加え、経済的利益のために環境を悪化させることは本来の目的そのものを破壊することになると論じた。持続可能な開発は「開発」という言葉の新しい定義の核心となった。一九九五年には、国連設立五〇周年記念のメインイベントの一つとして社会的開発に関する首脳会議を開催したが、この会議は開発の構想に新たな勢力を導いた。それは国際社会に対し包括的な展望とそれに応じた行動計画を作成するように呼びかけることによって、様々な面を持つ開発が一つにまとめられ、平和の持続可能性に関連付けられた、歴史的な一瞬となったのである。

国際平和維持と平和構築の概念は一九九二年に当時の国連事務総長ブトロス＝ガーリの「平和への課題」によって提唱されたことは前述の通りである。そして、ブトロス＝ガーリは一九九四年の「開発への課題」、一九九五年の「平和への課題：補遺版」と一九九六年の「民主化への課題」で平和構築支援をしていくにあたって有意義な提案をした。この新たな平和の概念は平和を全体的な現象として捉え、人間が死の恐怖から免れ、安全な環境で物理的に最低条件を満たすのみならず、人間としての尊厳を保ちながら生きていける状態を示したといえよう。なおかつ人権や法の支配のような人間社会にあるべき理念、規範や基準が国際社会全体において保たれることにより、平和を持続可能なものに築きあげることができると指摘したのである。しかし、初期の段階において国連加盟国の多くが彼の提案を受け入れるまでに至らなかったことについては、ブトロス＝ガーリ自身が歴史の針の回転速度を過大評価していたのであったと言っている。特に、国連の主要国である米国がブトロス＝ガーリを危険人物とみなし、彼の国連事務総長としての再選を拒んだことは留意されるべきであると言えよう。そして彼の退任に伴い、「民主化への課題」が日の目をみずに葬られそうになったが、平和の概念の深化が一時的とはいえども留まった結果となったことは事実であろう。

ブトロス＝ガーリが三つの主要課題を提議したことはすでに触れたが、ここではその意義をより詳細に考察してみよう。

①　第一には、日常生活を営むことのできる恩恵が受けられるような状況を築きあげることであり、紛争の予防や再発を阻止するためには、紛争後の国や地域の人々が身の安全を確保できることが

必要であるとした。

② 第二には、紛争多発国や地域において民主主義を奨励していくにあたって、歴史的な背景、社会習慣そして政治文化に適したガバナンスの統治形態を育成していくべきであるとの問題意識を示した。そして、主要支援国が自分たちの考え方や見方でガバナンス体制を強制し紛争多発国あるいは紛争後の国々の国益や人々の福祉を蔑ろにする傾向があると述べ、そのようなアプローチを改める必要性があることを示唆した。

③ 第三に、各々の国々が目先の国益を追求するのを無制限に許容するのではなく、国際社会の構成員全体が受け入れられる正義と公正の達成に寄与すべきであるとした。そのためには、国内と国家間での平和と安定は、国際社会のガバナンスの役割として見なされるべきと考えた。

これらの提案された三つの観点から、ソ連と共産主義の崩壊という歴史的な展開を経て、自由民主主義が唯一の望まれるガバナンスの理念と形態であると思われ、平和の概念が変遷したのである。東西冷戦の下での平和とは国家間の戦争がないこと、そして紛争や闘争がないことを意味した。しかし、冷戦後には自由民主主義の理念が国家のガバナンスの基盤として構築されることが、平和を達成することと見なされるようになったのである。なおかつ、ガバナンスの構造や組織形態を重要視し、選挙による指導者の選抜が唯一の方法であることが認識されるようになったのである。このような平和とガバナンス形態についての認識の進化は、平和構築を推進する国連が多大な役割を果たす可能性を生み出し、国連への課題をもたらした。しかしそれと同時に、民主主義が一つの特定の政治体制として築きあげられるべきであるという考え方に同調したわけでないことを認識しておくことが重要である。

　自由民主主義の育成が平和の達成と同一視されるようになると、国連は平和構築支援活動を行っていくにあたって、国家に自由民主主義的な構造と組織を創設することに重点的に携わるようになった。そして、三権分立、人権の擁護、表現の自由、正義の確立、公平な社会などの理念が長期的には国家の安定と成長を促す原動力となると断定して、紛争後数年の短期間において復興や福祉の向上をもたらす必要性を軽視する傾向があった。そのような状況の下で、主要国の戦略的な目的の達成に同意した指導者が、国家全体の利益や国民の福利を擁護せずに「法の支配」の理念を曲解し、法律や制度を操作することで権力の座に就き統治することができたのである。平和維持から平和構築への概念の進化はあったが、国連はこれらの指導者の政策や行動に対して充分な影響を及ぼすことはできなかった。まして、当事国の指導者のメンタリティー（mentality）や思考方法（mind-set）を変えるのには限界があった。

　ブトロス＝ガーリは、平和を達成するために平和維持活動のみでなく平和構築活動を行うことが必要であると指摘したが、その本音は、国際社会全体が弱肉強食の無政府状態を乗り越えて民主主義の理念とガバナンスの制度に基づいて運営されるべきであるということであった。そして紛争多発国と紛争後の国家が持続可能な平和を成し遂げるためには、各々の国々の政治文化と社会体系に融合するように自由民主主義が導入されるべきであり、また国際社会自体が自由民主主義の理念と制度に基づいて運営されるべきであると説いた。すなわち、ブトロス＝ガーリは一九九〇年代の後半までには多くの国々により広く受け入れられるようになった自由民主主義が、第一には国レベルでの導入は受け入れ国の多様性に鑑みて行われるべきであり、第二には国際社会の統治組織自体が自由民主主義の理念に基づいて、世界全体の人々の意思が反映されるような制度でもって政策や意思決定がなされるべきだと訴えたのであった。二〇〇六年の末にブトロス＝ガーリは事務総長として再選を拒まれ国連を去ったが、彼の残した遺産としては、紛争後の国々に自由民主主義の理念とガンバナンス体制を構築するように国連が平和維持・構築活動を通して、軍隊や警察隊による治安部門や文民による行政や立法、そして司法制度の構築に携わることになったことが挙げられる。そして変遷と進化を遂げて、国連の平和維持・構築活動は、いまや統合ミッション（integrated mission）という形態を取るようになった。

それでは、自由民主主義の残された「国際化の課題」とは何であろうか。これには二つの側面がある。その一つは、国家と社会の多様性である。自由民主主義が普遍的な現象であり、正当性を確保するには、多様な政治文化や社会にも受け入れられるガバナンスの形態と方法が育成される必要がある。もうひとつの側面は「差異」の問題である。自由民主主義が村落から都市そして国家レベルまで受け入れられることが二〇〇五年の「成果文書」では謳われているが、その上の国家を超えたレベルの国際社会においての自由民主主義の適応の可能性である。民主主義のガバナンス形式によって国際社会を運営していく意志と能力を国連の構成国の多くが維持していないという現実は平和構築の限界を示しており、国際社会がどのようにこの課題を克服していくかが今後の歴史的なプロセスとなろう。このプロセスがイギリス経験論とヨーロッパ大陸の合理論の二つの政治思想を統合した、ドイツの哲学思想家カントが説いた恒久平和を達成することであろう。人間の自由と尊厳が確保できるような状態は、理想的な道徳共同体すなわち世界連邦を実現しなければいけないということである。ブトロス＝ガーリがこのような世界政府を望んでいたか確証はないが、『民主主義への課題』はその方向性を示したと言えよう。

平和を達成すべきとの課題が、ブトロス＝ガーリが提案した以後の二〇年間にわたり大きく変遷し深化した。いわゆる「消極的な平和論」は武力衝突の無い状態を示唆したが、「積極的な平和論」によれば復興開発、人権擁護、法の支配そして自由民主主義の育成により、社会の持続可能な安定と繁栄の状態を築きあげることが必要であるとする。平和の概念をこのように分類することを最初に示したのはノルウェーの政治学者のヨハン・ガルトゥング（Johan Galtung）であり、『平和への新思考』で提案した。ガルトゥングは平和を戦争や武力紛争のない状態と捉える「消極的平和」と、貧困、抑圧、差別などの構造的暴力がない「積極的平和」に分け、後者の実現のために積極的に行動することを提唱したのはよく知られている。[34] 紛争再発の予防策としての経済復興と開発の必要性が増してきたと言えよう。

34　ヨハン・ガルトゥング『平和への新思考』高柳先男、塩屋保訳、勁草書房、一九八九年。

第2章「人間の安全保障」の誕生と進化
――マブーブル・ハックの構想

平和に対する新しい概念が台頭してきたことを前章で述べたが、それにより平和と安全とは何か、そして当事国と国際社会はどう対応していくべきかという課題がクローズアップされた。国家間の戦争がなくなり、国内そして隣接する地域での部族や民族間の紛争が多発するようになった状態で、従来の「国益」と「国家の安全保障」に焦点を当ててきた平和論と開発理論では、脆弱な国々や紛争地域での住民が直面する脅威に適切に対応できなくなった。新たな政策作成に必要な概念として誕生したのが、「人間の安全保障」であった。

この新たな「人間の安全保障」の概念では、人間すなわち住民の視点から平和と開発の相関関係と多様な要素を総括的に捉え、人間の生存・生活・尊厳に対する広範かつ深刻な脅威から人々を守るにはどうしたら良いかという必要性が強調された。人々が豊かで安定した生活を営む可能性を実現するために、人間個人の安全を最重視する取り組みを築いていこうとする考え方である。根底にある思想は、人種や民族や部族に関わらず、人間として尊重されるべきであるという考え方であった。そして、人間は自らの生存や生活が脅かされ尊厳が冒されれば、個人としても集団としても建設的に行動することができなくなる。さらにこうした脅威は社会全体の安定を損なう危険性を孕んでいるとの論理に基づいている。

この「人間の安全保障」（Human Security）という概念が最初に用いられたのは国際開発計画（UNDP）による一九九四年の『人間開発報告書』においてであった。ルワンダでのジェノサイドを阻止できなかった国連そして国際社会は危機感を抱き、国内、地域、国際レベルで人間個人の安全を保障できる新しい枠組みを築かなくてはならないという認識が実務者だけでなく政策決定者によって共有されることになった。

その結果、二〇〇〇年には国連ミレニアム総会でアナン国連事務総長（当時）が「恐怖からの自由、欠乏からの自由」というキーワードを使って報告を行い、紛争地における人々の安全を確保する必要性を地球規模のさまざまな課題の重要な一つとして掲げた。日本はこの概念の普遍性を重視して、事務総長報告を受け同総会で演説した森総理（当時）は、日本が「人間の安全保障」を外交の柱に据えることを宣言し、世界的な有識者の参加を得て人間の安全保障のための国際委員会を発足させ、この考え方をさらに深めていくことを呼びかけた。本章ではこの「人間の安全保障」の概念がどのように誕生し進化していったかを考察する。

第1節　概念の誕生と進化

パキスタンの経済学者マブーブル・ハック（Mahbub-ul-Haq）は一九九四年に、国連開発計画（UNDP）の『人間開発報告書』で、安全保障の考え方を根本的に変える必要があると説いた。戦争や核の脅威から国の安全を守るということより、民族や部族間の緊張が紛争に発展し一般市民に危害が及ぶことや、感染病が広がることから人々を守ることが重要であるとし、そのために「人間の安全保障」という概念を提唱した。そして安全保障に関する考え方において二つの方向転換を行うべきだと説いた。まずは、領土偏重の安全保障から、人間を重視した安全保障へ。そして、軍備による安全保障から「持続可能な人間開発」による安全保障の確保へ。その上で、人間の安全に対する脅威を7つの分野、すなわち経済の安全保障、食料の安全保障、健康の安全保障、環境の安全保障、個人の安全保障、地域社会の安全保障、政治の安全保障に分け、それらに対処すべきと指摘した。

経済分野での安全保障において最重要なことは、国々のすべての人々に雇用の機会と最低限度の収入を確保することであると説いた。紛争多発国や紛争終結後の国でも若者の失業が深刻な問題であり、紛争の再発の原因となっている。筆者が東ティモールで特別代表をしていたときに、アルカティリ首相が何度となく職のない若者が時限爆弾のように見えると言っていたことを覚えている。

食料の安全保障とは国民が健康な生活をしていくのに最低限度必要な食料を得られるようにするこ

とを意味している。マブーブル・ハックは、世界中のどこの地域でも人々が安定した食料をいつでも得られる権利であると説いた。そして世界全体では充分な食糧があり、問題はみんなが分かち合っていないことであると指摘した。

健康の安全保障の考え方の背景として、すでに述べたように、発展途上国では伝染病や感染病が多く、とくに貧困層や農村地域での子供が病気にさらされている。しかし医療サービスへのアクセスには、先進国と発展途上国、特に紛争多発国とでは、雲泥の差があることが明白にされた。また、環境の分野での人々への安全保障の一番の脅威は、水質の汚染であると指摘された。

マブーブル・ハック（2008年撮影）

マブーブル・ハックは、これらの安全保障の他に、最大の問題として暴力の脅威を挙げた。他民族・集団からの脅威のみならず自国および外国の国家からの脅威を挙げ、特に女性や子供など弱い立場にある人たちへの脅威が増えており、国際社会全体の問題であると指摘した。家族や地域社会が価値観や文化や社会習慣を分かち合い集団の安全保障を授ける一方で、他の民族や部族との対立は、悲惨な結果をもたらしてきている。政治的な理由で言論や思想の自由を奪い弾圧など非人道的な脅威が加えられていることに鑑み、究極的には、国際社会が一致団結して人権を守るよう努力すべきであると説いた。これは、人間の安全を世界の核心的な問題として捉え、相互依存の必要性に鑑み早期予防の重要性を指摘したのである。[1]

具体的な政策として、マブーブル・ハックは「人間の安全保障基金」と「経済安全保障理事会」の設置を提唱した。冷戦の終結で軍事費が減ることによって生まれた多大な資金を民族紛争、難民保護、伝染病や国際テロ対策などに充てることが賢明であるとした。そして、国連の権限を強化して、「経済安全保障理事会」を設立して、地球規模で人間の安全を脅かす世界的な貧困、失業、難民や移民問題に対処することを勧めた。この理事会は運営しやすくするために、多くて二二か国の理事国で構成して、議題によっては、さらに小規模なレベルのグループに付託することとした。このマブーブル・ハックの「人間の安全保障」の概念は、大きな影響をもたらした。

第２節　概念の展開と深化

国際社会において、「人間の安全保障」は、「欠乏からの自由」と「恐怖からの自由」の二輪の自由を守ることを意味した。こうした「自由」の重要性の認識は徐々に増していき、二〇〇〇年の国連ミレニアムサミットでは、日本の呼びかけで人間の安全保障委員会が設立された。緒方貞子（前国連難

1　UNDP, *Human Development Report* 1994, pp.22-46.

民高等弁務官）とアマルティア・セン（ケンブリッジ大学トリニティーカレッジ学長）を共同議長とし一二名の世界的な有識者をメンバーとして設立されたこの委員会は、国連、国家政府からは独立した委員会であったが、国連を含む国際社会と密接に連携しつつ審議活動を行った。「人間の安全保障」を外交の重要な視点と位置付けた日本政府は、同委員会の活動を積極的に支援して、「人間の安全保障」の考え方が政策概念としてより深化すると共に具体化されることを期待した。[2]

この委員会は二〇〇一年一月に設置されてから二年間にわたりニューヨーク、東京、ストックホルム、バンコックで五回の会合を開き人間の安全保障の概念の考察と適正さの検討がなされた。紛争状況にある国々や地域での人間の安全保障に関して論議をするとともに、開発と人間の安全保障の関係を精査した。そして二〇〇三年の五月には緒方貞子、アマルティア・セン両共同議長により「人間の安全保障委員会」の報告書がコフィ・アナン国連事務総長へ提出された。この報告書では人間の安全保障に関連した自由、すなわち人間らしく生きる価値のある生活を追い求める自由にまで言及した。委員会が指摘した中で意義ある点は、一般の住民が世界のどこか遠くで提唱された支援策とか中央政府が決定した政策とかの受け身の享受者であるという考えから離れ、各々の人々が自分たちの生活をより安全で不安のないものとするために担う役割に価値を置いたことであった。国家の公共政策立案者や行政官が自国の現状を熟知し個々の特定のニーズを満たす存在として形成されるように、各々の人々が、重要な役割を自ら率先して請け負いその役割を果たすことが出来ると考えられた。すなわち、人間の尊厳を主体的に確保してくという自由という考え方が、革新的な要素であった。それと同時に、二〇〇三年度の『人間開発報告書』は、紛争がミレニアム開発目標を達成するための甚大なる障害であることを指摘したことも有意義であった。[3]

「人間の安全保障」は、個人や社会など、国家よりも小さな単位に焦点を当てている。国家の安全が守られれば、政府の庇護のもと間接的に国民の安全も守られるというトップダウン的な「国家の安全保障」に対して、さまざまな脅威に晒されている人びとを直接保護し、脅威を排除することにより、ボトムアップ的に社会の安全を図ろうというのが「人間の安全保障」である。また、国家安全保障が敵対的な他国の存在を前提にし、敵国から国境や制度、文化、価値観、国民の安全などを守るという問題意識に端を発しているのに対して、「人間の安全保障」は人びとの安全を脅かす多様な脅威から人びとを守ることに焦点を当てている。

新世紀になって急速にグローバル化してきた国際社会において、地域紛争や国際テロなどが国境を超えて広がりを見せるようになると、一般市民の犠牲が増大していった。しかし「国家の安全保障」の枠組みで対処される場合には、迅速に適切な対応策が施されなかった。「人間の安全保障」によるアプローチでは、テロや紛争を、国家の存立を脅かすものとしてではなく、人びとの安全に対する脅威として直視した。紛争によって深刻化する難民問題などは安定が崩れた結果として発生する事象で

2　人間の安全保障委員会設立の経緯と日本政府の支援に関しては、日本政府の政府開発援助（ＯＤＡ）ホームページを参照。
3　UNDP, *Human Development Report* 2003, Box 2.5 p.45.

あり、人びとの安全を回復することで、国家の基盤を再構築する可能性を示唆した。
「人間の安全保障」は人間中心の概念であることを明確にしたことが重要であった。紛争や慢性的貧困、大規模災害、環境汚染など、自らの力では対処しきれない外的要因から人びとを「保護」するために、政府や国際機関、民間企業、NGO、市民社会に対して、人びとの安全を脅かす要因の排除に向けた具体的な行動を促した。加えて、自然災害など想定外の事態に遭遇しても、復興を成し遂げるための人々の能力の向上を重視した。これはまた、目の前の危険を回避するだけでなく、人びとが自ら行動し、問題に対して自主的にアプローチする力を身につけることを意味した。[4]
「人間の安全保障」を、日本政府が重要な外交政策の基盤の一つとして位置づけたことはすでに述べた。より詳しく説明すると、政府開発援助（ODA）の基本方針を示した二〇〇三年の「開発協力大綱」には、「人間の安全保障」の推進が明記され、紛争・災害や感染症など、人間に対する直接的な脅威に対処するためには、グローバルな視点や地域・国レベルの視点とともに、個々の人間に着目した「人間の安全保障」の視点で考えることが重要であると明記された。そして日本が、紛争時より復興・開発に至るあらゆる段階において、尊厳ある人生を可能ならしめるよう、個人の保護と能力強化のための協力を行うことを誓った。人間の安全保障実現に向けた歩みは国際的にもまだ始まったばかりであったが、日本がこのように積極的に人間の安全保障を開発協力の主題としたことは有意義であった。そして予防や紛争下の緊急人道支援とともに、紛争の終結を促進するための支援から、紛争終結後の平和の定着や国づくりのための支援まで、平和構築活動が二国間及び多国間援助を継ぎ目なく機動的に行うことを提唱したことも意義があった[5]。

また、個人の安全・成長と社会のそれとが相互依存関係にあることを説いたことも有意義であったと言えよう。「人間の安全保障」を論ずるにあたって、ＵＮＤＰの『人間開発報告書』は、人々の安全保障はテロリズム、民族紛争、環境の悪化、国境を越えた犯罪組織等による麻薬取引によってグローバルな本質を持っていることを強調し、全ての国家はこれらの脅威を和らげるために一致団結して取り組まざるを得ないことを指摘した。そして、「人間の安全保障」報告書は、「人間の安全保障」を強化する政策のもう一つの目標として、人々の保護と、人々への権利付与が必要であると説いた。また、紛争や災害などの予防の重要性を指摘して、二〇〇四年にはアフガニスタン、ハイチ、ミャンマーやスーダンのような国々が潜在的な危機状態に陥ると、社会的統合のプロセスを支援する必要があり、そのためには「予防と復旧のための開発」が鍵であると強調した。これに対しインドネシアとタイでの二〇〇五年の大地震に伴う津波や二〇一〇年のハイチの地震で人々が直面した「人間の安全保障」問題においては、人々の不安を和らげる努力において組織的な課題に対応する必要性を指摘した

4　この点を詳細に説明してある以下の文献を参照。Sakiko Fukuda-Parr and Carol Messineo, *Human Security: A critical review of the literature*, CRPD Working Paper No. 11 published by Centre for Research on Peace and Development（CRPD）, Leuven, Belgium in January 2012.

5　平成一五年八月二九日に閣議決定された「政府開発援助大綱」の1・理念――目的、方針、重点／2・基本方針「人間の安全保障」の視点／3・重点課題、「平和の構築」を参照。

ことに意義があった。

学者たちの多くは「人間の安全保障」の観念は論理的に曖昧であり、安全という観念は、人々が経験し感じた「不安」な状態においてのみ確認することができると主張した。保障されるべき自由や権利といっても個人や社会によって異なることから、具体的な内容を明示せず、一般論として概念を広げることはその正当性を脅かすと断言した。だからといって、それで「人間の安全保障」とは何かを析出する価値がないと結論付けられるわけではないことも明白である。正義が何かということを定義することが出来ないようなものだ。不正な行為をされた場合に正義の重要性を認識することは明らかである。

例えば、人間が不安を感じる場合の原因を分析するにおいて、肉体的な原因と心理的な原因を区別することが必須となる。疾病や交通事故は直接人々の死につながる苦しみを起こす、人間の相互作用の物理的な結果である。一方で不平等や疎外感は個人の心理的な満足感を害する結果を生じさせ、不安の要因である。その結果は人々に肉体的かつ心理的なインパクトを与える。エイズとかエボラとかのような感染病は死亡率が著しく大きい事態を想定することができるが、移民者が住む社会において、疎外感を深めている人たちが抱える問題は直ちに迫った緊急事態ではないようにみえる。しかし長期的には社会そして人間の安全保障の観点からは充分に影響があると認識されるべきである。

すなわち、取り組まれなくてはならない核心的な課題は、望まれるガバナンスのグローバルな構造を改革する必要性である。人々は自ら周りの人間を代表して行動する能力があることを指摘することはできるが、それだけでは充分だとは断定できないであろう。先進国と発展途上国の両者における「人間の安全保障」への脅威、つまり不安定性はますますその複雑さを増し、個人が対応できるレベルを超越している。洪水、干ばつ、津波や地震によって引き起こされる危害は先進国よりも発展途上国での方がはるかに甚大で深刻である。米国で二〇〇八年に発した全世界的な金融危機は、世界中の人々の福利に及ぼされた累積効果を緩和するためには、国家でさえも無力であることを示した。二〇一〇年一月にハイチで起きた地震の破壊力は二〇〇四年のインド洋の津波がインドネシアとタイ等の国々に多大の危害を及ぼした海底地震と比較して分析される必要があろう。ハイチの政府機関の不充分な対応が最低限のレベルでの人間の安全を奪い、人々の苦しみを長期化したのである。そして、二〇一一年三月一一日に日本の東北地方で起きた大地震と大津波、福島第一原発事故による住民への被害の大きさと深刻さは、先進国であっても人間の安全を保障することの難しさを露呈したと言えよう。

人間の安全を脅かす根本にある原因は、人間の本質そのものであるという認識が必要である。人間は自分自身の欲望と利益を限りなく追い求めるのである。資産と権力への欲望は根源的なもので、地域共同体や国家が市民や住民のすべての安全を保つための効果的な共同の活動を行うのに弊害となっている。国家に関しても同様なことが言える。自国の利益と国家権力を維持するために、国家はどのようなことでもするのである。トーマス・ホッブスが、戦争と無秩序状態を終結させるために『旧約聖書』に神の敵として登場することで有名な海のドラゴン、すなわち、キリスト教世界ではよく知られた怪物であるレヴィアタン（leviathan）としての政府の存在の必要性を説いたのは、よく知られている。そしてジョン・ロックが、レヴィアタンが支配する領域を規制する社会契約理論を発展させ民主主義の土台を築いたのであるが、民主主義の台頭と共に、国家の指導者たちは自らの利益より国家の国力や経済的な繁栄を追い求めることになった。しかし、多くの国々で数世紀にわたって発展してきた集合的利益とガバナンスの観念がいまだ国家の利益を超越したグローバルな人類の利益を至上課題とするまでには至っていないことは、国際社会にとって致命的であると言えよう。

ブトロス＝ガーリは、国連事務総長としての任期が切れる数日前に「民主化への課題」を発表したが、その理由は、先進国家の多くが自国の利益と安全を究極的な目標として位置づけた民主的ガバナンスを通して成功を収めてきたように、グローバルな脅威に対応するためには、民主主義の統治方式を全世界的に適用するグローバル・ガバナンスが有効と構想したからであった。この構想は、国家が自らの利益のみを追い求めるという無秩序状態を超越し、普遍的な理念と規範に基づいてグローバルな秩序を保つことであり、覇権国家の権力を制約することを意味した。すでに述べたように、このような考え方を抱いていたブトロス＝ガーリに対し、国連事務総長としての二期目を務めることを当時の覇権国であった米国が頑固に反対して彼の再選を拒んだのは、国家中心主義のウエストフェリア体制から、グローバル・ガバナンスへの移行を阻止したことを意味した。

一方、ＵＮＤＰの『人間開発報告書』を監修したマブーブル・ハックの構想では、それまであった開発の概念を乗り越え、より包括的な方法で人間の安全と社会の安定への脅威に対応するために、ガバナンス構造が変化しなくてはならない。ハックはますます肥大化そして深刻化する人間の安全への脅威と課題に「開発の新しいパラダイム」を通じて対応するよう警告を発したと言えよう。国連加盟国が開発協力の新しいデザインとして、一九九五年の国家元首と政府首脳による社会サミットのためのアジェンダを作り上げたように、「人間の安全保障の新しい概念」を提案したのである。そうすることにより、「世界社会憲章」が作成され、国連が人類の開発のために、この傘の下で行動するべく強化されるべきであると説いた。そして先述した通り、世界中が直面している人間の安全保障問題に対応するために経済（人間）安全保障理事会を設立することを提唱したのである。[6]

「人間の安全保障」は人間開発の概念を抜きにして考え定義できるものではないことは明白である。人間開発の究極の目的は、個々の人間の自由と威厳を確保することである。これは、人間開発の概念を作り上げたハックがより詳しく述べているので、以下に引用する。

「開発の基本的な目標は人々の選択肢を拡大することである。これらの選択肢は原則として、無限に存在し、また移ろいゆくものである。人はときに、所得や成長率のように即時的・同時的に表れることのない成果、つまり、知識へのアクセスの拡大、栄養状態や医療サービスの向上、生計の安定、犯罪や身体的な暴力からの安全の確保、十分な余暇、政治的・文化的自由や地域社会の活動への参加意識などに価値を見出す。開発の目的とは、人々が、長寿で、健康かつ創造的な人生を享受するため

6　この国連経済保障理事会（UN Economic Security Council）は全世界的な課題である人間の安全保障に関する政策決定機関として発足すべきであると提唱した。国連開発計画発行『人間開発報告書』一九九四年、第4章、八四頁。

の環境を創造することなのである」[7]。

紛争国や地域での指導者の資質を考慮した場合には、「自由」ということに関してもう一歩深く考察する必要があるとも思われる。哲学者イマヌエル・カントが指摘するごとく、権力や富への欲望などを抑制するために、厳格なルールを自ら設定し、それに従うことこそが人間の本当の自由であると言える。つまり紛争に明け暮れする国家の指導者が自らの欲望に支配された状態から、その欲望を抑え、自分自身の意思で国のためになる規範や規則を設定して、自ら従うことこそが本当の自由なのである。この「自由」の意思のある指導者が存在するか否かが、紛争後の国の平和構築の可能性を決定的に左右すると言えよう。

日本では二五〇年余り続いた太平な徳川時代、外国に侵略されるといった発想や可能性はなかった。しかし幕末になり、独立国家としての日本の存続の危機が訪れると、徳川幕府は大政奉還して尊王攘夷のために、日本人は一致団結した。そして、国家社会と民族の分裂の脅威を退け、近代国家の構築を成し遂げたことは国際社会でよく知られている。アジアそしてアフリカの国々や地域では、部族や民族の指導者たちが自らの権力と利益の確保と維持に専心してきていることは、嘆かわしい結果を生んだのである。

7　「人間開発とは」国連開発計画東京事務所 http://www.undp.or.jp/hdr/ を参照。

第3章　平和維持から平和構築へ
――ブラヒミ勧告と国連の新しい指針

第1節　ブラヒミ・ドクトリンの意義と限界

ブトロス＝ガーリの後に国連事務総長となったコフィ・アナンは一九九八年、アルジェリアの外務大臣であったラフダール・ブラヒミとともに専門家グループで構成する諮問委員会を立ち上げた。その目的は、多くの紛争多発国で平和活動を実施するにあたって国連が直面する障害や失態を検証し、新たな課題に対処できるようにするために、国連の施行能力を改善する具体策を見出すことであった。より具体的には、このグループに国連の平和維持活動の効率性と効果性を向上させるための手段を提言するよう依頼したのである。ブラヒミ・チームはほぼ二年をかけて平和活動のすべての面を評価し、二〇〇〇年八月、国連総会会議が始まる直前に報告書を完成させた。その主なメッセージは「国連事務総長は安全保障理事会が聞きたいことではなく、知るべきことを提示すべき」というものだった。平和を維持することや治安を回復することに国連が失敗したことを認識したうえで、ブラヒミ・チームは国連平和活動のあらゆるレベルにおいて、国連平和活動の組織と制度そして運営方法の大々的な改革を提案した。

制度的な改革を推奨する中で、チームは立ちはだかる二つの障害を認識すべきであると示唆した。第一の障害は安全保障理事会の決議によって与えられる任務の曖昧さが現地で活動するスタッフにとってしばしば困難な問題を起こしたことであった。第二としては、多国籍軍の派遣が平和活動の有効性にとっての決定的な要素であるとする考え方に疑問を投げかけた。安全保障理事国、特に五か国の常任理事国は、平和維持軍の迅速な派遣を実現し、なおかつその任務に関して同意することができなかった。それまで、常任理事国の同意や不本意な同意を取り付けるために、決議の立案者たちは決議を意図的に曖昧なものとしなくてはならなかったのである。常任理事国が特定の問題で意見が分かれた場合は、特にそうであった。ブラヒミ・チームはこの曖昧性への傾向が、あらゆる平和活動を効果的に遂行するのに、悪影響を及ぼしてきたと指摘した。

ブラヒミ・パネルが国連ミッションに、国際介入の目的について現地政府と権力保持者が共通認識を確立するように要請したのは意義があったと言えよう。これは効果的な平和維持と平和構築活動には欠かせないものであったからである。なぜならば、現地の指導者や人々に信頼されていない外部から派遣されてきた特使や専門家が、理論的に正しいからといって解決策を押し付けても満足のいく結果にはならないことが明白になったからである。もし現地の指導者たちや国民が、国連が彼らの考え方や問題意識を尊重しないと感じたら、国連の現地の特別代表や特使に対して非協力的になり、場合によっては国連の現地のスタッフを危機に直面させることもある。平和活動任務はどんな厳格な規定を結んでも平和維持・構築活動に悪影響を及ぼすのである。軍事活動を実施するに当たっても画一的な規則はなく、各々の軍隊が独自に軍事行動を実施する方針を維持しており、統一性を欠いた活動になってしまうのである。

平和維持軍の活動の効果を左右する二つの点がある。第一に、多くの国々から派遣されている軍隊の指揮系統について、最低限度の統一を図ることである。第二には、軍隊が託されている任務と直面する脅威の本質を充分に理解することである。一九九三年から一九九四年に筆者が政策企画部長を務めた第二次国連ソマリア平和活動（ＵＮＯＳＯＭⅡ）で経験したことが例として挙げられよう。多くの国から派遣されてきた軍隊は、自らの国の指揮によってのみ行動したので、統制が保たれずに、全体の治安活動の効果を落としてしまった。最大の軍事力を維持していた米国の司令官が、対象としている武装軍団の性質と意図することを充分に理解せずに独断で戦闘を行い、紛争を解決しようとした結果、自らが紛争の当事者となり、想定外の抵抗と反撃にあったのである。そのときに、官房長官（Chief of Staff）であったオマール氏が、米国の軍事部門がなぜＵＮＯＳＯＭⅡ特別代表のジョナサン・ハウ（Jonathan Howe）提督の指示を無視して、爆撃地域にいた民間人に何の配慮もせず無差別に爆撃できるのかと、筆者に語ったのが印象的であった。

ラフダール・ブラヒミ（VOA）

国連憲章の第四三条は、すべての加盟国は合同で安全保障活動を行うために武装した軍隊を提供して任務に就かせることを明記している。そして、常識的に理解されていることは、国連に提供された軍隊は協働し、統一指揮下で治安維持活動を遂行するべきであるということである。しかし実際には、国連平和維持ミッションの一部であっても、派遣国が独断で軍隊を指揮する権利を保持し行使する傾向がある。当初はこのような状態でも平和維持ミッションを形成することができたが、合同で軍事行動を効率的、効果的に遂行することは不可能であることが明白になってきた。さらに、平和維持軍の派遣に長い期間がかかることが、国連システムの重大な欠点となった。ブラヒミは平和ミッションを成し遂げるために、この課題に対応するべく、大規模な改革を検討した。

ブラヒミ改革の重要な点の一つは、国連が平和維持活動を成功させるために欠かせない手段を明示したことである。一番重要な点は、国連平和維持軍を三〇日間のうちに、そしてミッションに必要な全要員を九〇日間のうちに派遣するというものだった[1]。このような目標を掲げることは、国連にとって切実な願いであった。しかし、国連平和維持活動に必要な軍人や警察官を提供する国々と協定を結び三〇日内に派遣すること、そして技術者や専門家を九〇日以内に現地に送ることは、現在の国際社会の制度においては、不可能であることが明白になった。例えば、二〇〇六年八月に国連東ティモール統合ミッション（ＵＮＭＩＴ）を設置するための国連安全保障理事会決議が採択されてから六か月かけて、国連は警察要員の半数を現地に派遣するのにやっと成功した程度であった。

ブラヒミ提案のなかの国連の常設軍の設立が常任理事国の拒否で進展しないことは予期されていた。主要国家が自国の兵士を国連などの価値観や問題意識の異なる機関の指揮の下に置くには、時期尚早と言えたであろう。この立場は安全保障理事会の常任理事国の間で一致しており、立場が変わることは、近い将来にはありえないだろう。それにも関わらず、ブラヒミ・パネルは四〇〇〇人規模の安全保障に従事する者の国連軍の設立を提案した。

国連軍の派遣を決定する時期について、他の難題と懸案事項が現れた。そして、ブラヒミ・パネルはその質と量において必要とされる軍隊の構成を国連事務総長が明確にするまでは決定を遅らせるべきだと提案した。これによって少なくとも必要な任務を遂行する具体的な能力も確立されないような形式だけの決議を避けることが可能になったのである。ブラヒミ・パネルは、最終的には、平和活動が十分に機能しないような環境のなかで、加盟国に対して問題提起をして挑戦したのである。グロー

1　二〇〇八年三月二一日オーストラリアのダーウィンで開かれたジョゼ・ラモス＝ホルタと筆者とのインタビューで、ラモス＝ホルタは、二〇〇六年八月の国連安全保障理事会決議の採択の後六か月たっても、東ティモールに半分の警察軍でさえ派遣できない国連の無能力に対して失望を述べた。

バル・ガバナンスとして捉えた場合の問題点と解決策は明らかであった。しかし、現実には、ウエストフェリア体制の下に止まっている現在の国際社会は、まだグローバル・ガバナンスを受け入れる状況にはたどり着いていないのだと断言できるだろう。

筆者がＵＮＤＰの駐日代表をしていた二〇〇〇年に、ブラヒミ氏を招待し、日本政府の指導者に国連平和活動の必要性について説明してもらった。その当時、野党であった民主党は非常に興味を示し、国会に隣接した議員会館の一室で会合を開き、三〇人ほどの国会議員がブラヒミ氏の話を聴くために集まった。彼らは国連平和活動に興味を持っており、その活動がどのように行われるのか詳しく知りたがっていた。当時の民主党の指導者であった鳩山由紀夫氏が流暢な英語で話し、集まった議員に質問やコメントをするよう促しながら会合を進めていたのを覚えている。どうすれば日本が自衛隊の国外派遣を禁止する憲法に抵触することなく、そして戦闘に参加することなく、国連平和維持活動に最大限に貢献できるのかという主要課題に討論が集中した。ブラヒミ氏は平和維持から平和構築活動へと進むに当たって、多くの国連平和活動においては軍隊や武器を必ずしも使用するものではないと説いた。そして、人道支援や国家の統治能力を構築するための支援、あるいは民間企業が進出して経済活動を活性化できるように紛争後の国家の安定を可能にすることが、非常に重要なのだと説明された。この問題意識は、その後の日本にとっても傾聴すべき点であったと言えよう。

国連平和活動に関するパネルの報告書、すなわち「ブラヒミ・レポート」は、国連は紛争が勃発あるいは再発する前に統合された平和構築支援体制を確立することが不可欠であると明確に指摘し、国連からの支援が必要な国々において国連平和構築事務所を設立することを推奨した。この提案に従って、国連政治局は政治事務所を、タジキスタン、ギニアビサウ共和国や中央アフリカ共和国に設立した。国連システム内部の主要な平和構築活動を支援していく部門を設立するという考えは、ブラヒミ・レポートが発表されてから数年後、「国連の脅威・挑戦・変革に関するパネル」によってやっと取り上げられることになった。

第2節　「保護する責任」の台頭

「人間の安全保障」の概念が台頭してから五年後の一九九九年に、自国民の保護という国家の基本的な義務を果たす能力のない、あるいは果たす意志のない国家に対し、国際社会が当該国家の保護を受けるはずの人々について「保護する責任」(Responsibility to Protect：R2P)を負うという新しい構想が誕生した。この考え方は、ルワンダの大虐殺のようなことが二度と起こってはいけないという感情が国際社会で盛り上がり、国連の安全保障理事会でも確固とした指針を定めたい機運が盛り上がったことによって生まれてきた。理事会は議長声明で、武力紛争国や地域において国際人道法及び人権法に著しく違反したことが起こっている場合に文民がどのような対策を取るべきか事務総長に回答を要請した。そして同年九月に事務総長が、民族浄化や人道上の罪を防ぐ責任が国家にあると強調した。[2]

二〇〇一年には、カナダ政府の主導で設立された「介入と国家主権に関する国際委員会」（International Commission on Intervention and State Sovereignty：ICISS）が、国家主権には住民を保護する責任が含まれており、国家が保護する責任を果たせない場合には、国際社会がその責任を負う必要があると提言した。委員会は保護する責任は三つの責任、すなわち「予防する責任」（Responsibility to Prevent）と「対応する責任」（Responsibility to React）そして「再建する責任」（Responsibility to Rebuild）により構成されると提言した。ここで重要な点は紛争の勃発を「予防する責任」もあると指摘したことである。「予防する責任」とは、人々を危機に落とす直接な原因と共に根源的な要素に取り組むことであり、紛争後の和解のみならず、開発・人権・法の支配への支援を意味した。これはブトロス＝ガーリが「平和への課題」と「開発への課題」で指摘したことを踏襲したことになるが、この点は明言しなかった。国際社会の第二の責任として挙げられたResponsibility to Reactは日本語では「対応する責任」と訳されてきたが、保護を必要とする人々に対してどのような措置を取って行くべきかを問うて、適切な措置としては制裁や訴追などの強制措置、さらに非常時には軍事介入までもが含まれた。この責任感はあらゆる手段を使っても目的を達することが必要であると解釈される可能性があった。三番目の「再建する責任」とは、紛争後において和解と復興を含めた平和構築事業をしていくことの重要性を示唆したと言えるが、現実的には任意拠出金や政府開発援助（ＯＤＡ）資金に頼る枠組みを脱することができるかが課題となった。[3]

この「保護する責任」の概念が国連の平和維持活動に及ぼした影響は多大であった。筆者が一九九〇年代初頭から国連平和活動ミッションに従事した経験から言えることは、国連が国内紛争後の元兵士の武装解除・動員解除・社会復帰（ＤＤＲ）、選挙、法の支配の支援強化をしていたことである。紛争下の民間人の保護（Protection of Civilians: POC）を国連平和維持活動ミッションの安保理の委任事項（mandate）として定め、「強力な（robust）」平和維持活動が主流となったが、これは、ＩＣＩＳＳ報告書に基づく「保護する責任」が根底にあったと言えよう。その一方で、「保護する責任」の法的正統性や、実施の基準や範囲は明確であるとは言えず、悪用される危険性は存在していた。「保護する責任」が武力行使と不可避的に結びついている以上、「保護する責任」が国際規範となるためには、国家による「保護する責任」の失敗を判断する基準、また、国際社会が「保護する責任」に基づき行使する手段の基準や範囲、さらには、その行使に付随して二次的な危害を被りうる市民の保護に対する責任など、明確にしていくべき多くの課題が残されていると言えよう。

誕生後の五年間に「保護する責任」は当時の国連事務総長のコフィ・アナン氏の強い支持を受けて、二〇〇五年の特別総会では正式に認証され、西欧諸国はこのドクトリンを盾に独裁者に対して強硬な手段を取るようになっていった。

2　Statement by the President of the Security Council, 12 February 1999; and UN Security Council resolution 1265（1999）on Protection of civilians in armed conflict（S/RES/12）.

3　International Commission on Intervention and State Sovereignty（ICISS）, *The Responsibility to Protect: Report of the International Commission on Intervention and State Sovereignty*, Ottawa: International Development Research Centre, 2001.

第3節　ハイレベル・パネル・レポートとコフィ・アナン国連事務総長の対処

脅威・挑戦・変革に関するハイレベル・パネル・レポート

コフィ・アナン国連事務総長は二〇〇三年九月に、二一世紀になり台頭してきた人類にとっての新たな脅威が収拾のつかなくなる事態にならないように対応する必要性について、国連加盟国に問題提起をすることにした。そして、一六人のメンバーで構成される「脅威・挑戦・変革に関するハイレベル委員会」（The High-level Panel on Threats, Challenges and Change）を設立してタイの元首相のアナン・パンヤーラチュン（Anand Panyarachun）を議長に任命した。政府の元首相や外務大臣がメンバーとなった委員会は一年ほどかけて討議を行った。当時東ティモールで国連事務総長特別代表をしていた筆者も招待されて、自らの経験を基に、紛争の解決に向けてどうしたらよいか意見を述べた。委員会は二〇〇四年一二月に人類の将来に対する包括的概観を作り上げ、人類全体の安全保障に対する一〇項目の主要な脅威を列挙した。[4] そして、これらの脅威に対処することは国際社会全体の責任であると勧告した。また、武装紛争や内戦が終わったとき、国際社会が紛争後の平和構築に従事することは非常に重要であるとした。そして平和構築の成功には適正な任務の執行と、潜在的な妨害者を抑制する充分な実践能力を備えた平和維持活動部隊、要員そして機材が迅速に配置されることが必要であるとした。その上に、国連がこの非常に重要な責務を果たそうとしても、多くの加盟国が必要な財政的そして物質資源を提供していないと指摘した。委員会は平和維持予算に動員解除や武装解除のような紛争後のさまざまな活動のための必要な資金を確保するために基金を設置することが必要であるとの認識で、復興と戦闘員の社会復帰、他の初期の再構築事業における重大な不足を補うために、少なくとも二億五〇〇〇万ドルを備えた新しい信託基金の設立を提案した。委員会はさらに国連は特に法の支配の分野において国家機関の制度上の施行力の構築に焦点を当てるべきだと提案した。委員会はこれが国連の核となる機能であるべきだとさえ示唆した。

ハイレベル委員会は一年にわたり討議して、地球全体で台頭してきた課題に効果的に対処できるように、国際社会が新たな発想で必要な政策と活動を行えるよう報告書を作成して二〇〇四年の一二月に事務総長に提出した。この報告では、国連が設立された時には想定されていなかったテロリズムや国内紛争等の新しい脅威が明らかにされ、二一世紀のための集団安全保障に関する大胆で新しい構想が提示された。委員会は六つの脅威の要因として（1）国家間の戦争、（2）内戦、大規模な人権侵害や大量虐殺等の国家内部における暴力、（3）貧困、伝染病と環境の悪化、（4）核、放射能、化学、生物学的武器、（5）テロリズム、そして（6）国際組織犯罪を掲げた。[5]

委員会はこれらの脅威の要因に対して、その予防手段としてすべての国が貧困の削減に専心するこ

4　United Nations. *A More Secure World: Our Shared Responsibility*, Report of the Secretary-General's High-level Panel on Threats, Challenges and Change, 2004.

とを指摘した。このことが特記に値するのは、貧困の削減は数百万人の命を救うだけでなく、テロや多国籍組織犯罪と戦うための国民の問題意識を向上させ、国家の対応力を強化すると考えられた点にある。委員会は国連ミレニアム宣言の目標を達成するために同意された国際的枠組みとして言及し、開発はすべての人々をより安全にすると提言した。人間一人一人の安全保障が予防の最前線でなければならないとの論理であった。

そして委員会は国際社会の指導者たちが世界をより安全なものとするための責任を分担するべきであると強調した。委員会は、グローバルな公共保健体制を通じて生命の安全を守る必要性とともに、全ての加盟国の集合的利益として、国家内部での、そして国家間での戦争を予防する必要性にも言及した。委員の多くは弱者の権利を保護するための強い規範を作ることが不可欠であると考えた。そして、天然資源の獲得競争が往々にして紛争に拍車をかけることを重視して、天然資源の管理体制を強化して、開発競争を規制する新しい方法を見いだす必要性を指摘した。

委員会は国連の担当部門や機関の間で拡散しすぎていると考えられていた平和構築支援活動を調整する責任を担う独立した事務所を設立すべきだと明確に勧告した。それは二〇〇五年の特別総会での「成果文書」に組み入れられ、「平和構築委員会」と共に国連事務局に「平和構築支援事務所」が設置された。しかし、この事務所はあくまでも平和構築活動を支援するという役割に制限され、国連平和活動局（ＤＰＫＯ）のように安保理の決議によって分担金から資金を確保して活動することはできなかった。

武装衝突が終了した後でも継続する不安定な政治、経済と社会的状況に応じて、どのようにして平和を構築していくことができるか周到に検討して、平和構築の段取りが設定されることになった。そして、新たな世紀になり、国家の脆弱さと紛争の再発の可能性に鑑みて、平和構築ミッション本来の戦略は「法の支配」の確立と維持に適した条件の下で設定されるものであるという考え方が勢力を増していった。しかし、それは政治的そして社会的な対立関係を平和的な方向へと進化させるような民主的な手段を育成するものでなくてはならない。平和構築の戦略は「法の支配」という正義感を重んじた法律重点主義だけでなく、治安の維持、生活必需品の確保、保健や教育、雇用の確保など個々の人々が人間として暮らすための課題に適切に対処できることが必要とされるものであった。

平和構築の構造と活動は他の平和活動とは異なった特定の機能的要素で構成されている。第一に、平和構築のメカニズムは専らではないが主に政治的本質を持っていると言えよう。平和構築活動は現地の社会のすべての層と相互に関連する統合された軍事・治安部門と民事メカニズムが必要である。

5　脅威・挑戦・変革に関するハイレベル委員会はタイの前首相 Anand Panyarachun に率いられ、Robert Badinter（フランス）、Gro Harlem Brundtland（ノルウェー）、Mary Chinery-Hesse（ガーナ）、Gareth Evans（オーストラリア）、David Hannay（英国）、Enrique Iglesias（ウルグアイ）、Amr Moussa（エジプト）、Satish Nambiar（インド）、緒方貞子（日本）、Yevgeny M. Primakov（ロシア）、Qian Qichen（中国）、Nafis Sadiq（パキスタン）、Salim Ahmed Salim（タンザニア）、Brent Scowcroft（アメリカ）と Joao Baena Soares（ブラジル）で構成された。スタンフォード大学教授 Stephen Stedman が調査を指導し、レポートを編纂した。

強力な軍事活動がある場合では、平和構築のプロセスは民事的要素（開発援助枠組み）へ向かっての軍事部門（平和執行あるいは平和維持活動）の段階的な縮小が同時に施行されることが想定された。したがって平和構築活動はＵＮＤＰ、世界銀行や地域開発銀行、ＮＧＯや他の市民社会組織のようなさまざまな国際機関による持続可能な開発のプログラムの結果と相互関係が成り立ったのである。また、国連が、平和構築ミッションの総司令官である事務総長特別代表に、軍事と民事活動を調整する責任を委任するようになったのは特記に値する。このため、国連の平和活動にあたる特別代表は今や二人の特別副代表によって補佐されるようになった。その一人は安全保障や治安関連の担当として、もう一人は国連開発活動の常駐調整官を当てることになった。こうすることによって、国家機関の行政・立法・司法機能の能力育成と構築事業が、安全保障分野改革や紛争後の国家の民主化と同時に遂行されるようになった。[6]

第二には、平和構築活動は幅広い分野の活動家で構成されている。そして、国家機関と国際機関、政府組織あるいは非政府組織が同時に関与していることにより全体の目的や活動がより複雑になるので、戦略的な調整が必要となることである。各々の機関や団体の活動を調整することは比較的容易であるが、目的や理念を融合させることは至難の業である。

第三には、長期の戦略的な目的を果たすよう、平和構築はかなり概念化されてきた。脅威・挑戦・変革に関するハイレベル委員会の報告書が力説したように、平和構築プロセスの究極的な目的は、住民の人権を守り、法の支配のもと安定した社会を確立させるべきである。紛争の再発を防ぐため、安定した社会の実現のために、あらゆる要素が統合されるよう努めることが絶対的に必要である。二〇〇〇年代の初頭まで国連安保理が承認した平和構築ミッションの大多数は、期間が平均約二、三年であった。しかし、経験を積むごとに、より長い期間の中期戦略を作成する必要があることが明らかになった。民主主義制度、経済の再構築と人々の人権の擁護を確立するためには、長い時間をかけて社会的な土壌に根付かせることが重要であることが明白になった。政治的な緊張が起こったときに国家の民主主義制度が機能不全とならないようにするには、国家の指導者と国民の思考（mind-set）や心理（mentality）を根本的に変革する必要があるのである。

アナン国連事務総長は二〇〇四年に提出されたハイレベル委員会の報告書に含まれている勧告を自らの歴史観を基に検討して全面的に支持することにした。アナン氏は、新旧の脅威を撲滅し、豊かな国も貧しい国も、強国も弱国も危機に一致団結して対応することが包括的な集合的安全保障システムの核となると説いた。そして報告書を国連総会に提出し、総会が即時に採択して行動を取るよう勧告した。具体的には、国際社会の組織を再構築し進化させる特別な可能性があると国連総会に告げ、事務総長としての権限の範囲内で迅速に検討、遂行することを誓った。国連事務総長として、アナンはテロに対する新しい包括的な戦略を促進するよう率先して行動を開始して、翌年には加盟国が検討で

6　筆者が二〇〇四年五月東ティモール特別代表に任命されたとき、例外的に常駐調整官としても任務も続けるよう依頼された。ミッションの治安・安全保障の方面を担当する代理が一人だけしがいなかったからである。

きるための構想を打ち出すことを約束した。

ここで、特記すべき点は、米国での九・一一テロ攻撃の後に広がった戦闘的な雰囲気を反映して、国家の自衛権には攻撃が差し迫った場合の先制攻撃も含まれることをハイレベル委員会が再確認し、国連事務総長としてアナンが支持したことである。国連安全保障理事会も同調して早期に決定的な行動をとる必要性があると述べた。また、アナン事務総長が指摘したもう一つの点は、世界の指導者たちが九か月後の二〇〇五年九月に行われる特別国連サミットで会したときに新しい集団的安全保障システムに関する新しいコンセンサスを形成する必要性であった。

ハイレベル委員会によって提示された点はほかにもいくつかあったが、重要なことは、世界中の国々や住民の安全を脅かす現代の脅威の相互関連性を理解しなくてはならないということである。アナン国連事務総長が述べたように、テロリズムや内戦あるいは極度の貧困のような問題を切り離して対応することはできないことを認識する必要がある。そして開発は国連憲章が掲げる集団的安全保障の欠かすことのできない基礎であり、貧困と疾病の撲滅はより安全な世界を成し遂げるための必要不可欠な条件であり、市民の安全をより確実に守ることに成功するには、ミレニアム開発目標を成し遂げるのが最善であり、そのために充分な配慮と必要な資源を費やすことが不可欠であるというのが委員会の結論であり、アナンはそれを支持した。

コフィ・アナン国連事務総長の提案：全人類のための「より大きな自由を求めて」

二〇〇五年三月、アナン事務総長はハイレベル委員会の勧告を受け入れた彼自身の改革案を総会に提出した。この提案は、国連ミレニアム宣言（二〇〇〇年）の遂行に関する二〇〇五年サミットのためのアジェンダを設定することを意図した、意義あるものであった。

「より大きな自由を求めて：すべての人のための開発、安全保障および人権」[7]と題されたこの報告書で、アナン事務総長は、その五年前の二〇〇〇年に開かれたミレニアム首脳会議において世界の指導者たちが平和、安全、軍縮、人権、民主主義そしてよきガバナンスを成し遂げるように前進していくと誓ったことを振り返った。合意済みの国連ミレニアム目標を二〇一五年までに達成するため、開発のためのグローバルな連携を求めた。また、弱者を守り、アフリカに特有のニーズに取り組むことも誓った。さらに、共通の未来の形成に向け、国際連合が積極的に関与する必要は高まりこそすれ、減少することはないとの認識を示したことは有意義であったと言えよう。

国連憲章に由来する「より大きな自由を求めて」という表題は、平和、安全保障、人権と開発はともに前進していくべきであるというアナンの考えを示していた。そして、国連が法の支配の下で平和、安全保障、人権と開発などのグローバルな課題により効率的・効果的に対処できるための具体策を四つの分野で提示した。その中で、核心となるのが「欠乏からの自由」、「恐怖からの自由」と「尊厳を

7　United Nations. In larger freedom: towards development, security and human rights for all (A/59/2005), 21 March 2005.

もって生きる自由」いう三つの学術的概念であり、国連の意思決定プロセスを統合するための基盤を築いたと言えよう。

報告書の第一部「欠乏からの自由」では、二〇一五年までにミレニアム開発目標を成し遂げるために、国家のガバナンスを改善し、法の支配を支持し、汚職を撲滅するための包括的国家戦略を採用することの正当性を強調した。そして、二〇〇二年の国連開発資金会議で先進国と発展途上国の両者により合意された、金融資源と貿易を開発のために活用するというモントレー・コンセンサスを遂行するという提案をした。

コフィ・アナン（第 7 代国連事務総長：1997-2006）、2003 年 撮 影（*Agêancia Brasil*）

報告書の第二部の「恐怖からの自由」では、加盟国がテロや内戦、虐殺武器そして核兵器の拡散を防止して、戦争で荒廃した国々で人々が恐怖からの自由を確保するために持続する平和を構築するのが賢明であると全ての国が合意するよう、呼びかけた。この呼びかけの正当性を立証するために、アナン事務総長は、五年前の国連ミレニアム宣言の採択後に世界のすべての人々が恐怖を抱く多くの危機的な事態が発生したことを指摘した。二〇〇一年九月一一日の米国における同時多発テロを境に、非国家主体であるテロリストのグループがネットワークを駆使して、最も強大な国をも震撼させたのである。同時に、重要な課題に関して大国間に現れた亀裂は、国際社会の最終目標とその到達方法における認識の欠如を露呈させた。その一方で、武力紛争に苦しむ国々は四〇を超え、一一〇〇万人から一二〇〇万人に及ぶ難民が世界中に発生し、戦争犯罪や人道に対する罪の犠牲となっている者もいると指摘した。さらに、新たな恐怖の兆候として、国内避難民の数は二五〇〇万人にも上り、そのほぼ三分の一には国際機関の援助の手が届いていないと訴えた。

そして、アナン事務総長は、グローバル化が進んだ世界で、国々や人々が直面する脅威は相互に連関しており、国際社会は安全保障上の新たな合意を構築せねばならないと説いた。大惨事につながるテロを決して現実のものとしないためには新たなグローバル戦略が必要である。そして、核兵器、化学兵器、生物兵器がテロ集団の手に入らないよう、緊急の措置を講ずる必要があり、多国間枠組みをさらに活性化せねばならないと述べた。また、悲惨な地域紛争や国内紛争の予防と解決ほど国際連合にとって根本的な任務はないと断言した。紛争予防は、貧困対策や持続可能な開発の促進から、民主化および法治能力の強化や小型武器流通の取り締まり、さらには調停、予防展開（Preventive Deployment）をはじめとする予防活動の指揮に至るまで、すべてが国連の中心的な活動分野であると力説した。なおかつ、二〇〇〇年になって平和維持活動の必要性が増す中で、国連の平和維持活動管理が大幅に改革され、加盟国の信頼が強まったことを挙げ、加盟国に対し、自らの要求に見合う実効的な平和維持能力を国際連合が備えられるよう、いっそうの取り組みを行うよう訴えた。特に、国際連合との取り極めの枠組み内で迅速に展開できる戦略予備部隊を創設することを提唱したことは、非現実的であるとの批判も受けたが、いずれ国際社会が必要とすることであると筆者はいまでも認識している。

なおかつ、アナン事務総長は和平合意の調停後の平和維持活動の実施面で、破滅的な失敗が明らかになっている点を指摘した。すなわち、一九九四年のルワンダをはじめ、一九九〇年代には、和平合意の締結後に最も暴力的かつ悲劇的な事件が起こっていることに触れ、紛争終結国の実に約半数は、その五年以内に再び内戦に突入している事実を指摘した。これらから明らかなのは、和平合意の継続的で持続可能な実施を確保できなければ、紛争は予防しえないということである。アナンは、国際連合の制度機構には大きな欠陥があり、国際連合システム内には、各国の戦争状態から恒久的平和への移行を助ける任務を遂行していける機関がない点を指摘して、政府間の平和構築委員会とともに、国連事務局内に平和構築支援事務所を設けるよう提案した。この提案が二〇〇五年の総会で採択され実現したことは有意義であった。

報告書の第三部「尊厳のある生活を営む自由」では、すべての国家が法の支配、そして人権と民主主義を具体的な方法で強化することを提唱した。

最も意義あることは、二〇〇一年に、アクスワージー（Lloyd Axworthy）カナダ外相が、元オーストラリア外相であるガレス・エヴァンズ（Gareth Evans）氏および国連アフリカ問題特別顧問のモハメッド・サヌーン（Mohamed Sahnoun、アルジェリア）氏の二人と共に、カナダに設置された「介入と国家主権に関する国際委員会」（ＩＣＩＳＳ）によって提示された「保護する責任」の概念を唱えたことである。[8] この報告書は、「政府は国民に対して、今までいつもリップサービスだけに終わってしまってきている個人の尊厳の尊重について責任を持つ時代がもう来ている」[9]ことを示唆している。この学説によると、国家政府が民族浄化や人類に対する犯罪のような問題に対応する主要責任を負っていることに変わりがないが、国家政府がそのようなことを阻止する行動を取る意思や能力がない場合には、国際社会がその責任をとる必要があるとする。これにより国際社会が人々を保護し、必要な行動を起こす究極の責任を負っているということが論理的に確立されたために、発展途上国の多くはこの学説が介入につながることを恐れた。

これらの学説的な変化や提案以上に、報告書「より大きな自由を求めて」はまた、重要な国連改革の必要性に応えることを目的とした制度に関する提案を提示していることでも記憶にとどめられる。例えばこの報告書では、安全保障理事会が国際社会全体や第二次世界大戦後変化してきた地政学的な現実をより幅広く反映するようにするべきだと加盟国に忠告している。

8　ICISS, *The responsibility to protect: Report of the International Commission on Intervention and State Sovereignty*, Ottawa: International Development Research Centre, 2001.

9　コフィ・A・アナン「より大きな自由を求めて：すべての人のための開発、安全保障および人権」国連文書（A/59/2005）、二〇〇五年三月二一日。

第4節　二〇〇五年特別国連総会会議の成果文書

二〇〇五年の九月一四日から一六日にかけて国連本部で開かれた世界サミットには、一九〇人を超える国家元首と政府が一堂に会した。世界指導者たちによる歴史上最も大きな集まりであった。これらの国連の六〇周年記念を祝うこの会議は開発、安全保障、人権と国連改革の分野における大胆な決定を行うユニークな機会として歓迎された。サミットでは、国家元首や政府、その他の上級役人が行動するための多くの決定や勧告を含む最終的な成果文書[10]の採用へとつながる声明を発表する本会議も行われた。

重要なことは、その成果文書の発表が、国際社会がミレニアム開発目標（Millennium Development Goals：MDGs）の達成に向けより前進するための機会であったということである。しかし米国はその全体的な対処の仕方に拒否感を抱き、ジョン・ボルトン（John Bolton）米国大使は、ミレニアム開発目標を採用することや、なかでも政府開発援助（ＯＤＡ）の割合が国民所得（ＧＮＩ）の〇・七％に到達すべきであるとする八番目の目標の採用には、激しく反対した。筆者が二〇〇五年八月二四日にワシントンＤＣを訪れたとき、米国国家安全保障理事会（National Security Council）事務局の部長ビサ・ウイリアムズ（Bisa Williams）女史は、米国としてはこのＯＤＡの目標値はとうてい受け入れられるものではなく、ミレニアム開発目標自体を放棄すべきと強調した。筆者は、発展途上国の指導者層を国民の福利厚生にもっと注意を払うよう説得するためには、ミレニアム開発目標を維持することが非常に重要であることを、彼女を直視しながら説いた[11]。成果文書が国連のその後の政策を形作るために多大な影響を与えたことは疑いもないことである。それは一連の地球規模的な課題に関する行動計画を描きながら国連の主要価値とコミットメントを再確認する役割を果たすことは確実であった。その後、サミットの成果に応じて加盟国の一致協力を得られるように多くの具体的な提案が出され、米国も最終的には妥協して、国際社会がミレニアム開発目標を取り入れたことは歴史的な出来事であった。

なおかつ二〇〇五年の国連サミットは、国家元首と政府の最高責任者が「より大きな自由を求めて」で提案されたような国連安全保障理事会の改革と組織強化をも検討する歴史的な機会となった[12]。しかし、安全保障理事会の構成を、現状に合わせて再構築する必要性があるにも関わらず、加盟国は安全保障理事会の全体的な改革に関して同意することができなかった。国連改革の問題に関する二〇〇五年世界サミットの結果に対して失望の声が上がるなか、危機状況の中で民間人を守り、紛争後の

10　国連総会「世界サミット成果文書」（A/RES/601）二〇〇五年一〇月二四日。
11　筆者は、東ティモールに関しての安全保障理事会での議論の直前と直後にワシントンDCを訪問することをルーティンワークとしていた。このときビサ・ウイリアムズ女史は、ジョン・ボルトン大使が成果文書の中の多数の部分の修正と削除を何度も提案していたと述べた。
12　コフィ・A・アナン「より大きな自由を求めて：すべての人のための開発、安全保障および人権」。

国家における平和構築努力の支援の必要性に対応することに関しては、目に見える進展があった。
　このサミットの成果文書は、大量虐殺、戦争犯罪、民族浄化と人類に対する犯罪から国民を保護する責任に関して到達した理解について述べている。各々の国家が大量虐殺と他の重大な犯罪から自国の国民を保護する責任を持っていると提言する一方で、加盟国が自国民を重大な犯罪から守る能力を構築する必要があることを明らかに示した。そして加盟国が危機や紛争の勃発に当たって苦しんでいる人々を救助する責任があることを認識するよう促した。国家そして国際社会は、適正で必要な手段を通じてその誘因も含め犯罪を予防する責任があることも含まれていた。個々の国家はこの責任を受け入れ、行動する準備があるということと同時に、国際社会は国家がこの責任を全うできるように支援して、国連が早期警告能力を確立する必要があることを明示した。さらに国際社会は、国連を通じて、国民を保護するために国連憲章第六章と八章に従って、適正で、外交的、人道的、他の平和的な手段を使う責任があることを認識するように促した。成果文書はまた、加盟国は、国連憲章に従って安全保障理事会を通じて迅速に、決定的な集合的行動をとる準備があると示唆していた。もし平和的な手段が不十分であり当該国家政府が明らかに大量虐殺と他の重大な人類に対する犯罪からその国民を守ることができなかった場合、状況に応じて、必要なら関連する地域機関と協力して第七章「平和に対する脅威、平和の破壊及び侵略行為に関する行動」を発動することができる。[13]
　国連総会が、実質的に長い間主張されてきた国家主権の「不可侵」原則を、大規模人権侵害と大量虐殺の場合においては覆したということは意義深い。このように二〇〇五年サミットの成果文書は、人権の擁護者として行動を起こす国連に示されるような国際社会の責任と権限を国際法に組み入れることによって、国連の遺産の一部となることができたのだ。二〇〇六年一月、ウェストミンスター・ホールで聴衆に向かって、コフィ・アナンは国際社会が新しい責任を受け入れたことは「最も貴重な出来事」であるとして説明し、以下のように話した。

「私にとってすべての中でもっとも大事なことは、国家が、個々においても集合的にも、大量虐殺、戦争犯罪、民族浄化や人類に対する犯罪から、国民を守る責任があるということをサミットが受け入れたことである。これは長年にわたって私が唱えてきた大きな突破口である[14]」。

国連の理論の核となる分野としての「保護する責任」に対する国連総会の正式な支持は、危険にさらされている国民を守るための人道的な介入と平和維持活動の任務を形成するパラメーターを大きく変えた。そして政府指導者たちが、もしそのような宣言が一九九四年に存在していたなら、ルワンダにおける大量虐殺を阻止することができていたであろうと断言することになった。

成果文書はまた「人間の安全保障」を強化する必要性を加盟国の多くが認識するようになったことを反映した。それは、人々が貧困と失望がなく自由と尊厳をもって生きる権利を、加盟国が公に認めたことを示した。また、すべての個人、特に弱い立場の人々はすべての自分たちの権利を享受し、人

13　国連「国連総会決議」（A/60/L.1）、二〇〇五年九月一五日、パラグラフ１３８と１３９。
14　二〇〇六年一月三一日の英国ウェストミンスター、中央ホールにおける国連事務総長コフィ・アナンによる演説。

間としての能力を十分に育成する平等の機会をもって恐怖からの自由と欠乏からの自由を与えられる資格があることが認識された。このため、加盟国は国連総会で話し合い、「人間の安全保障」の概念を定義することに同意した[15]。

この国連の特別総会によってなされた主要な決定に、紛争から抜け出た国々における平和努力を支援する政府間諮問機関として「平和構築委員会」を設立することがある。この委員会は、紛争後の平和構築と復旧のための統合された戦略に関してアドバイスをし、提案を行い、必要な場合は平和を損なう可能性のある問題を提示する。紛争からの復興と統合された戦略の開発をサポートするために必要な国家機関と制度の再構築を支援することが任務とされた。また、支援諸国、国際金融機関、そして平和維持活動への軍隊を提供する国々などすべてを一堂に会させるというユニークな役割も担っていた。また同じ決議では、財源を確保するために平和構築基金と、専門技術的な行政サポートを提供する平和構築支援事務局が設立された[16]。

第5節　平和維持から平和構築への移行

平和構築委員会と平和構築支援事務局の設立は、ニューヨークにある国連本部では理論的に妥当な進展として受け止められたが、多様化して複雑さが増した現地では多難の門出となった。政治的意味合いや結果を重んじる現地の政府や支援機関の現地の担当者は、平和構築委員会と支援事務局の役割を明確にし、現地で行われてきた平和維持活動と構築活動を効果的に統合し、必要な資金を確保して両者の活動を運営していくことが望まれた。そのためには、当事者の問題の受け取り方の改革や、新たな事業を行うための財源が必要になり、それは紛争後の国家の再構築を継続し、持続可能な経済・社会の開発へと繋げていくには絶対必要条件であった。

平和維持活動に平和構築活動を統合して施行していくためには、幾重にもなる規律や規定を柔軟に適用し、運営することが必要になった。それは、平和維持ミッションが現地で平和構築ミッションとしてその役割を果たすようになったとき、平和維持軍はもはや主な部門でなくなることを意味する。安全保障活動が現地での開発、人道分野の能力開発構築活動の大きな分野に統合されたのである。そのようなより幅広い流れで、さまざまな平和維持構築に携わる者はますます相互に依存していくようになった。多重な規律に拘束される国連活動は、一般市民の保護、人道援助、選挙支援、治安分野の改革、和解交渉、経済的支援、武装解除、動員解除と、必要なすべての手段を構成するための再統合から持続可能な平和の構築まで、幅広い活動を含むまでになったのである。

平和構築における事業においてますます複雑化する諸要素が、紛争の新しい本質の特徴である。も

15　国連「国連総会決議」（A/60/L.1 of 15）二〇〇五年九月、パラグラフ１４３。
16　平和構築委員会についてのより詳細な情報は、次のサイトを参照。http://www.un.org/en/peacebuilding/

ともと内在的なものでもあったり、あるいは国家構築の失敗に関連していたり、その複雑さは国連が今日直面している課題でもある。冷戦時代の紛争や危機はその多くが国家間の武装紛争や戦争の結果であった。今日、破綻した国家における統治能力を構築することを支援することは、紛争後の国家において国際社会の主要な目的の一つとなった。結果として、国連はもはや単に国家間の安全保障問題だけに対応するのではなく、それとほとんど関連がない現地の軍事治安状況において解決策を見つける活動や、人道的な危機あるいは開発課題に対応するミッションの遂行を期待されている。そしてそのような危機への対応は通常、危機解決のための限られた役割に限られており、同時に撤退についても計画するということが重要になってきたのである。

そのため、統合された平和構築ミッションが成功する可能性は、そのプロセスに従事する者相互間での効率的、効果的な協力が不可欠である。つまり国連活動そのもの、そしてそれをサポートする国連専門機関、国際NGOや現地のNGO、そして当然のごとく、現地の統治機関の努力にかかっているのである。一九九七年の国連事務総長レポート「国連の見直し——改革のためのプログラム」でアナン国連事務総長は初めて、現地で活動する全ての国連機関を包括する機関の必要性について述べ、全権機関の必要性を主張する一方で、統合された計画の必要性を提言した。その中で、平和維持から平和構築への移行は安全保障と開発を担う機関との相互依存的な枠組みの構築として説明された。この安全保障と開発のマトリックスは、ある意味で、開発、人権、そして物理的な安全保障の必要性を人間の安全保障のコンセプトへ橋渡しし、統合された、多層的な規律に拘束されるミッションの形成と行動を可能にしたのである。言いかえれば、平和構築ミッションは包括的な方法で平和維持活動を引き継ぐことを意図されていた。実際、ブラヒミ・レポートで提案されたイニシアティブは、持続する平和を構築することが最終的な目標である破綻国家の課題に対応するのに必要であった。そのような課題は包括的な対処の仕方によってのみ対応が可能なのである。包括的な対処の仕方はまた、筆者たちが平和構築と呼ぶものの三つの主要な機能を網羅するための絶対必須条件である。第一に安全保障と安定性を確立すること、第二に住民を保護し擁護すること、そして第三に長期的な開発と民主主義の構築のための土台を築くことである。これらの三つの主要機能は各々が互いに依存している三角関係にある。活動の「ハード」分野が安全を保障できない限り、「ソフト」分野が人道援助を行うにあたって住民へのアクセスを得ることは困難あるいは不可能である。一方で、軍事力だけでは一般市民に食糧を与え、癒し、教育することはできないように、人道援助だけで安全を保障し、民主主義を構築することはできないことは明白である。

第6節　国連事務局の指針案

国連平和維持活動が、平和構築への責任により大きく焦点をあてながら、統合された複雑で多面的な活動に進化してきたため、国連の平和維持活動局（UN-DPKO）は二〇〇八年にキャップストーン・ドクトリンと呼ばれるガイドラインを公表した。それは平和維持活動の原則、規則と運営形式を特定したものだ。その前は、国連平和維持活動はほとんど各々のミッションに安全保障理事会が与えた特定の任務に基づいて遂行されており、明確に確立された原則や理論は存在していなかった。キャップストーン・ドクトリンは、ＤＰＫＯによると、一九四八年以来発動された六〇件以上の活動の経験から得た教訓をとりこむことを意図したものだった。国連平和維持活動の立案者と専門家のためのガイドとなるものである。

一年後の二〇〇九年、ＤＰＫＯは新しく設立されたフィールド支援局（ＤＦＳ）と共に、国連平和維持活動のためのすべてのステークホルダー、特に加盟国の間の新しいパートナーシップに関する課題を提案した新しい文書――一般には「ニュー・ホライズン」（New Horizons）として知られている――を発表した。それは二つの国連局の観点を反映した文書として発表された。グローバルな平和維持パートナーシップにおけるすべてのステークホルダーの観点を反映すべき統一された平和維持対処の仕方を明確化し、強化する目的で、すべての関係者の間の対話を再活性化するサポートをするものだった。

キャップストーン・ドクトリン[17]

キャップストーン・ドクトリンは現代の平和活動の範囲がますます幅広くなり、国連主導の平和活動と、通常は安全保障理事会の承認により他の活動家によって行われるものまでを含むようになった事実を強調した。このガイドラインはその範囲の中でたった一つのものに焦点を当てた。安全保障理事会の承認の下、国連事務総長の直轄下で行われ、国連平和維持活動局（ＤＰＫＯ）とフィールド支援局（ＤＦＳ）によって計画、管理、指揮、サポートされる国連主導の平和維持活動である。この文書の焦点は、国家間の紛争から国内における紛争へのシフトによって課せられた新しい課題に照らし合わせ、国連平和維持活動の理論的土台をより明確に言明することであった。

現代の平和維持活動は、紛争から生まれた国々において持続可能な平和を構築するための、より幅広い国際的努力の一部として行われるようになっており、その本質と範囲、核となる業務を定義することをこの文書は目的としていた。国連平和維持活動の紛争管理ツールとしての相対的な利点と限界を特定し、彼らの計画と行動を導くべき基本原則を説明した。そうして、国連平和維持の過去六〇年間に得た主な教訓を反映し、国連事務総長の試金石となったレポートやそれに対する立法上の対応、そして関連決議と国連の主要組織の声明を引用した。

この文書は、現地や国連本部で働いているすべての国連の人材にとってのガイドとして使われることが意図されていた。また国連平和維持活動に初めて参加する人々のための導入資料として使われることも意図されていた。つまり国連平和維持活動の計画と実行をサポートするための手引きという企

17　キャップストーン・ドクトリン（「国連平和維持活動：原則とガイドライン」）は国連平和維持局の事務次長（Under-Secretary-General）Jean-Marie Guehénno によって二〇〇八年一月一八日に公表された。

図があったが、実際に適用するには現地の状況に応じて調整が必要だった。現地の平和維持の実行者たちは、しばしば混乱させる矛盾した一連の要請と圧力に直面するが、この文書はこれらの課題の多くを解決することはできなかった。実際、明確に処方された答えがないものもあった。立案者と実行者が複雑な平和維持活動を行うための詳細なマニュアルとは言えなかったが、しかし手摺を提供するものではあった。

この文書の重要性は、伝統的には大物政治家が国連事務総長特別代表として現地で行ってきた国連平和維持活動の、現代における多面的な本質を反映していたというところにある。平和維持活動に参加している個々の加盟国の軍事規範より優先されることを求めたのではないし、軍事戦術、技術、手続き(TTPS)を説明するものでもなかった。これらが個々の加盟国の特権であることに変わりはない。むしろ、この文書は国連平和維持活動に従事する準備をしている民間警察と軍隊をサポートすることを意図したのである。国連平和維持活動へ軍隊や警察軍を提供している国々（TCCs／PCCs）はこの文書を引用して彼らの独自の派遣前トレーニングプログラムを作成することを奨励された。

ドナーや協力者・国に対しては、この手引書は国連平和維持活動をガイドする主要原則のより明確な理解を育成することが意図されていた。主要な協力者の中には、TCCs／PCCs、地域機関、他の政府間組織、一連の国際危機管理に従事する人道活動家や開発活動家たち、そして国連平和維持活動が派遣されている国やその地方の活動家等が含まれていた。この点でこの文書は、さまざまな協力者が明確に定義された役割、責任、相対的な利点をもち、各々の能力が互いに連結されているシステムを描きだした。試金石となった二〇〇〇年の国連平和活動に関するパネルレポート――すなわちブラヒミ・レポート――と国連平和維持活動従事者をその後サポートした他の既存の資料に掲載されていた分析を引用した。著者らはそれを国連平和維持の実践における主な進化を反映させるために定期的に見直し、「更新される生きた文書」と呼んだ。

筆者の解析では、キャップストーン・ドクトリンは、国連平和維持活動において起こってきた変化と、それに加わってきた複雑さを適正に反映している。そして、この文書は明らかに、一九四八年に最初の平和維持活動が発動されて以来、国連平和維持活動を四〇年導いてきた紛争当事者の同意、中立性と自己防衛以外での武器の不使用という三原則から離れた。国連平和維持活動の主要な役割はそれ以来、暫定統治や平和構築等を含む多面的なものとなった。多面的な平和維持活動は実際、安全保障や法と秩序の維持そして人道援助、暫定統治、選挙支援や他の民主的プロセス、ガバナンスのキャパシティの育成等の数々の役割を実行することを意図していた。より特定的には、平和活動は今や安全保障機関や行政、立法、司法組織等のガバナンス機関の制度のキャパシティを構築することに積極的に従事するべきである。さらにその理論は、紛争多発国、紛争後の国家の社会活動家たちの行動や振る舞いに影響を与える政治的、経済的、社会的、文化的な要素に関する洞察を提供すべきである。具体的には、以下の要素を含めるべきである。

第一に、三つの伝統的な原則――同意、中立性と武器の不使用――に加えて二つの要素が追加されるべきである。

① **信頼性**。国連の警察部隊の活動は、現地の国民の彼らに対する信頼性が失われないように効率的・効果的に行われなくてはならない。そのために、国連の警察部隊は単一の運営命令と制御の下で統一された存在として構成されなくてはならない。

② **国家のオーナーシップ**。国家機関を使用する能力と説明責任が強化されるために、より多くのサポートが提供されなくてはならない。

さらに、三段階で努力の結集がなされることが不可欠である。第一段階で、各々の平和維持と平和構築ミッションには命令、制御と調整の統合があるべきである。第二に、全ての国連専門機関の活動の統合が必要である。第三に、国連ミッションと二国間援助活動の間のより密接な調整が必要である。最後に、彼らのガバナンス形式と社会的な実践を尊重して、国家政府、地方政府や活動家たちとより密接に業務を行うことが望ましい。

ニュー・ホライズン[18]

キャップストーンを正式な文書として公開するのに数年間もかかってしまったことに鑑みて、ニュー・ホライズンは平和維持に関する作業グループの傘の下で「ノン・ペーパー」[19]すなわち非公式文書として作成され関係者に配布された。それは、国際社会が、平和維持と平和構築活動の広範で複雑な必要条件を効果的、効率的に満たすことができるように、国連事務局と加盟国が努力を結集する必要があるという認識を反映していた。

グローバルな国連を実りある活動にするには、すべてのステークホルダーが新しいパートナーシップを構築して、平和活動の目的を統合させ、新しいアジェンダを構築することが必要であると判断したと言えよう。そして、パートナーシップを（1）目的、（2）活動、（3）将来の三つの事項によって築きあげようとしたことは有意義であった。目的としては、共有されたビジョン、鮮明な政治戦略と方向性、そして一貫したミッションの設計と運営を可能にするパートナーシップの重要性が挙げられた。パートナーシップを活動に生かしていくには、要員の派遣期間を縮小し、危機管理を迅速かつ的確に行う必要性を指摘した。そして加盟国と関係機関において将来により必要となる国連平和活動の役割と施行能力の向上が欠かせないとした。

ニュー・ホライズン文書は平和維持活動への高まる期待に対して、効率的・効果的に対処するには国連システムの既存の協力体制では不可能であると断言した。平和維持活動の規模と複雑さが国連平和維持ミッションと加盟国の間のパートナーシップの再強化を絶対的に必要とすることを示唆したことは有意義であったと言える。特に、国連は今日の規模の活動に対応するための十分な人材、設備、

18　国連平和維持活動局とフィールド支援局「新パートナーシップ基本方針：国連平和維持活動の新たな展望（ニュー・ホライズン）」（国連文書二〇〇九年七月）。「ブラヒミ報告」の誕生後一〇年近く経って、国連平和維持パートナーシップは岐路に立っているとの問題意識に立ち、国連平和維持活動の将来の方向性を議論する一つの提言である。

19　アイディアと提案に関する観点を自由に交換することを可能にする方法である。それはアイディアと提案のオフレコあるいは非公式発表を意味している。

上級職指導者たちや政治的な力を見つけるのに苦労していると指摘した。一一万六〇〇〇人以上の人材が世界中の一五件のミッションに派遣されている。彼らは民族紛争や他の伝統的な紛争におけるグループ間の武力紛争だけでなく、環境変化、経済的危機、多国籍犯罪と過激派等の新しい脅威にも影響を受けている紛争多発国や紛争後の国家で、民間人の保護や安定性の提供等のますます複雑な事業を行っている。そのため、国連平和維持システムはますます大きくなる活動の規模と複雑性に対応するために、より一貫した政治主導と運営上の支援体制が必要になってきた。

この非公式文書はまた、国連による平和維持が効果的なツールとなる環境とそうでない環境があることについて共通のビジョンを提案した。主要点は平和維持に関するグローバル・パートナーシップを再活性化する必要性の再確認であった。国連による平和維持に関する適正な範囲と適用について一貫性も合意も欠如しており、協力者による参加と協議がますます必要であった。それは最終的に、国連平和維持ミッションの複雑な任務に対応する政治的、物理的なサポートを確保する必要性も含む、平和維持ミッションにおける運営上の具体的な課題に迫ったのである。

この文書は、民間人を保護し、国々とその政府が紛争から立ち直るよう援助するために、共通のビジョンを持つことを提言した。そのような提言は平和維持を支えあうメカニズムを再検証し、要求に応えられるようにするために必要であった。四つの優先分野、つまり政策形成、フィールド支援戦略、能力開発、そして計画と監督を特定した。政策形成の分野としては、民間人の保護と強力な平和維持事業の必要性に焦点をあて、そのコンセプトを明確化し、加盟国とミッションのためのガイダンスを展開した。それは実際、平和維持と平和構築の間の関連性を構築することが必要であると認識した。また、平和維持活動従事者にとって重大な初期任務を引き合いに出し、国連システム全体での責任順位を決定することを提案した。とりわけ、活動計画を強化するための効果的なパートナーシップの重要性に焦点をあて、情報の共有を強化することにより現地評価の質を改善する必要性が、強く提言された。

ニュー・ホライズン文書は、国連本部と現地のミッション指導者たちの間での、より一貫した指令体制を強化する必要性を指摘した。そして説明責任の枠組みを含めて、すべてのレベルにおける、平和維持活動の管理を改善する方法について言及した。また、ＰＫＯ部隊の貢献国とすべての段階においてより密接な協議と協調を行うことを提案し、安全保障理事会に、任務が終了した後にはＰＫＯ活動への政治的・物質的な支援を継続して行うことを提案した。安全保障理事会理事国には、任務が終了した後の活動への政治的・物質的サポートを継続して提供するように彼らの権限を行使しつづけることを依頼した。また、平和維持パートナーシップが現在連結されておらず、まさに現実の運営上のジレンマを作り出している三つの政策分野を特定した。すなわち強力な平和維持、民間人の保護、そして平和維持活動従事者がどのように平和構築に関与していくかである。

ニュー・ホライズン文書の価値は将来の平和維持ミッションを企画する段階に採用される方法にかかっているが、すでに国連本部とミッションで平和維持活動従事者の役割に関する共通の観点を構築するのに役立っていることは明白である。最終的には、ニュー・ホライズン文書の重要性と妥当性は、それに基づき検討され遂行されるべき具体的な提案を、加盟国がどの程度受け入れるかにかかっているると言えよう。

第4章　国連平和活動の政策転換

——二〇一五年の三つの報告書と二〇一七年の改革案

国連が創設されてから七〇年目にあたる二〇一五年は、二〇〇〇年にブラヒミ報告書が発表されてから一五年後、そして二〇〇五年に国連総会が成果文書を採択してから一〇年経つ節目の年であった。この記念すべき年に国連の平和活動に関する重要な三つの報告書、すなわち「平和活動に関するハイレベル独立パネル」報告書、「平和構築アーキテクチャー」に関する報告書、そして国連安全保障理事会が女性と平和、安全保障に関する決議第一三二五号を採択した後の一五年間の進展状態に関する報告書が提出された。平和活動に関するハイレベル独立パネル（ＨＩＰＰＯ）は、新しい課題に対処し、現在の国連平和活動を徹底的に見直し包括的に検討して、新たな脅威にどのように対応していくべきか勧告した。平和構築アーキテクチャー諮問グループは、国連平和構築委員会（ＰＢＣ）、平和構築基金（ＰＢＦ）と平和構築支援事務局（ＰＢＳＯ）が平和構築に積極的に取り組めるよう、どのように改革されるべきかを入念に調査した。そして国連安保理決議一三二五（二〇一五）の勧告案がどの程度にわたり実施されたか調査したグループは、紛争と平和の確保のための女性の役割がどのように効果的であったかを検討した。また、国連総会は二〇一五年に採択した「維持可能な開発目標の達成のための二〇三〇アジェンダ」の目標16として持続可能な開発に向けての平和で安定した社会を推進した。すべての人々に司法へのアクセスを提供するとともに、あらゆるレベルにおいて効果的で包摂的な制度を構築することを目標にした。

二〇一七年になると、アントニオ・グテーレス（António Guterres）国連事務総長が、国際情勢の変動に伴い、紛争の予防を可能にするために、国連は分断して作業されてきた三分野、すなわち平和、開発、人権において、すべての活動分野での活動を包括的に捉え、かつ効率的、効果的に行えるように、政策立案の一貫性と実施方法の簡素化が不可欠であると示唆した。そのうえに統合した包括的な政策の立案と活動を効果的に実施することが緊急課題であるとの見解を示し、国連が能動的な思考方法で包括的に取り組むことが必要であると指摘した。国連職員が外部からの非難を真摯に受け止めて一致団結して活動していけるように大胆な改革を行う意志を示した。その後、数か月にわたる作業の結果作成された平和と安全保障部門の改革案を一〇月には国連総会に提出した。

本章では、まずはＨＩＰＰＯが勧告した変革の必要な事項と平和活動の実施方法を吟味するとともに、日本で行われた意見交換会で検討された要点を吟味してみる。

第1節　HIPPOの政治優先策

二〇一四年一〇月に、潘基文《パン・ギムン》国連事務総長が国連平和維持活動の現状を再調査するため、「平和活動に関するハイレベル独立パネル」（High-level Independent Panel on Peace Operations）を設立した。このパネルは、後ほどその英語の略語からHIPPOと呼ばれるようになったが、東ティモールの元大統領でノーベル賞受賞者のジョゼ・ラモス＝ホルタ（José Ramos-Horta）氏が議長となり、東ティモールでの特別代表であって国連本部のフィールド支援局担当事務次長であるアミーラ・ハク女史が副議長になり、総数一六名で構成された。[1] 設立後半年ほどの間に、バングラデシュのダッカ、エチオピアのアディスアベバ、エジプトのカイロ、ベルギーのブリュッセルそしてブラジルのサルバドルで度重なる協議、テーマ別の研究集会、提案や関連文献の検討、対象を特定した聞き取り調査を行った。東京、イスラマバード、ニューデリー、ワシントンDC、パリ、ロンドン、ヘルシンキ、モスクワ、北京では、政府や公的機関のみならず市民社会および学界と幅広くなおかつ突っ込んだ協議を行った。

1　アミーラ・ハク（Ameerah Haq）女史は一九七六年、UNDPにJPO（Junior Professional Officer）として勤務を始め、その後国連職員として昇進を続け、二〇一〇年、筆者の後に東ティモールでの特別代表になり、二〇一二年には国連フィールド支援担当事務次長に任命された。二〇一三年に来日し、九月五日から七日まで国連平和維持活動（PKO）等に携わる政府関係者等との意見交換を行った。

潘基文（第 8 代国連事務総長：2007–2016）。2016 年 2 月撮影（Chatham House/CC-BY-SA-2.0）

コンゴ民主主義共和国、マリおよびセネガルで展開されている国連平和維持活動を訪問した。そして、日本を含めた五〇以上の加盟国、地域機構や他の国連関係団体、市民社会、学界および調査会社から八〇以上の提案を受け取った。報告書は二〇一五年六月に潘基文《パン・ギムン》国連事務総長へ提出された。[2]

本質的な変革に必要な四つの重要事項

ＨＩＰＰＯ報告書に盛られた問題意識と勧告案に関して、議長のラモス＝ホルタ元大統領が、国連が緊急に取り組まなければならない四つの本質的な転換の必要性と紛争予防や文民の保護を優先する新たなアプローチを勧めた。すなわち、

（1）政治的卓越性が平和活動の策定および実施を主導しなくてはならない。
（2）国連の平和活動は、現場で変化しつつある必要条件を満たすために、より迅速で柔軟に運用されなければならない。
（3）強靭で包括的な平和および安全のためのパートナーシップが、国連平和活動の将来のために必要である。
（4）国際連合はより現場中心主義に、そして国連平和活動はより人間中心にならなければならない。

ここでは勧告されたこれらの国連平和活動政策の転換と平和活動の処方箋を見定めると同時に、現場でどういうことを意味するか、筆者のカンボジア、ソマリア、ルワンダそして東ティモールでの実践経験を基にして吟味してみる。

ラモス＝ホルタは、平和活動政策とその実施で最初に行わなくてはならない問題意識の転換は、紛争の終結は政治的な解決なくして可能でないという「政治の卓越性」（primacy of politics）であると指摘した。「政治の卓越性」とは、永遠の平和は、政治的解決を通して達成されるのであり軍事的や技術的関与だけを通して達成されるものではなく、政治的解決は、すべての国連平和維持活動の原点として、政治的な方向性を定める必要があるということを意味した。すなわち、権力闘争などで政治的解決なしには永遠の平和は達成されるものではないと指摘した。政治的な影響力は、軍事的な制御力以上に持続性があるという考え方である。

ラモス＝ホルタが頭に描いていた政治的な解決策の優位性は、二〇〇六年の東ティモール国家危機のときに、筆者と一緒に武力闘争の回避のための政治交渉を行ったときにも示された。当時、首相であったマリ・アルカティリと大統領であったグスマンによる権力闘争で、国防軍兵士と国家警察隊員が支離滅裂になってしまった。国連事務総長特別代表であった筆者は、外務大臣であったラモス＝ホ

2　United Nations. Report of the High-Level Independent Panel on United Nations Peace Operations, *Uniting our Strengths for Peace: Politics, Partnership and People*, 16 June 2015. A/70/95–S/2015/446.

ジョゼ・ラモス＝ホルタ。2013年撮影（Chatham House）

ルタと政治的な解決策を見出すようあらゆる可能性と手段を模索した。そこで決定的に重要となったことは、権力闘争に没頭している大統領と総理大臣自身の面子を保つことと、両者が将来にも政治活動を続けることができる可能性を残すことであった。フレティリンの支持者を連れて内戦に突入することもできたアルカティリ首相に、日本では総理大臣が政権から降りても議員として残り国会で活動していることを例として説明して、首相の座から降りることが政治生命の終焉でないことを数度に渡り説いた。またグスマン大統領には慈悲の尊さを説いた。このような考え方を受け入れることが、両者が権力闘争の後に和解を達成する可能性を残す要素となったと確信している。

第二点の平和活動の迅速化と適応化は、参加国から派遣される国連平和維持軍の迅速な展開と現地の状況に適合して柔軟な活動をする必要性を示している。国連は「平和維持活動」を、軍事や警察が行う治安部門と政治交渉や人道援助を行う文民部門とに分離せず、繋がった活動の一環として捉えるべきだと勧告したことは、重要な点であったといえる。国連の平和維持活動に従事してきた筆者が痛切に感じてきたことは、兵士の迅速な派遣と統制のとれた行動の必要性であった。この点を、二〇一五年に国連本部の平和維持活動局長であったエルヴェ・ラドスー（Hérve Ladsous）氏と国連フィールド支援局長のアトゥール・カレ（Atul Khare）氏が日本を訪問したときに筆者に語ったことを覚えている。国連平和維持軍や国連の警察要員を迅速に配備し現地の状況に対応して行動させるためには、統一したコマンド・アンド・コントロール（Command and Control）で国連の治安部隊全体を運営できる総司令部が必要である。筆者が東ティモールで特別代表をしていた当時に国連平和維持部隊の司令官（Force Commander）をしていたシンガポール人のタンハック少将（Major-General Tan Huck Gim）が、各々の国から送られてきた部隊長が総司令官の命令を受け入れる義務がないことを知り、絶望していたのが思い出される。すなわち、国連の平和維持軍や警察要員の迅速な配備や行動には、物理的な改善のみならず、指令体制の改善が必要であることが明白である。

第三にＨＩＰＰＯは、さらなる重要点として、国際的な平和と安全のために世界的そして地域的なパートナーシップをより強靭に構築することが不可欠であることを指摘した。安全保障理事会が承認したアフリカ連合（African Union）の平和活動は、事案に応じて、国際連合が認める範囲で支援されるべきであるとした。また説明責任と基準の枠組が、そのような活動のために設立されるべきであると勧めた。他の地域機構と国連との連携も強化されるべきであると勧告した。日本がアフリカ連合の安全保障の機能強化のために貢献しているのは高く評価されている。国際的な相互依存関係が深まる中では、日本は地理的に離れたアフリカ地域の紛争であっても、日本の安全と繁栄に密接な関係を持っているとの認識を持ち、なおかつ開発協力大綱において「人間の安全保障」の視点を基本方針の一つとした。その上に平和構築を重点課題として掲げたことは有意義である。紛争の予防や緊急人道支援とともに、紛争の終結を促進するための支援から、紛争終結後の平和の定着や国づくりのための支援まで、切れ目なく機動的に実施することとしていることは理論的にも一貫性が保たれていると言えよう。アフリカにおける平和の定着のために、日本は二〇〇五年七月のグレンイーグルズ・サミットで、アフリカの平和の定着に向けた支援の拡充を表明した。二〇〇六年二月のTICAD会議で、平和の定着が特に重要な課題となっているスーダン、大湖地域、西アフリカを中心に、六〇〇〇万ドルを目途とする支援を約束した。そして日米共催の平和維持活動幹部要員訓練コースが東京で開催され、筆者も教官として貢献した。

第四点として、現場中心主義、人間中心主義で行動すべきであり、思考方法の転換が必要であるとの提案は、現場で長く勤務してきた筆者には心から同意できる点であった。パネルは、国連での行政的な慣習はあまりにも本部中心で現場での任務の施行を妨げていると指摘した。この指摘は、国連本部の各々の部局は、特別代表や軍司令官など現場の要員が任務を迅速に遂行できるように考え方を変えて支援すべきことを意味した。国連本部での平和維持活動局と政治局の競争は激しく、新しく平和活動ミッションが立ち上げられるときには、そのミッションの獲得運動がやまない場合が多々あった。筆者が東ティモールで特別代表をしていたときの二〇〇五年に国連東ティモール支援団（UNMISET）が終了して国連東ティモール事務所（UNOTIL）に移行した。その際に国連本部でどの部局が担当するかが論議された。平和維持活動局が引き続き担当するか、政治局か国連開発計画（UNDP）に託すかで、激しい獲得競争が行われた。このようなことは本部職員の多大なるエネルギーの浪費になるので改革の必要性が強く感じられた。ラモス＝ホルタが二〇一五年の一月に東京で討論会を開いたときに、国連本部の平和活動を担っている局や部門の改革と統合が提案されるべきであるという提案がパネルに受け入れられた。二〇一七年に事務総長に就任したアントニオ・グテーレスが、平和・安全保障の枠組みと開発システムの改革・統合を推進しているのはＨＩＰＰＯハイレベル・パネルの勧告を高く評価した結果であるといえる。

平和達成への処方箋

ハイレベル・パネルは、これらの課題に関する認識の転換と共に、国連による紛争予防と文民の保護の重要性を指摘した。そして、国連の平和活動が対応力のある柔軟な活動に転換する必要性に鑑み、新たな方法を用いて対処していくことを勧告した。平和達成への処方箋ともいえる、これらの新たな方法を見定めてみよう。

●紛争予防について

パネルは、解決することが難しい紛争が台頭してきていることに鑑み、最優先事項の一つとして紛争予防と仲介を新たな枠組みで前進するべきと勧告した。国連事務局の紛争予防および仲介能力を強化するとともに、新しく生じている脅威に対処するため安全保障理事会による早期の関与の必要性を示唆した。国連は、紛争予防および仲介を遂行できるように自らの能力育成に資金そして人的投資をしなければならないと説いた。安全保障理事会は、事務局の支援を得て、生じつつある紛争への対処において早期に公平な役割を果たすことが必要であるとした。グローバルなレベルにおいて国際連合は、紛争を予防しまた政治的解決を支援するため、新たなパートナーシップを動員することができる国際的な支援枠を構築すべきと勧告した。これは、地域共同体、宗教的集団、若者および女性の集団を含む市民社会、並びに世界中の実業界を通して、国際連合の加盟国の政府だけに頼るのではなく、より広範囲のシステムを築くことを意味したと言えよう。

そして紛争再発の予防の必要性については、紛争の明瞭な分析と政治的戦略に基づかなければならないと説いた。現場での現実的な計画立案を認めるため、職務権限について通常実践される順番に配列しそれに応じた優先順位付けを確立すべしとした。最初から共通の目的を定めそれを共有できるようにするため、各々の部隊要員および警察要員の貢献国との安全保障理事会および事務局の協議を制度化する必要があるとした。武力闘争の終了後も治安の維持が重要であるとして、安全保障理事会および他の国際的な関係者は、紛争の再発を予防するため、当事国に対する持続的支援をすべきであると説いた。政治的な行程表と統合された戦略に繋がった国レベルでの平和の維持を可能にするために資金を確保するとともに、国連の関係機関の現在の資金と行動能力を再検討する必要性を説いた。

この紛争予防に関する勧告は的を射た意見と言えよう。日本は、カンボジアや東ティモールでの紛争終了後に国際支援国会議を東京で開いたが、これは当事国の平和と国家構築について指導者の責任感とともにオーナーシップを抱かせるのに効果的であった。日本は今後も国内紛争を克服しようとしている国々に、このような国際会議を開催して、紛争に逆戻りせずに平和構築を行い国作りに向かっていけるよう支援していくことが望まれる。

●「文民の保護」に向けて

パネルは文民の保護に対する国連本部での政策の規範と枠組が二〇〇五年の成果文書の採択で著しく進展したことを認めた。それと同時に文民の保護を果たすための問題認識に本部と現地との間で大きなキャップがあり、これを解消する必要があると説いた。国連平和維持部隊や警察要員が文民を保護するための明白な職務権限を有しており、必要な場合には、武力の行使を含む、あらゆる手段を状況に応じて即座に取る責任があるとした。そのためには、文民、軍人、警察官や文民を含めた平和維持要員が、文民の保護のためには、あらゆることが出来る権限だけでなく、装備や人材そして組織力が必要であることを指摘した。新たな紛争が国境を越え地域全体を脅かす現状で、地域的次元の紛争に対処することができるような方法へ平和活動を転換させることが必要であると同時に、関係者の思考方法の変化も必要であると示唆した。国連平和維持活動は寸時に変化する状況にあり、紛争が引き続く場合には、平和維持要員は、紛争を征御・管理することがますます求められる。これらの紛争管理任務を遂行するための能力や概念の再考が必要とされると指摘した。そして、国連指導部は執行任務を遂行する国連平和維持活動に対するあらゆる手段を取ることをも先導しなければならないと勧告した。

日本政府は二〇一六年一一月に南スーダンの国連平和維持活動（ＰＫＯ）に派遣される陸上自衛隊

の部隊に、安全保障関連法に基づく新任務として「駆けつけ警護」を付与することなどを盛り込んだ実施計画を閣議決定した。駆けつけ警護は、離れた場所で襲われた国連職員やＮＧＯ職員らを助けに向かう任務とされ、国連関係者や国際社会では日本が文民の保護に貢献する決定をしたと受け取った。しかし閣議決定に合わせて発表された新任務付与に関する運用方針では、駆けつけ警護は「極めて限定的な場面で、応急的かつ一時的な措置として、能力の範囲内で行う」とした。当時南スーダンで活動していた自衛隊が、活動範囲を「ジュバ及びその周辺地域」に限定し、実施の対象は国連やＮＧＯに従事していた日本人であり、広範囲における地域で虐殺などされる可能性のある南スーダンの一般市民を対象にしていなかったのは国際社会の期待外れの感があった。日本の国内政治状況では自衛隊員の身の安全を守ることが必要であったことは理解できる。しかし、日本が国際社会の一員として国連の平和活動に貢献していく上には、派遣された自衛隊が他の国々の国連平和維持軍と同様に一般市民の保護ができるようにすべきであろう。

●人権、女性、平和および安全保障に関して

安全保障理事会への口頭説明および報告またはその他加盟国に関与する場合、主要な人権の啓蒙活動も含め、人権状況に関する一般の人々への定期的な報告があるべきである。パネルは、人権および保護活動での一貫性を確保するとともに重複を避けるために、専門家による人権保護のための報告任務要件を合理化することを勧告した。人権担当官のタイムリーな募集と配置のための十分な資金を確

保すること、また、分析、計画、実施、再検討、評価、および活動の縮小過程においてジェンダーへの配慮を行い、すべての活動の部門内にジェンダーへの専門知識を統合することが望ましいと説いた。

●国連平和維持活動（PKO）隊員と国連と警察官の刑事責任について

パネルは、国連PKO隊員と警察官の刑事責任を厳格にすることを勧告した。特権免除は、職務上だけ、すなわち国連に雇われた者としての自らの専門的な義務の遂行に関したものだけであり、私的行為は含まれず、性的搾取や虐待を犯したと申し立てられている国連要員が起訴から免除されることではないことを明確にした。そして、PKO隊員や警察官派遣国により取られた懲戒処分に関する情報を明らかにするよう勧告し、対応チームの迅速な設立と六か月以内の調査完了期限を含む、事務総長が提案した措置を実施するべきとした。また被害者支援計画を創設することも必要であるとした。そして子どもと武力紛争に関する事務総長年次報告書および性的暴力に関連した紛争に関する事務総長報告書の一覧表に記載された諸国からの部隊の派遣を禁止するよう勧告した。

●国連の指導力と能力の向上にむけて

国連の平和活動の向上を図るために、二〇〇五年に勧告されたような「平和と安全保障を担当する副事務総長」のポストを新設するよう提言した。そして能力に基づいた上級指導者の選抜と任命を強化することにより、国連本部事務局の組織の再構築がなされ、戦略的分析および計画能力が迅速に確立されることを提案した。現場での必要性に対応して能力と経験に富んだ強い指導者のチームを選抜するとともに、指導的立場へより多くの女性が任命されることを勧告した。また、より集中した現場活動のためにすべてのミッションおよび関連の補助的活動に資金を提供するための単一の「平和活動勘定」(peace operations account)の設立を求める提言がなされた。

●平和の維持を可能にするために

その上に、パネルは、国連平和維持活動隊員が維持する平和が存在しない状態でも紛争を征御することをますます求められている現状で、これらの紛争管理任務を支援するため、能力と概念の再考が必要とされると指摘した。武力の使用について、国連平和維持活動原則はなお成功のための不可欠な拠り所であるが、変化する状況に照らして柔軟に解釈されなければならず、不活動のための楯として用いられてはならないと説いた。また、迅速な展開を可能にするためには、危機に対する場当たり的なアプローチは将来のために十分ではなく、国連は、国および地域の待機能力のネットワークを強化するためのビジョンと行程表を提示すべきであるとした。国連は、国や地域の待機能力のより強力なネットワークのためのビジョンと行程表を提示すべきである。兵力増員および新任務始動のために、国連は迅速な展開能力を確立すべきである。安全保障理事会は、国連の兵力を増強するためのプロセスに対して強い政治的支援を提供すべきであり、安全保障理事会理事国を含む、国連平和維持活動における高い能力を有する諸国のより一層の関与があるべきである。命令および管理は、現場において明らかになった国の制約により非常にしばしば損なわれている。このことは、大目に見られてはならないと言及した。

東京意見交換会の成果

ハイレベル・パネルが設立された直後に、ラモス＝ホルタ議長がイアン・マーティン（Ian Martin）氏、ヘンリエッタ・メンサ＝ボンス（Henrietta Mensa-Bonsu）女史とスマン・プラダン（Suman Pradhan）事務局員を率いて訪日することになった。筆者が東ティモールで国連事務総長特別代表をしていたときに外務大臣であったラモス＝ホルタ氏からの要請で、日本政府、国会議員の他に国連平和活動に従事した経験者や知識人と意見交換ができるように急きょ準備することになった。国連大学のデービッド・マローン学長が快く国連大学の施設を使用させてくださることになり、国連広報センターの根本かおる所長が、意見交換会の会場やＮＨＫなど報道機関とのインタビューの準備をして下さった。そしてＵＮＩＣＥＦカザフスタン事務所所長をされていた久木田純氏と国際平和協力本部事務局の研究員であった岡田絵美さんが会議の準備と運営に協力してくれることになった。

ラモス＝ホルタ氏とハイレベル・パネルの方々は二〇一五年の一月二五日に来日し二九日まで東京に滞在した。その間に国連大学で二六日と二八日に意見交換会を行った。第一回目の会議には四〇人ほどの方々に参加していただいた。発言された方には、国連で勤務した後に日本の学会で活躍されている方々もいた。その中には功刀達朗元国際基督教大学教授や植木安弘上智大学教授、東大作東京大学准教授、石川薫元カナダ大使、吉崎知典防衛省特別研究官、篠田英明東京外語大学教授、水野孝昭神田外国語大学教授、道元愛子NHK論説委員、国連広報センター根本かおる所長、杉尾透外務省アフリカ局課長補佐が含まれていた。

第二回目の意見交換会では、少ない人数でより緊密な討論を行った。この回に出席された方々には明石康元国連次長、大島賢三元日本国連大使、星野俊哉大阪大学副学長、野口元郎ICC被害者信託基金理事長、山本条太内閣府国際平和協力本部事務局長、畝伊智朗JICA研究所長、横林直樹外務省国際平和協力室主席、久木田純元UNCEF代表、佐崎淳子UNFPA所長、佐藤安信東大教授、弓削昭子法政大学教授、米川正子立教大学特任教授、山本理夏ピースウインズ緊急事業部長、キハラハント愛エッセクス大学人権センター研究員が含まれていた。（以上、肩書きはいずれも当時。）

この意見交換会で検討された要点を、当時内閣府国際平和協力本部事務局で研究員として勤務されていて、現在は国連開発計画のプログラム・スペシャリストとして活躍されている岡田絵美さんが書かれた議事録をもとにして、ここに本人の承諾を得て掲載することにしよう[3]。

第一回目の会議の初頭に議長のジョゼ・ラモス゠ホルタ氏は、パネルの目的と役割を説明した。ブラヒミ報告書が発表されて以来、PKOの性質は、紛争、民間人の保護、加害者の刑罰、平和維持軍の容認できない女性と子供に対する行為問題を反映して大きく変わったことを述べた。国際社会からの関心が増す中に、平和維持活動に携わる人たちが道徳的な権威、誠実さ、信頼性、能力を持つことが不可欠であることを強調した。第二回目の意見交換会では、ラモス゠ホルタ氏は、パネルが国連の平和活動が抱えている課題を解決するために事務総長が要求したように「大胆かつ創造的」な報告書を作成するよう期待されていることに触れ、東ティモールの事例にも触れた。インドネシア軍の撤退後の東ティモールでは、国連が二年間ほど統治した最初の国の一つであり、国家の基盤を構築するために憲法の制定、行政府や国会、裁判所の設立、そして大統領選挙と議会選挙を行ったことは有意義であると述べた。当時、国連の資金が制約されていたので、国家建設が行われようとしていた国連ミッションの期間は当初は二年間に限定されていた。しかし独立が達成された後にも、平和構築と国造りを進めるために、平和と治安を維持していく国連ミッションを継続することを国連安全保障理事会が決めた。現在、中央アフリカ共和国、コンゴ民主共和国、マリ共和国では国連の平和維持活動が展開されているが、国連が維持する平和がない状況だと言えるのではないか。危機が発生している場所に介入するよう、国連が常に求められるべきか？　私たちが直面する危機のいくつかは非常に複雑であり、米国でさえ、シリアやリビアなどの地域での介入には消極的であった。国連が適切な支援なしに平和維持活動を行うことは良い結果を産むとは限らないので注意すべきだ。それでも何百万人もの難民を生んでいるシリアのような非常に激しい状況に対処することは国際社会が直面している課題で

3　これらの討論会の議事録は英語で書かれた。Emmi Okada, Summary records of the Consultative Meetings with Members of the High-level Independent Panel on Peace Operations held on 26 and 28 January 2015 at the United Nations University, Tokyo. http://www.gpaj.org/2015/01/26/12905 および http://www.gpaj.org/2015/01/28/12871 も参照。

あり、このような状況で国連が現実的にできることをする必要があるとラモス＝ホルタ氏は断言した。

イアン・マーティン氏は、パネルの懸念がブラヒミ報告書の対処方法とどのように違うのかを明らかにした。今回のパネルの検討する対象は平和維持活動だけでなく、平和活動（特別政治任務を含む）の見直しも含まれており、ブラヒミ報告書では対象にしなかった紛争予防に重点を置いていると説明した。紛争予防は、国連が関与しているアフリカで特に効果的であると述べた。第二点として、今回のパネルは、平和構築の全体的な運営についてより詳細に分析していることを示唆した。ブラヒミ報告書は平和構築を多次元平和維持活動の枠組みに位置付けただけであったが、今回は平和構築の定義を精緻化して内容をより深く検証するよう求めている。最近の国連安全保障理事会の傾向は、より早期の出口戦略を義務化し、平和構築活動を国連開発機関に引き渡すことを重要視しており、関係機関の間で作業分担をすることが必要と説いた。第三番目に重大な課題は、国連の平和作戦における軍の役割である。新たに台頭してきている紛争のダイナミクスに伴って軍の役割も変わる必要性が高まっており、国連の伝統的な三原則（当事者の同意、公平性、そして自衛のためだけの武力の使用）も改める必要性が出てきている点である。コンゴ民主共和国における平和執行の義務化は、国連がレッドラインを越えているのか、軍隊の使用が困難な操業環境での国連の活動の単に必要な延長であるのかという問題を提起する。国連の任務では、民間人の保護がより重要と考えられている。しかし、ブラヒミ報告書が指摘しているように、安全保障理事会が民間人の保護を明示的に義務づければ、それは国民の期待を引き上げる可能性があり、国連は困難に直面する可能性がある。地域アクターの役割は、ブラヒミ報告書で検討されたことを超えた問題である。国連が相当程度活動して存在感を示している南スーダンやマリのような国でも、ＩＧＡＤ（政府間開発機構）などの地域機構の重要性は軽視すべきでなく、国連がそのような機関とどのように協力していくべきかが課題となっている。そして、議論されるべき点として、ブラヒミ報告書が発表されて以来、世界情勢が変わり、「平和を保つことができない」状況になっており、テロリズム、過激主義、組織犯罪などの新たな脅威が頻発している。今日、国連は、民間人を保護するという課題に直面しており、平和維持のために人的資源と財源を確保する必要がある。また、平和執行機関の戦闘的な任務や政治的な折衝に、国連が関与すべき課題が山積している。マーティン氏は、これらの問題は、アフリカ連合などの地域機関が主体となって国連に質の高い情報を提供し分析が出来るようにする必要があると指摘した。

メンサ＝ボンス女史は、パネルが検討するいくつかの課題に関して、平和と安全保障問題における女性の役割が重要であること、安全保障理事会の決議一三二五に関する別の審査プロセスがハイレベル独立パネルと並行して行われていることを示唆した。国連ミッションの撤回後も持続可能な平和を確保するという課題、そして国連の平和活動の任務の範囲内で平和構築の定義と範囲を明確にする必要性を強調した。国連が、実際に特定の状況に適しているかどうかを顧慮することなく、早期選挙と憲法作成などをミッションの「テンプレート」に形式的に組み込む傾向を疑問視した。最後に、アフリカ地域平和維持の課題について、メンサ＝ボンス女史は、アフリカ連合による地域の平和維持は地理的近接性のため配備がより迅速であるというメリットがある一方で、近隣諸国における軍事介入の結果としてケニアにおける不安の広がりなど、紛争の領域を拡大するリスクもあると説明した。このような事項は、平和活動の実施における地域パートナーシップの問題をめぐって留意しなければならない点である。また、メンサ＝ボンス女史は、ブラヒミ報告書が平和構築の大部分を紛争後の状況で行われていることとして扱っていたが、平和活動を改善していくためには新しいコンセンサスを構築する必要性があると語った。ブトロス＝ガーリ元事務総長によって進められた「平和への課題」では、紛争予防の一環として紛争の発生前にも平和構築に取り組む可能性を示唆していた。選挙、憲法制定、警察改革などの枠を越えた平和構築への共通のアプローチを導く必要がある。メンサ＝ボンス女史が提起したもう一つの懸念は、支援国からの資金が平和活動に著しく影響を与える傾向にあり、資金調達のための十分な準備がなければ警察改革プログラムは実行が不可能になる。先進支援国は、迅速な勝利と報道に値する活動を求める傾向があるが、そのようなアプローチは改革の質を疑わしいものにしてしまうと説いた。パネルが検討しなくてはいけない点としては、このほかに「法の支配」の意味とその範囲の明確化、国連安全保障理事会決議一三二五に関する別のレビュープロセスと並んで女性の平和と安全保障、市民秩序と社会包摂の確立を挙げた。

日本側を代表して明石康氏が、ブラヒミ・パネル報告書には、安全保障理事会と総会で幅広い支持を得た建設的な勧告が含まれていたが、しかしそこで提案された情報分析局の設立を国連が受け入れなかったのは、国連の情報活動への関与をめぐり、一部の加盟国がそのような構想に反対する姿勢を固守する傾向があったからだと説いた。明石氏はより広い視野の平和構築の一環として、今回のパネルが紛争予防に重点を置いていることは評価されるべきであると述べた。紛争予防の観点から予想されるさまざまな課題があり、人道上の活動を行っている国連部門の紛争予防を担当した国連次長としての経験から、予防的な面に焦点を当てることを正当化するために、「紛争がいつ闘争戦闘になるか」などの問いに取り組む必要があると指摘した。一定の加盟国が情報局の創設に反対しつづける限り方法論的課題は残っているが、紛争がまだ初期段階にある間に洞察に満ちた明晰な情報が必要であるという点で、情報と紛争予防との間にも関連があることを充分に認識すべきであると説いた。明石氏はまたメンサ＝ボンス女史が国連の平和活動があらかじめ設定された活動パターンを含むテンプレートを構成して使用する傾向があることを指摘したことに触れ、選挙や憲法制定などを万能薬として扱うことは適切ではないと述べた。その例として、カンボジアでは選挙は最終的には成功したが、最初は三つの州に反乱があった。アンゴラでは、紛争は継続し、選挙後もその範囲が拡大した。必要な条件が満たされていない場合には、選挙によって望まれる平和と民主主義への一歩を踏み出すことができる保証は必ずしもない。必要なのは、何をすべきか、何ができるかを理解できる政治的「第六感」であると述べた。各々の国々には地理的、政治的、経済的、文化的な多くの独自の特徴があり、最初から特定の平和戦略に関連する文脈的要素を正確に特定することは難しく、テンプレートは不十分であると示唆した。国連はソマリアのミッションにおける平和執行の実施では限界に直面し、今はマリとコンゴのような国で新たな課題に直面しており、伝統的な国連の平和維持活動か「有志連合」による多国籍軍のミッションの中間的なアプローチを取る必要があることを指摘した。東ティモールでオーストラリア主導の下で行われた「有志連合」による多国籍軍を形成したときには、安全保障理事会の承認を得たことが非常に好ましいことであった。

国連大使そして人道問題担当国連次長をつとめた大島賢三氏は、国連人道問題調整事務所（ＯＣＨＡ）が作成した「武力紛争における一般市民の保護に関する問題の検討のための覚書」（Aide Memoire for the Consideration of Issues pertaining to the Protection of Civilians in Armed Conflict）について言及した。この覚書は作成する過程で多くの人道支援機関によって協議され、一般市民の保護（Protection of Civilians：POC）のために平和維持活動に関する決議を策定するためのガイドラインとして、二〇〇二年に安全保障理事会が採択した。その後、この覚書は第五版となっており、国連平和戦略の将来を考察する際にはその指針を念頭に置く必要があると指摘されている。国連が保護を提供できる範囲には限界があるが、非戦闘員などの一般市民の保護は引き続き平和維持の最も重要な活動の一つであり、国際社会が国連ミッションの成功を測る尺度であることが多いと説明した。民間人を保護するためには、国連機関や赤十字などの外部機関との対話や協議を強化することが重要である。大島氏は、平和維持の三つの原則（当事者の同意、公平、自己防衛のみの武力行使）は、国連の平和活動の基盤として残すべきだと主張した。彼は、ＰＯＣや他の使命義務のためにより強力で（robust）効果的な措置を取る必要があることを理解しているが、そうであっても、平和維持活動の原則を維持しなければならないと考えていると述べた。最後に、大島氏は日本の国連平和活動への貢献について、個人的な見解を述べた。第一点として日本の国連平和維持活動に対する財政への貢献度は、依然として国連通常予算の約一〇・八％を占めている。そして、日本は憲法上の制約の下でさえも、自衛隊と警察がより多くの貢献を行える可能性があり、日本の自衛隊の現状と必要な平和維持活動への対応を改善することが求められている。その意味で、東京で最近開催された会議で国連平和維持活動局（ＤＰＫＯ）のエルベ・ラデュス（Hérve Ladsous）氏が述べたように、物流支援やその他の非戦闘地域での支援に焦点を当てることが、日本の貢献度を高めるために非常に意義がある、と指摘した。

カンボジア特別法廷最高裁判所国際判事を務めた野口元郎氏は、国連平和活動の中で、紛争予防と持続可能な平和の実現に重きを置くことが重要であると述べた。国際的な刑事司法で活動してきた経験から、戦争の残虐行為の遺産を持つ紛争後の社会で起こっている苦しみを国際社会はより一層認識する必要性があると指摘した。多くの国々の社会では、ガバナンスの基盤の弱さや適切な政府の欠如の影響を受け続けている。国連が紛争や紛争の再発を防ぐことを期待されている。戦闘が中断した後では通常は遅すぎ、被害は修復不可能なのだと指摘された。

国連人権高等弁務官事務所に勤務していたキハラハント愛女史は、国連の警察隊の質に関して懸念が高まっていることを取り上げた。第一回と二回目の会議で、平和活動において人権の存在を統合しなければならないと主張した。国連平和活動のほとんどの任務は治安部門改革（ＳＳＲ）や武装解除・動員解除・社会復帰（ＤＤＲ）などの制度改革と構築に関与しており、これらすべての活動において「人権」が統合されなければならないと説いた。同時に、これらの任務のために選ばれた人員の質に注意を払うべきであるが、警察要員や関係する職員の多くは、民主的理念や基準を遵守していない国から派遣されており、資格や装備をもっておらずに効果的に任務を果たすことができないでいると問題提議をした。公正な基準に従って人員を選定し慎重に監視しなければならないような仕組みが整備されていなければならない。さらに、国連平和維持に従事する兵士や警察官そして要員に訴追免責制度が導入されていることが問題を起こしていると指摘した。訴訟が免除される時期とそれが認められない時期をより明確に設定する必要があると説いた。

マーティン氏は平和活動のニーズに取り組むために国連の警察要員の能力育成の必要性に関して同意し、職務訓練活動をする必要があることをすでに進言したと伝えた。

メンサ＝ボンス女史は、国連が受けいれる警察要員の訓練に重点を置くべきことを認めながらも、この分野への人的資源が非常に限られており、国連の警察部隊に貢献する国々に高度の資格を持った警察官を要求することの難しさについて語った。

国連代表部で公使を務めた星野俊哉大阪大学副学長は、国連が政治的制約下で行われる平和活動に関して、非現実的な期待を奨励するのを避けるために、明確な枠組みの必要性を強調した。また、国家の脆弱性に付随する課題を認識し、国の弾力性を高めるためにどのように脆弱性の核心をみるべきかを検討する必要があると述べた。紛争予防の重要性に鑑み、日本には豊富な紛争予防活動があると指摘した。そして、国連の平和活動が現地の政府の機能能力強化を助勢することは不可欠であるが、当事国の政府が責任を負うことなくオーナーシップを主張することはできないとの見解を示した。

弓削昭子法政大学教授は、UNDPでの三〇年の勤務経験から、紛争予防、平和維持、紛争後の復興・平和構築と開発は継続性があり、包括的なアプローチの中でこれらを捉えることが必要であると述べた。また、すべての開発活動に「紛争予防レンズ」を適用することの重要性を強調した。これは平和構築や民主的ガバナンス活動だけでなく、他の開発活動にも必要であり、この観点はプロジェクトの形成段階で、その内容に組み込まれるべきであると説いた。さらに急速に変化する状況下で迅速に必要な人材を確保することの重要性をふまえ、国連システムが機敏かつ柔軟に活動できるためには、行政の指針や人事採用・異動、機材調達などの規定・手続きの変更が必要であるとも述べた。これは、国連システム内の人材の配置・異動だけでなく、NGOや大学など外部組織からの人材採用にあたっても同様に必要であるとした。

開発と平和構築の区別に関して、東南アジア問題で国連事務総長特別代表をした経験のある功刀達朗氏は、第一回目の会議で、平和構築が開発活動に影響を与える点に関して、平和活動に開発プロジェクトを含めると、現地の活動家が開発援助を確保するために紛争を継続する必要があると誤解する可能性があることを示唆した。紛争後の社会における難民や国内避難民の帰還の本質に関するコンセンサスを構築するにあたって、社会開発の基盤となる包括的イニシアティブを支援し、クイック・インパクト・プロジェクト（QIP）資金を使用することを提案した。メンサ＝ボンス女史は、実際にQIPをより建設的に使用できる可能性があるとして、リベリアの経験に触れ、QIPを使用して警察要員の能力が貧弱であっても自信を深め、現地の治安の権威を再確立することに成功したと述べた。

功刀氏はなお紛争予防の重要性にも触れ、二〇一五年には持続可能な開発目標（ＳＤＧｓ）や気候変動に関する国際フォーラムやこのパネルが結果として直面しそうな資源の競争の激化の中で、迅速かつ実効的紛争予防はパネルの勧告の焦点であり、目標の達成のための明確な時間枠が確立されることを望んでいると述べた。

佐藤安信東大教授は、紛争予防と平和構築の両面でビジネスの重要性を再確認する必要性を説いた。カンボジアでカンボジア暫定統治機構（ＵＮＴＡＣ）に従事した経験から、鉱山物資のような構造的な要素が暴力を引き起こし、地元の指導者を汚染する可能性があることを指摘した。また、維持可能な平和を促進するためには、人々が自立的に生計を立てる必要があり、私企業がこのプロセスにおいて大きな役割を果たすことがでる。例えば、日本では日立の子会社が地雷除去機を開発している。国連グローバル・コンパクト（ＵＮＧＣ）の下で民間部門が開発に貢献しているが、その一〇原則には平和と安全の問題が欠けている。政府と企業をより効果的に結びつける役割を市民社会が果たす可能性があると述べた。

立教大学の米川正子教授は、紛争の構造と要因に関して問題提起をした。国連が平和構築を効果的に行うためには、戦争を長引かせることにより恩恵を受ける有力者の存在など、紛争を支える構造的要素に取り組むべきである。国連において「国家」「非国家」「戦闘員」「民間人」「敵」「難民」などのカテゴリーが時おり曖昧であるために、それらの本質を国連が再考することを提案した。そして、国連が難民や国内避難民（ＩＤＰ）に関わる必要性について、彼ら・彼女らが戦争や紛争の最初の犠牲者であることを痛切に認識すべきであると語った。それと同時に、一部の難民は武装して政府と戦う「難民戦士」になり、難民問題は平和活動から分離することはできない現実もあると語った。また、国連は平和維持部隊員のより厳格な審査を行わなければならない。例えば、マリとダルフールに送られた二名の指揮官がルワンダの大虐殺中に暗殺団を指揮したと非難されたように、一部の平和維持部隊員が虐待の加害者である場合がある。平和維持要員の質を確保するために、より多くの行動が取られなければならない。

佐崎淳子女史は、国連の資金がどのように配分されているかに、より注意を払う必要があると指摘した。多くの国連機関では、資金の半分が人道援助に、残りの半分は開発に配分されており、より戦略的な方法で、平和構築を含む平和活動のためにどのように資金を使用できるかについて考える必要があると述べた。

山本理夏女史は、ＮＧＯの立場から地元の民間人が国連の使命をどのように見ているかについて懸念を表明した。彼女は、紛争の影響を受けた民間人にとって、国連が必要な物資を提供し支援活動をすることができないのは理解することが難しい、と述べた。そして、国連の平和作戦が経験する制約は、その命令とルールによるものであるが、紛争地の人々にはその制約は理解できないかもしれない。紛争地の人々の願いは、戦いが止まり、子供たちが再び学校に通うことだ、と答えた。また、このようなニーズに対応するため、平和維持活動を拡大または統合し、ＮＧＯやビジネスアクターを含む市民社会を巻き込むパートナーシップで対応する重要性を強調した。包括的なアプローチは、平和をより実現可能にするだろうと提案した。

東京大学の東大作准教授は、国連本部では平和維持活動局（ＤＰＫＯ）と政治局（ＤＰＡ）を改組し合理化することが望まれるとの意見を述べた。この提案にマーティン氏が同意し、彼自身がこの二つの局を統合する勧告をすでに提出したと述べた。東教授はその上に外部から採用する制度の改革について、外部申請者の検討を可能にするために、現在は名簿システムを使用している平和活動のための募集制度を改革するべきだと述べた。マーティン氏は現在の募集制度の下での外部からの参加の難しさを指摘し、既存のスタッフに存在しない専門知識をもっている人たちを取り入れることが重要であると述べた。東大作准教授が包括的政治プロセスに関してパネルの審議のために提起したさらなる問題は、紛争後の新しい国家のコンパクト化をもたらす包括的な政治プロセスの推進方法であった。メンサ＝ボンス女史は、これが緊急の問題であると認めたが、焦点は国連の行動だけに留まらず、ホスト政府は政治的包摂と平和の回復のためのプロジェクトに主導権を握る必要があると答えた。

国連平和活動に関するマンデート（目的や任務）に関して、国連事務総長報道官をしていた植木安弘上智大学教授、米川教授と外務省の杉尾氏が言及した。国家中心主義の下で、ＰＫＯのマンデートが、一方で国家を支持しているが、他方では、平和維持軍に民間人を守るよう求めることがある。国家が国民に対する紛争や不正の加害者である状況において、常に適合するとは限らないと述べた。メンサ＝ボンス女史は、国連フォーラムが無期限に国家中心主義になりがちなことを認めながらも、過度の政治指向は、機能している地方州政府がほとんどない中央アフリカのような状況において厳しい限界に直面していると語った。マーティン氏は、国家権力を回復する任務は多くの国連平和活動に見られるものの、南スーダンの場合に示されているように、権限が疑わしい国を強化することは深刻な問題になる可能性があると答えた。さらに、多くの国が国連平和活動の独立した評価を主張しており、もし実現すれば、平和活動に与えられた権限と手段の一致を評価することになると述べた。マーティン氏は現地の所有権に伴う困難を認識し、「テンプレート」に従うことでミッションを先取りするのではなく、ミッションの計画を完了する前に現地での状況を的確に把握することが有用であると述べた。

国連広報センター事務所長の根元かおる女史は、メディアのキャパシティ・ビルディングに関して発言した。国連の平和活動には公共情報部（PIU）があるが、地元のメディアがコミュニティーの和解と調和に貢献するよう努力すべきである。SNS（ソーシャル・ネットワーキング・サービス）で誰でも情報を発信できるので、国連はSNSユーザーの多様性を考慮し、寛容と尊敬の価値を育む方法を考えなければならない。メンサ＝ボンス女史は、これまで国連は地元のメディアの能力向上に十分な考えを持っていないと述べた。マーティン氏は、国連が何を達成しようと努力しているのかを地元の人々が理解しなければならないと述べた。国が国連ミッションの本質と目的を、地元の政府と市民がより良く理解できるようにすることは、コミュニケーション部門の重要な仕事である。

日本が国連の平和活動に貢献することに関して、今回のパネルのメンバーではなかったが、外国人からの視点として国連大学のデイビッド・マローン（David Malone）学長が個人的な見解を述べた。

日本の通貨切り下げにより、日本は戦略的に資金を使う必要があり、ＪＩＣＡは一連の予算削減を受けている。一方で日本の防衛予算は増加傾向にあり、今後ＰＫＯへの参加意欲が高まる可能性があるという認識を示した。そして、ハイテク分野において日本の貢献が建設的に行われる可能性について述べた。

日本が貢献できるものについて、国連大学のセバスチャン・フォン・アインジーデル（Sebastian von Einsiedel）氏は、一九九二年に日本の国際平和協力法（ＰＫＯ法）が制定され施行されてきているが、限界に直面していると意見をのべた。日本のＰＫＯに対する資金調達や自衛隊のエンジニアリング部門の派遣については、国際社会は大きな謝意を表しているが、国連の平和活動への日本の貢献に関してまだ大きな可能性が残されている。日本の一九九二年のＰＫＯ法は自衛隊の派遣に関しての条件として停戦状態が存在しているなど、国連が対処している現在の状況に合っていないと述べた。国連は時代の必要に対応して平和維持原則を拡大してきた。アインジーデル氏は、日本がハイチにエンジニアリング・ユニットを即座に配備したことは日本が迅速な展開や工学などの専門分野で貢献できることを証明したとし、国連が提案する現在の改革イニシャティブの一つとして、日本が「技術寄与国」として主導的役割を果たす可能性があることを示唆した。さらに、日本が貢献できるもう一つの点として、地域社会に根付いた日本のコミュニティー警察が世界中のモデルとして研究されていることに触れた。

メンサ＝ボンス女史は、日本が確かにその比較優位を生かすべきであり、「イスラム国」（ＩＳＩ

S）などの非国家主体が今日かなりの技術力を有してきているため、国連の平和活動を強化するための技術的貢献が最も歓迎されることを確信していると述べた。ラモス＝ホルタ議長は、国連には常設軍がいないため、配備のスピードは重要な課題であるとコメントし、二〇〇六年の東ティモールの危機のときには国連を経ずに数日間で配備されたオーストラリア軍が率いる「有志連合」が国の状況を安定させる決定的な要因となったと述べた。国連の平和維持軍の必要性とは別に、危機的状況において機動性を満たすロジスティクス支援が必要であることを指摘した。

新しい人道的制度への構築の可能性に関して、ＵＮＨＣＲ駐日代表のマイケル・リンデンバウアー（Michael Lindenbauer）氏が、第二次世界大戦以来、世界が多くの難民と避難民を抱えた最悪の危機に直面していると危機感を表した。緊急事態が新たな形態をとりながら、紛争は依然として変わらず続いている。国際社会は数多くの危機状況に対応するため、新たな人道支援システムを構築することが急務であると説き、危機状況を総体的な見地から見てとり、平和活動、人道的介入および開発支援活動の関連性を見直す必要がある。日本は資金援助の重要な課題を含め、すべての要素を結びつける新しいシステムの構築のための道を拓くことに強い指導力を発揮してもらいたいと述べた。

アフリカ地域などにおける平和維持活動の支援の可能性に関して、吉崎知典氏（防衛省防衛研究所）、篠田英朗氏（東京外国語大学）、水野孝昭氏（神田外語大学）が、ＡＳＥＡＮ平和維持センターネットワークを通じた日本の積極的な参加を提案した。また、日本がアフリカの平和維持部隊の訓練においてより大きな役割を果たすことも示唆された。また、参加者は、日本がソマリアの海岸で支援している海賊対処活動とともに、ソマリア難民に対する人道的援助を強化すべきだと示唆した。

民間の貢献度を向上させるために、道元愛子NHK解説委員、根本薫UNIC東京事務所長、佐崎淳子国連人口基金東京所長が、国連の平和活動に対する民間人材の貢献度は現在一％未満であり、民間の貢献意識を高める努力をする必要があると説いた。他の参加者はまた、写真やその他のビジュアルを通じ、プロジェクトの成功を日本の人々に報告して、人々の継続的な関心と支持を確実にすることが重要であることを強調した。

平和構築への人間中心のアプローチの重要性について石川薫元カナダ大使、篠田英朗教授、道元愛子女史が意見を述べた。人間中心のアプローチを強化するにあたって、日本のカンボジア農業者のための農業訓練の調整、アフリカと中東の将来の平和維持者と地域社会のリーダーの能力育成など過去の成果を基にした、若者が紛争後の社会において新たなアイデンティティを発揮できるようにするための青少年指向プログラムの必要性についての言及もあった。国連の平和活動には、訓練や工学など、最も優れた分野で日本が明確な役割を果たしていることが重要であると考えられた。他の適切な関与分野は、ＤＤＲ、職業訓練、医療援助である。メンサ＝ボンス女史は、民間人員が平和活動の中核であると回答した。軍隊や警察の効果的な活動は、エンジニアリング能力や現地スタッフの訓練などによって差異があり、泥地帯で頻繁な車両の問題に遭遇したリベリアでは、そのような貢献から多くの利益を得たと指摘した。

筆者は、二日間にわたって行われた会議の総括として、最重要課題として平和維持と平和構築活動の政治的性質をより鮮明に認識して政治ミッションの役割を強化すべきであると述べた。国際社会とくに日本、米国、欧州およびその他の先進国は、アフリカ諸国の迅速な展開能力と危機への即時対応力の増大のために、より多くの訓練と物質的および財政的援助を提供すべきである。国際社会は、また、紛争解決と平和構築と開発への移行を見つけるために、紛争後の二〇か国の連合体である「G７＋」を積極的に支援すべきである。これらの二〇か国の首脳は、国連とＯＥＣＤの協力を得て、それぞれの国々において行われている平和活動について、アフリカなど地域や関係国の中で尊敬されている元首や元大統領などにより、仲間同士の評価や検証としてのピアレビュー（peer review）を行い、政治的な解決策を見いだせるような制度を確立するよう提案した。

また平和維持・構築活動と復興・開発活動が同時に行われる必要があり、国連と世界銀行は主催国の議長のもとで援助調整会議を開催し、援助資源の国家所有および説明責任の確保、配分および利用を強化すべきである。さらに、統合された方法で平和維持活動の指揮命令と統制を改善するために、統合活動センター（ＪＯＣ）と合同ミッション分析センター（ＪＭＡＣ）をより積極的に活用すべきであると指摘した。政治、計画、民事、人権、軍隊、警察などの職員を含む総合的なチームの情報共有と調整の必要性に鑑みて、ＪＯＣにより大きな任務と権限を与えるべきである。そしてＪＭＡＣは、政治、安全保障、人道、開発の現実をより深く理解する上で大きな役割を果たすべきである。国連警察官の職業性を高め、活動基準の標準化を達成するため、国連警察アカデミー（United Nations Police Academy）を設置すべきである。

国連平和維持活動への貢献の成果を増すために、日本は内外の両方からの観点で見る必要があると筆者は述べた。何をすることができるのかを想定するのに、まずは国際社会が日本に何を期待しているのかを熟知する必要がある。平和活動の計画を立てる際には、「孫子の兵法」で指摘されてきたように、自らそして関係するすべての国々や関係機関が何を問題視しているかも見定める必要がある。そして過去の哲学者や思想家が示唆してきたことを考慮に入れながら、国連の平和活動を改善していくためには、ソフトパワーとハードパワーの両方を組み合わせて適用する必要があり、国連は世界の道徳的リーダーシップを発揮する必要がある。

第2節　国連平和構築アーキテクチャー報告書

国連平和構築アーキテクチャー報告書[4]は、国連総会および安全保障理事会の要請により、事務総長が指名した七名によって構成された諮問グループ（AGE）が、国連平和構築委員会（PBC）、平和構築基金（PBF）、平和構築支援事務所（PBSO）と平和構築に関係した他の国連機関も含めた国連平和構築アーキテクチャーについて評価した結果を収録したものである。そして、これらの三機関が創設後の一〇年間に果たしてきた役割と活動を検証し改善案を出した。二〇〇五年に同じような評価報告が行われたが、その効果があまりなかったので、今回は新たな諮問グループに評価をさせ、その結果を基にして改善策を提案してもらい、総会の政府間討議で取り上げることになった。この二段階にわたるプロセスが、より効果的な国連の平和構築支援策の策定と実践に繫がることが望まれた。

諮問グループのメンバーには東ティモールの国連平和活動で筆者が特別代表をしていたときに部下として従事していた、アニス・バジア（Anis Bajwa）氏とサラワティ・メノン（Saraswathi Menon）女史もいて、自らの経験を踏まえて率直に意見を報告書に反映させ、国連の平和構築アーキテクチャー関連機関がこの一〇年間に目的を十分に達成できなかった理由を端的に列記した。その第一の理由として、本来ならば平和構築を国連の最重要課題として、すべての国連機関が一致団結して対処すべきであるが、各々の機関が分断された別々の「サイロ」にとどまり活動をしていて、その「隙間の穴」を埋めようとする努力が欠けていたと指摘した。第二の理由として、安全保障理事会そして事務局を含めた多くの機関が自らの視点にとらわれていて、一体となって平和構築活動に取り組んでいないとの結論に達した。

諮問グループは、冒頭、次のように述べた。世界的な状況の変化に伴い、紛争の内容が複雑してきており、国家が脆弱で、解決できない紛争が増加している。国連は、組織的かつ官僚的な制約を受けて、紛争の性質が変化していることを認識して適応することが遅れている。紛争の症状に注意を払っ

4　Report of the Advisory Group of Experts for the 2015 Review of the United Nations Peacebuilding Architecture, The Challenge of Sustaining Peace, 29 June 2015（A/69/968-S/2015/490）.

てばかりおり、根源的な要因に対処することを怠っている。そして即座に取り入れられる対応策としては、暴力的な紛争への再発を避け平和を維持することは、平和構築の狭い見解から、より包括的な理解へと移行する必要性が挙げられた。武力闘争中心の紛争を平和構築の焦点にせず、知的介入によって可能になる予防策を作成していくことが望まれるとした。そして「持続可能な開発目標」は一六番目の目標として平和的かつ包括的な社会の推進に焦点を当てており、平和構築の概念を導入することで、持続可能な開発と平和の維持を結合することが望ましいとした。なおかつ弾力性のある組織を構築することの重要性と平和構築の政治的性質が強調された。すなわち、国家建設、政府機関の能力育成や構築などは、それ相応の技術的専門知識が求められるが、平和構築にとって最優先されるべきことは政治的プロセスだと理解されなければならない。

世界の政治・安全保障の状況が著しく変化する中で、これまで国連は各々の段階において予防、平和構築、平和維持という対応をとってきた。そして平和と人権を結びつける概念を柱としてきた。専門家による諮問グループは、国連が効果的な平和政策を進めていくには、新しい概念を取り入れアプローチへと根本的に変える必要があるとした。現在存在している各部門や関係機関が特定の分野に特化し、お互いに葛藤しつつサイロ化していく対応方法を終わらせることが必要であるとした。国連平和構築委員会は安全保障理事会、経済社会理事会、総会の架け橋となるべきである。特に安全保障理事会は、国連平和構築委員会からの助言を定期的に求める一方で特定の紛争国の状況を監視しながら、平和の定着が十分になされたときには、国連平和構築委員会にその国を渡すことを組織的に検討すべきであるとした。

国連平和構築アーキテクチャー報告書で提案された第二点は、紛争国の包括的な国家オーナーシップを促進することである。国家のオーナーシップは、外部からの圧力を避けるために、平和構築プロセスに関して当事国の政府が主導権をとることを意味する。しかし、政府は権威主義的であり、しばしば紛争の激しい地域では社会全体を代表するものではないことが明白である。したがって、報告書は、全ての対抗勢力を含めた包括的な国家オーナーシップが必要であると主張している。政党、労働組合、市民社会、少数民族、女性そして若者などすべてのグループが政府に加わることが強調された。これまでの平和プロセスが既存の権力者に特権を与える傾向があったのに対し、包括的なプロセスは、平和を維持する上で、市民社会や女性が果たすことができる建設的な役割を認識すべしと説いた。真の包括的なプロセスは、平和を維持する努力の責任が、社会の主要なすべてのグループによって共有されることを可能にするので、国連の役割は、各々のグループが得意の役割を果たすことができるようにすることであり、彼らの代わりに行動することはないとした。すなわち、外部から平和を課すことはできないと強調した。

また、国連は外部の機関とより密接に協力していく必要があるとした。平和を定着させるには、国連の開発専門機関や世界銀行そして国際通貨基金（ＩＭＦ）などの国際金融機関だけでなく、アフリカ連合などの地域機構や準地域機関とより緊密な戦略的パートナーシップや業務提携を行うことを推奨した。そして、平和構築に必要な資金を確保するためには、国際金融機関やその他の多国間および二国間援助機関との資金調達に加えて、国連の資金調達システムの変更の必要性も示唆した。平和構築基金は、迅速かつインパクトがあり、手続きが軽いので、機関としてその比較優位性を発揮できるようにすべきである。主要国などとも緊密なパートナーシップを構築する必要があると勧告した。

第3節　平和のための女性のより効果的な役割を求めて[5]

民族闘争が激化するなかで、一般市民とりわけ女性と子どもが武力紛争の標的になり、多大な被害を受けるようになると、安全保障理事会は、「女性と平和・安全保障」を主要課題として取り上げることにした。二〇〇〇年一〇月三一日には、武力紛争が女性と女児に甚大な影響を与えていると認めた決議ＳＣＲ一三二五を、全会一致で採択した。そして、女性の保護と和平プロセスへの全面的参加を確保するための制度的取り決めを整備する必要性があるとの見解を示した。この画期的な決議は、武力紛争の状態に置かれた女性が直面する特有の重大な問題に対する認識を深めただけでなく、紛争の解決と予防、そして平和構築、和平仲介、平和維持活動のあらゆる段階への女性の貢献を強調した。その上に安保理議長声明で、この女性、平和と安全保障に関する決議ＳＣＲ一三二五を履行するために、各々の国連加盟国が自国の状況を反映した独自の「行動計画」を作成するように要請した。

ＳＣＲ一三二五の発議の後の一五年間に、安保理はこの課題のさまざまな側面に関する追加決議を採択して対策を強化する姿勢を示した。[6] 二〇〇八年には、決議一八二〇を採択して、紛争下の性的暴力が戦争犯罪に相当することを示すとともに、武力紛争の当事者に対し、民間人を性的暴力から守るための適切な措置を直ちに講じるよう求めた。翌年の二〇〇九年には決議一八八八を採択して、女性と子どもを武力紛争中の性的暴力から守る任務を平和維持ミッションに課した。そして、事務総長が武力紛争における性的暴力の問題を担当する特別代表を任命するよう要請した。安保理はなおかつ二〇〇九年にはもう一つの決議一八八九を採択し、和平プロセスへの女性の参加を促進するとともに、決議一三二五の進捗状況を測定するための指標を作成するよう求めた。二〇一〇年には安保理決議第一八二〇及び第一八八八の履行に関する報告義務システムを設置するための決議一九六〇を採択した。国連事務総長に対し、紛争に関連した性的暴力の強い疑いがある、または責任がある当事者を年次報告の付属に列挙するよう要請した。二〇一三年には女性・平和・安全保障に関する諸施策の実施により体系的なアプローチを示した安保理決議二一二二を採択した。紛争解決と平和構築における女性の

5　"Preventing Conflict, Transforming Justice, Securing the Peace: A Global Study on the Implementation of United Nations Security Council resolution 1325," 2015 and "Women at the forefront of peacebuilding," October 2016. http://www.unwomen.org/en/news/in-focus/women-peace-security

6　安全保障理事会決議一三二五（二〇〇〇）、安全保障理事会決議一八二〇（二〇〇八）、安全保障理事会決議一八八八（二〇〇九）、安全保障理事会決議一八八九（二〇〇九）、安全保障理事会決議一九六〇（二〇一〇）、安全保障理事会決議二一〇六（二〇一三）、安全保障理事会決議二一二二（二〇一三）を参照。安全保障理事会決議一三二五（二〇〇〇）の日本語版は http://www.unic.or.jp/files/s_res_1325.pdf を参照。

リーダーシップと積極的な参画に焦点をあて、国連事務総長に対し、ジェンダー専門家の国連交渉団への配置、交渉者として幹部レベルの女性の指名を要請した。また、国連事務総長及び国連事務総長特別代表に対し、女性の参画について安保理への報告を要請した。さらに、二〇一五年のハイレベル・レビューおよびそれに向けた安保理決議一三二五の実施に関する評価を行う必要性についても言及した。

安保理はＳＣＲ一三二五を採択した一〇年後の二〇一〇年一〇月には、それまでに採択された決議がどの程度、成果を上げてきたか公開討論会で討議したことは有意義であったと言えよう。武力紛争の状態に置かれた女性と女児が直面する特有の重大な問題に対する認識を深めただけでなく、加盟国と国際機関に対策を求める正当な根拠を与えたことは重要であった。そして、決議一三二五により、具体的な進展があったことも報告された。例えば、国連の平和維持活動では女性の平和維持要員は、平和維持ミッションに欠かせない存在となっているだけでなく、交渉から意思決定、さらには治安セクター改革、地雷対策、法の支配執行に至るまで、平和維持活動のすべての側面で、ジェンダー問題が優先課題とされるようになった。また、事務総長報告書[7]で示されているごとく、安全保障理事会、国連加盟国、市民社会、そして国連システムが、女性と平和、安全の問題に関する活動を次々と展開するようになった。国連システムの活動としては、アフガニスタンやブルンジ、コンゴ民主共和国、ハイチ、リベリア、ネパール、イラク、東ティモールでの女性の有権者登録、コソボでの女性の権利推進担当政府部署設立に対する支援、性暴力を終わらせるための国連行動ネットワークが結成され、アフガニスタンとブルンジではジェンダーに配慮した憲法改正プロセスの支援などが挙げられた。また、市民社会団体が盛んな行動を展開するようになった。例えば、平和構築女性ネットワーク（Women in Peacebuilding Network）は二〇〇三年、リベリア和平プロセスで初の女性参加を支援して以来、政治・武装解除プロセスへの女性の積極的な関与を支援しつづけるようになった。そして、加盟国によるさまざまな活動の中でも、特に重要な貢献となったのは、決議一三二五実施に関する国内行動計画の策定であった。この行動計画は、女性と平和、安全の分野における各国の公約達成の鍵を握る手段として使われることが意図されていた。安保理議長が声明で、各国特有の状況やこれまでの取組等を反映した行動計画の策定を各加盟国に呼びかけた結果、二〇一四年三月現在四五か国が行動計画を策定したことは成果が出たと言えよう。[8] 日本も二〇一五年九月には安倍総理が国連総会での演説で日本独自の行動計画を発表した。安保理決議一三二五及び関連決議等による安保理の要請を踏まえ、日本政府の紛争予防、国際平和協力活動（ＰＫＯ）への参加を含む平和構築、女性のエンパワーメント等の分野でのさまざまな支援に関する政策や取り組みを男女共同参画の観点から捉え直し、さらには実施すべき取り組みを明確化することを誓った。行動計画を実施するにあたっては、開発協

7　国連安保理書類（S/2010/498）。

8　外務省「女性・平和・安全保障に関する安保理決議と『行動計画』」二〇一四年六月。http://www.mofa.go.jp/mofaj/files/000023403.pdf

力大綱、国際平和協力法など関連の法令及び政策、さらには女子差別撤廃条約など人権諸条約や北京宣言及び行動綱領といった関連する条約・国際規範、国際的基準と整合的な方法で行うとした。[9]

世界各地で暴力や人権侵害にさらされている女性を守るだけでなく、平和構築や安全保障に、女性の力をより積極的に活用しようという試みが活発化するに従って、紛争解決や平和構築において女性の参加とリーダーシップがどのように発揮されるか、その進捗を定期的にモニターすることが提唱された。そして成果を確認し、新たな目標を設定するために、安全保障理事会は二〇一五年にハイレベル・レビューを行うことにした。具体的には、ＳＣＲ一三二五が採択されてからどの程度の成果があり今後必要とされているかを定めるために、潘基文事務総長はラディカ・クマラスワミ（Radhika Coomaraswamy）元児童武装紛争事務総長特別代表によって率いられた一七人の専門家を任命した。諮問グループは報告書作成のために、オンラインポータルでの意見交換や市民社会調査に加えて、国別訪問を行い、広範な協議を、利害関係者や多様なグループと行った。その調査結果をグローバル・スタディ（Global Study）と題して四八〇ページにもなる報告書にまとめ、二〇一五年一〇月に公表した。[10]

この報告書では、二〇〇〇年にＳＣＲ１３２５が採択されてから、紛争の形態と性質が変わり、「平和」と「安全保障」の意味も変わり、「正義」がどのように理解されるかも変遷したと指摘した。そして、「予防」「保護」「参加」「平和構築」の四つの柱を基にして評価することにしたと説いた。その結果は、この一五年間に、それなりの成果も達成したといえる。国際社会は性的暴力に関しては包括的な規範的枠組みを作成し、紛争における性的暴力に関する特別代表を任命した。国際社会そして国家政府のコミュニティーにおいての紛争解決の糸口としての真実和解プロセスや被害者への賠償などの必要性に関しての理解が深まった。主要国からの脆弱国家での女性支援は四倍にも増えたと評価した。それと同時に多大なる障害が残されており、その一つである暴力的過激主義の台頭は、女性の生活を脅かし、社会の軍事化のサイクルに繋がっていると指摘した。近年の軍事化は女性の安全保障に悪影響を及ぼしており、テロ対策の政策は平和構築の仕事に制約を与え、重要な資金と資源へのアクセスを制限していると述べた。

この調査結果に基づき、グローバル・スタディでは、一〇事項に関しての勧告案が出された。

（1）紛争の予防が最優先されるべきであり、軍事力は他のすべての方法が尽きた後の、最後の手段

9　外務省『女性・平和・安全保障に関する行動計画』二〇一五年九月二九日。http://www.mofa.go.jp/mofaj/files/000101797.pdf English version can be obtained by accessing http://www.mofa.go.jp/mofaj/files/000101798.pdf

10　Preventing Conflict Transforming Justice Securing the Peace, A Global Study on the Implementation of United Nations Security Council resolution 1325, submitted by the President of the General Assembly of the United Nations to member states on 1 October 2016.

http://www.un.org/pga/70/wp-content/uploads/sites/10/2015/08/2015_October_02_Global-Study-on-the-Implementation-of-the-United-Nations-Security-Council_2.pdf を参照。さらに、http://japan.unwomen.org/ja/news-and-events/in-focus/1325resolusion-and-15yrs-review#sthash.JdD1JcBd.dpuf も参照。

Report submitted by the President of the General Assembly. http://www.un.org/pga/70/wp-content/uploads/sites/10/2015/08/2015_October_02_Global-Study-on-the-Implementation-of-the-United-Nations-Security-Council_2.pdf

でなければならない。紛争の予防は、早期の兆候を探知して現地での当事者や関係政府そして国際社会のすべてのレベルにおいて、速やかに行われるべきである。そして紛争の根本的な原因や構造的な要因を充分に理解しておくべきである。

（2）女性、平和および安全保障の議題は、人権の問題として尊重されなければならない。安保理決議SCR一三二五は、紛争下における女性の権利としての役割を定めたことを認識されるべきである。

（3）女性の参加が平和を維持するための鍵である。女性が「平和創造」「平和維持」そして「平和構築」活動などの平和プロセスで指導的な役割を果たせるようにすべきである。女性の積極的な参加が平和を持続可能にする。

（4）加害者は処罰されなければならず、「正義」の意味は変容しなければならない。「不処罰の文化」は終結しなければならず、激しい戦いの後には刑事司法制度により対処されるべきであると同時に、真実和解プロセスなどで被害者と加害者が信頼関係を再構築できるようにすべきである。

（5）平和構築プログラムの現地化には、あらゆるレベルで女性が関与しなければならず、紛争の余波の中で女性と女児を保護する包括的な安全保障計画が補足されなければならない。平和構築プロセスは地域の文脈を尊重しなければならず、女性の参加はそれが持続可能であるために不可欠である。法律制度がないと、女性に対する暴力が増す。

（6）女性の平和構築者を支援し、彼女たちの自律精神を尊重することは、過激主義に対抗する重要な方法の一つである。女性の権利と社会において極端な主張が現れないこととの間には相関関係がある。女性の平和構築者は地元の現実と期待をよりよく理解しているため、権利のために戦うのに最も適している。軍事的な対応策だけでは暴力過激主義を撲滅するには十分でない。

(7) 加盟国、地域組織、メディア、市民社会、青少年などすべての関係者が、各々の役割を適切に果たす必要がある。

(8) 安全保障理事会で扱われるすべての問題にジェンダー的な見解を適用することが重要である。女性、平和、安全保障問題への関心を維持するために、非公式の専門家グループを創設すべきである。安保理は人権理事会とも密接に協議すべきである。

(9) 平和と安全保障における女性の役割を向上させるには、より多くの財源が必要である。そのためには、平和活動に充てる資金の一五パーセントは、女性のプログラムのために割り当てられるべきである。

(10) 国連でより強力なジェンダー・アーキテクチャーを構築する必要がある。女性、平和および安全保障の議題は、さまざまな措置を通じて、現場および本部で優先されるべきである。UN Womenなどの関係機関での専門職のスタッフの増強が望まれる。

これらの勧告事項を包括的に精査した結果言えることは、紛争地域において、国連はまずは性的暴力に関わる女性と平和、安全の課題にいっそう広く深く取り組むこととしたことである。その上に、女性が積極的な行動を主体的に取るように、国連加盟国に対し、平和と安全の維持と促進に向けたあらゆる取り組みに対して、女性の平等な参加と全面的な関与を確保するよう呼びかけた。すなわち女性を被害者として保護するということのみならず、国連平和政策の企画と実施に女性が積極的に参加できるよう、公平なジェンダーの観点を平和構築の全領域に取り入れるよう強く促したことは有意義であったと言えよう。

第4節　三つの報告書と東京討論会で共有された問題意識

国連では複数のグループによって採用された評価や勧告の作成方法が異なった問題認識に基づいており、最終的に異なる勧告をするということは、今まで多々あった。その点、平和活動に関するハイレベル独立パネルの報告書、国連平和構築アーキテクチャー報告書、グローバル調査報告書（グローバル・スタディ）が、共通の問題意識をもって二〇一〇年代の国際公共政策と実践のギャップを狭めることを目指したことは意義があったと言えよう。ハイレベル独立パネルと平和構築アーキテクチャーに関与した専門家の間で協議が行われたことは、このプロセスの全体を通じて相互理解と問題意識の共有を深めることに寄与した。また、グローバル調査報告書の作成に主導的な役割を果したしたラディカ・クマラスワミ（Radhika Coomaraswamy）女史とハイレベル独立パネルのメンバーであったユーセフ・マフムード（Youssef Mahmoud）氏が緊密な意見交換を行ったことが、この二つの報告書の一貫性をもたらしたことは確かである。三つの報告書における一貫性のある実質的な問題意識は、以下の点に強調されていると言えよう。

第一の優先事項として、政治の卓越性が挙げられた。三つの報告書のすべては、根本的な原因と紛争の構造的な変化要因に対処する必要性を論じている。国連は紛争や武力闘争にのみ対処する傾向があり、平和構築は本質的に政治的手段として理解されなければならないという共通の認識が持たれたことは重要な点である。このようなアプローチは、現在の取り組みよりはるかに長期的な取り組みである。紛争の性格は変化している。その背景として、すべての報告書において、非戦闘員の住民に対する極端な暴力の増加が挙げられている。特に、女性や子供の性的ターゲティング、違法取引を促進する多国間ネットワーク、そして兵器の拡散などが挙げられている。これらの紛争の変化の本質が強調されており、国際社会とくに国連がこれに対処する必要があると説いている。ハイレベル・パネル報告書と平和構築アーキテクチャー報告書はいずれも、SCR一三二五が扱っている紛争において暴力にさらされる女性と少女の特有の影響とニーズを強調している。またリーダーシップを含むすべてのレベルでの女性参加の増加の必要性も強調されている。ハイレベル・パネルとグローバル・スタディは、ジェンダーに配慮した分析を国連の活動において主流化する必要性を強調している。本部と現場におけるジェンダーの専門知識はハイレベル・パネル報告書とグローバル調査書の両方で扱われているが、平和構築アーキテクチャー報告書は、ジェンダー平等尺度の資金調達を提案するグローバル・スタディを反映していると言えよう。すべての報告書は、女性の関与は平和維持のために重要であると述べている。

第二の重要点は、ハイレベル独立パネル報告書、平和構築アーキテクチャー報告書、およびグローバル調査書は、永続的な平和を構築するためには、予防が優先されなければならないと主張していることだ。ハイレベル独立パネル報告書は、予防的応答は軽い形の介入を必要とするだけであり、平和構築アーキテクチャー報告は、予防措置が紛争前の段階にとられれば、紛争のサイクルを克服することができると分析している。平和構築アーキテクチャー報告書は、平和を維持することに焦点を当て、国連の平和と安全、人権、開発の三本柱を結集して、予防的な考え方を中核に据えている。グローバル・スタディでは、政治的解決方法と予防策は軍事化を回避する方法と見られ、軍事手段は最後の手段としてのみ使用すべきだと主張している。

第三には、すべての報告書が人間を中心とした包括的なプロセスへ移行すべきと勧告している。国家で構成されている組織として、国連は政府や施政者を主導者として扱う傾向があったが、地元の住民やコミュニティーを重視すべきとしている。政府は市民を必ずしも代表するわけではなく、問題解決の大きな可能性は住民や市民がもっていることを認識すべきである。したがって、三つの報告書すべては、これをより多くの諮問的関与と、国連が運営する社会の広範な部分への関与へと移行することを主張している。平和構築、青少年、野党、少数民族の活発な代理人としての女性の参加が強調されている。こうした包摂性は、平和を維持するプロセスの真の広範な所有と責任につながるであろう。

この点での国連の主要な仕事は、その役割をより容易なものとし、さまざまなアクターの参加を可能にし、確実にすることであろう。

第四点としては、現地主義で活動すべきということである。すべての報告書は、国連があらゆる種類の措置を展開する必要があると主張している。現在、ジェンダーのダイナミズムを含め、世界における実際のニーズと紛争の動態には注意が払われていない。マンデートはテンプレートを中心に設計されている傾向があり、多次元の大きな介入を行う特権を与えている。このワンサイズ・フィット・オール・アプローチの代わりに、個々のケースに合わせて調整された、柔軟なエンゲージメントのための議論が行われる。特にグローバル・スタディの場合、ジェンダーの危機の次元に注意を払うことも意識されている。細かく調整されたより良い対応のためには、計画プロセス、関係する人材のスキル、そして組織の設立に大きな変更を必要とする。

第五点として掲げられたことは、紛争に対する軍事的対応が、非生産的であるという見解である。すべての報告書は最近の国連の平和維持活動が巨大かつ重装備化してきている傾向を批判している。軍事化された解決策への国連の関心が、持続する平和の達成には、究極的には障害となっていると判断している。グローバル調査書は軍事化された解決法、そしてその結果としての社会の軍事化が、女性の安全を確保する目的達成に逆効果になっていると指摘した。これは、堅実な研究に基づいた主張であると思われる。

第六点として、ハイレベル・パネル報告書と平和構築アーキテクチャー報告書は、アフリカ連合、地域組織や世界銀行などの開発金融機関などとの提携の重要性を強調している。特に平和構築アーキテクチャー報告書では、経済的、戦略的パートナーシップに重点が置かれている。また持続可能な開発目標報告書では、経済社会開発が平和の維持に重要である点を強調している。女性のためのグローバル調査書は、変化のための重要なエージェントとして、地方、地域、および国際的な草の根のネットワークを強調している。

第七点としては、国連のリーダーシップと国連システムの一貫性の必要性が指摘された。ハイレベル・パネル報告書と平和構築アーキテクチャー報告書は、国連の専門職化の促進について論じている。これは、実績を持った専門知識と経験に基づく人々の募集を意味する。また、国連の平和活動におけるフィールド指向の性質を採用プロセスに導入し、数千人の人材を短期間に採用できるようにする必要性を暗示している。また、専門職化を推し進めることはアカウンタビリティ（説明責任）に結びついている。国連職員が彼らの行為に適切に責任を負いつづけることである。すべての報告書は国連の関係機関や部門のさらなる統合と一貫性の重要性を指摘している。政府間の一層の一貫性、安全保障理事会のより適切な関与、人権、開発、平和と安全の三つの柱の間のより適切な調整が行われるべきであると説いている。

ハイレベル・パネル報告書、平和構築アーキテクチャー報告書、およびグローバル調査書の作成者たちがふまえた問題意識と勧告に関して言えることは、新しい事務総長が関係機関の統合を図り、効率性と効果性を向上させる必要性があることを明白にしたことである。

東京で行われた討論会で、明石康氏が、平和構築のより広い視野の一環として紛争予防にハイレベル・パネルが重点を置いていることを評価しつつ、政治的な解決方法の重要性を指摘された点は意義深いと言えよう。また大島賢三氏は、一般市民の保護（ＰＯＣ）が平和維持活動の重要な任務であることを示唆された。これらの見解や他の参加者が述べられた点が、ハイレベル・パネルの報告書に組み入れられていることは意義深い。そして、他の参加者からも以下のような点について意義ある見解が述べられ、ハイレベル・パネルによって参考にされた。すなわち、平和活動の明確な枠組みと現地政府のオーナシップ（星野俊哉）、平和活動のマンデート（植木安弘）、国連本部の政治局と平和維持活動局の改組と合理化（東大作）、紛争後の移行正義（野口元朗）、平和維持・構築と開発との関係（功刀達朗・弓削昭子）、平和構築とビジネス（佐藤安信）、国連の警察隊（キハラハント）、紛争の構造と要因（米川正子）、国連の資金の配分（佐崎淳子）、民間の貢献（山本理夏）、メディアの役割とキャパシティ・ビルディング（根本かおる）、技術寄与国の役割（国連大学セバスチャン・フォン・アインディーエル）、試験援助と新しいシステムの構築（ＵＮＨＣＲ駐日代表のマイケル・リンデンバウアー）、地域社会のリーダーの能力育成（石川薫、篠田英明、道元愛子）、政治優先・Ｇ７＋支援・国連と世銀の協力（長谷川）である。

次節では、グテーレス現事務総長がハイレベル・パネル報告書、平和構築アーキテクチャー報告書、そしてグローバル調査書の作成者たちが踏まえた問題意識と勧告を反映して、どのようにして国連平和活動をより効率的そして効果的に施行できるように国連の改革を行おうとしたか、精査してみる。

第5節　グテーレス事務総長の国連改革案

アントニオ・グテーレス（António Guterres）国連事務総長は、二〇一七年一月に就任すると、国際情勢の変動に伴い紛争の予防を可能にするために、国連は、平和、開発、人権の三分野において個別に作業されてきた活動を、できる限り統合してより効率的に実施することが緊急課題であるとの見解を示した。そのためには、すべての分野での活動を包括的に捉え、かつ効果的に行えるように、政策の一貫性を保ちながら実施方法を簡素化することが不可欠であり、新たな思考方法で取り組むことが必要であると指摘した。また国連職員は外部からの批判を真摯に受け止めて一致団結して活動していけるように、大胆な改革を行う意志があることを示唆した[11]。

グテーレス事務総長はその後、国連関係者を動員して数か月かけて改革案の作成に従事させた。総長室のタムラット・サミュエル（Tamrat Samuel）氏を長とした内部検討チーム（Internal Review Team）には、平和構築に関するハイレベル委員会（ＨＩＰＰＯ）の二〇一五年報告書、国連平和構築のアーキテクチャー・レビューに関する専門家諮問グループの答申、そして国連安全保障理事会決議一三二五（二〇〇〇）の提言の実施案を国連事務局内で検討させた。また国連事務局での運営方法の改革には、官房長官のアリシア・バルセイナ（Alicia Barcena）と、東ティモールで筆者の同僚であった、アトール・カレ（Atul Khare）事務次長に素案を作成する任務を与えた。カレ氏は二度にわたり東ティモールで五年以上勤務した経験から、現地で働く場合にいかにして迅速に成果が出るようにできるかが念願であったので、改革案作成には熱意を込めて専心した。

グテーレス総長は二〇一七年の七月になると、加盟国の国連代表部や大使などと討議を始め、九月になると、国連総会に出席する多くの国家元首や政府の意思決定者と国連改革に関する意見交換をした。特に米国のニッキー・ヘイリー国連代表とは、綿密な連絡を取った。そして国連総会へ初参加するトランプ大統領に国連改革のための特別会議（九月一八日）を主催してもらったが、これは「肥大化」した国連を「スリム化」すべしとの趣旨のものであった。最大拠出国で最大の影響力をもつ米国の大統領は、グテーレス事務総長が官僚主義を批判して、自ら率先して「国連改革」を行って予算の効率的な運用や透明性の向上などを達成すると明言すると、これを受けて国連を敵視する態度を和らげた。そして一〇月二〇日にワシントンを訪問して、ホワイトハウスで、トランプ大統領の全面的な支持を取り付けた。[12]

グテーレス事務総長の国連改革案は、大きく分けて三つの分野にまたがっていた。第一には「二〇

11　UN Press Release, SC/12673, 10 January 2017. 平和構築に関するハイレベル委員会（ＨＩＰＰＯ）が最重要課題として明記したこの問題意識は日本も含む多くの加盟国によって共有された点でもあった。紛争予防の重要性は日本の岸信夫外務副大臣も二〇一七年一月一〇日の安保理の特別セッションにおいて指摘したことでもあった。

12　グテーレス国連事務総長がこのようにトランプ大統領の支持を確保したことは、想定外の業績として高く評価されるべきである。

アントニオ・グテーレス（第９代国連事務総長：2017-）。2016年撮影（DFID/CC-BY-SA-2.0）

三〇持続可能な開発アジェンダ」（2030 Sustainable Development Agenda）達成のための改革、第二には平和と安全保障分野の統合に向けた国連アーキテクチャーの改造、そして第三に成果主義と現地主義に基づいた国連での業務執行の効率化の確立であった。

二〇三〇年維持可能な開発へ向けての国連改革[13]

国連改革を行うにあたって、グテーレス事務総長はまずは「二〇三〇持続可能な開発アジェンダ」の実施と、紛争予防と平和維持の連携の必要性を力説し、予防外交の波及と紛争の根本的原因に効果的に取り組むことが重要であることを強調した。今世紀の最大の使命は、最も貧しく排除されている人々の生活を向上させ、「誰もが取り残されない」（"leave no one behind"）世界を築くこととした。

グテーレス事務総長は、平和で安定した社会を築くには、貧困を根絶して、不平等を減らすことが不可欠であり、そのために国連はより多くの努力を費やす必要があるとの問題意識を示した。また若者がまともな雇用（decent work）を得られ起業家となれるチャンスがあるように支援しなければならないし、女性の雇用が達成されるようにして、人々に未来のために役立てる希望を抱かせることが必要であるとした。そして、認識すべき点は、予防は常に治療よりも優れているということであると力説した。紛争や危機の根本的な原因に取り組むことで、社会的な布地の擦り傷を防ぎ、平和、開発、そして国民一人ひとりが包括的な社会の基盤となれるよう支援すべきであり、社会の耐久力あるいは回復力（resilience）を高め、国家の平和と社会の安定を実現するという論理を説いた。人間の尊厳を保持するためには人道支援は不可欠であるが、紛争問題の解決に究極的な貢献は出来ないとの見解を示した。維持可能な開発と人権の擁護が、人道的な危機を予防するためには国連は世界銀行などの国際金融機関と協調することが重要であるとの見解を示した。

グテーレス国連事務総長は二〇一七年一二月一四日に日本を訪問したときに、新たな理論的な進展の可能性を示した。平和、開発、人道援助の繋がりを重んじて、一九九〇年代に台頭した「介入」(humanitarian intervention）や「保護する責任」（R２P）のドクトリンが最近になってその信憑性が問われているなかで、「人間の安全保障」が平和、開発と人権を統合する概念として重要さが増してきたとし、「人間の安全保障」の概念が、人間の尊厳（dignity）を成就することを究極的な目標としている点に注目すべきであると述べた。この見解は国連が平和と開発の関係連携を深めていくにあたって、方向性を示す新たな政策の道標となる可能性を示唆したと言えよう。[14]

13　United Nations, *Report of the Secretary-General on Repositioning the UN development system to deliver on the 2030 Agenda – Ensuring a Better Future for All*, New York, June 30, 2017.

平和と安全保障分野の統合に向けた国連アーキテクチャーの改造

数か月にわたる作業の結果、作成された平和と安全保障部門の改革案を、グテーレス事務総長は、二〇一七年九月一二日に国連加盟国に配布し、九月二〇日には、国連PKO改革に関する安保理ハイレベル公開討論会議で討論した。国連平和活動に関するハイレベル独立パネル（HIPPO）のホセ・ラモス＝ホルタ代表（東ティモール元大統領）が出席し政治の卓越性を説明した。各国からの参加者は、紛争予防や政治的解決の必要性、訓練と能力構築の重要性、適切で実現可能なマンデートの付与、国連と地域機関のパートナーシップの強化の必要性が指摘された。日本からは河野太郎外務大臣が参加し、PKO要員の能力・パフォーマンス向上の重要性を指摘しつつ、国連アフリカ施設部隊早期展開プロジェクト（ARDEC）等、日本の訓練・能力構築支援活動を紹介した。グテーレス事務総長の問題意識と提案を受け入れ、安保理が同日に「政治の優先」を認めた決議案を全会一致で採択した。これは主要加盟国がグテーレス事務総長を信頼していることを反映したと言えよう[15]。

その一か月後の一〇月一三日には、グテーレス総長は国連総会に、安保理の会議にHIPPOが提言したパラダイムシフトを行うことが重要であることを示した正式な改革案を提出した[16]。「政治の最優先」として紛争の調停などの予防外交と平和構築を最重要課題とし、平和活動の効率効果性を重んじた装備と訓練の必要性を指摘して、国連の価値観を備えた平和活動の施行の正統性を説いた。そして、アフリカ連合、欧州連合、G5常任理事国などとのパートナーシップの強化のメリットを掲げた。そのうえ安保理に平和活動ミッションを創設するときには明確な使命（mandates）と資金を与えることを要請した。

事務総長は、国連と事務局の各々の部門が断片化したサイロ状態であり、平和と安全保障の課題に効果的に関与できない状態にあることを率直に認め、新たに台頭してきている多元的で複雑、悪質な紛争に迅速に対応していくためには、関係部門が包括的な政策を一団となって実行する必要性があると力説した。そして国連の分析と考察能力を増強し、個々の部門が現地のさまざまなニーズに的確に対応できるよう、アフリカ連合など地域および準地域組織とのパートナーシップを築きあげることが急務であるとした。なおかつ、平和および安全保障問題を担当する部門の連携を強化するとともに、開発、人権ならびに人道問題がより統合された方法で対応されることが望まれるとした。この問題意識で、「戦争の惨禍から未来の世代を救う」という核心的な目的に向かって、予防を最優先課題と位

14　UN News Centre press release dated December 14, 2017. http://www.un.org/apps/news/story.asp?NewsID = 58288#.WjTk4tFG3yr（二〇一七年一二月一六日アクセス。）二〇一七年一二月一四日にグテーレス国連事務総長が上智大学で行った講演の内容は谷本真邦日本国際平和構築協会事務次長により書き留められた。http://www.gpaj.org/ja/2017/12/14/15959 を参照。

15　United Nations, Press Release on Secretary-General's remarks at Security Council High-Level Open Debate on Peacekeeping Operations Regarding the Reform of UN Peacekeeping: Implementation and Follow Up, 20 September 2017, and UN Security Council resolution 2378（2017）of 20 September 2017.

16　United Nations, Report of the Secretary-General: Restructuring of the United Nations peace and security pillar. A/72/525, 13 October, 2017.

置付けた国連の改革の大きな柱にすると提唱した。

グテーレス事務総長は具体的には平和と安全保障の関係部門の機構改革には四つの焦点があるとした。まず第一の焦点は紛争予防であり、国連が紛争予防と危機対策を行うことを重要課題として挙げた。まずは一八人の国際的に傑出した指導者や有能な紛争予防の経験者など著名な専門家でハイレベル諮問委員会を構成し世界中で行われている仲介や調停活動を後押しすることにした。[17]第二の焦点は、平和維持活動および特別政治ミッションの有効性と一貫性を高め、政治の卓越性とアプローチの柔軟性を確保することであった。第三の焦点課題は、平和と安全保障の柱を一本にして国連の平和活動を「一体となった柱（whole-of-pillar）」アプローチとして実施することにより、素早く効果的にすることを目指すことであるとした。そして第四点として、平和と安全保障の柱を開発と人権の柱とより密接に連携させて包括的に行動することであると述べた。これらの目標を達成するにあたり、既存の政治局（ＤＰＡ）の地域部門と平和維持活動局（ＤＰＫＯ）の地域活動部門を共有する単一の運営体制に統合することが、包括的で一貫性のある実施行動を取るためには欠かせないと判断した。そのために、グテーレス国連事務総長は、二人の事務次長（ＵＳＧ）に報告する地域的な運営責務を持つ三人の事務次長補（ＡＳＧ）に、政治的そして戦略的に現地のミッションとテーマ別の活動の管理を担当させることにした。詳細は以下の通りである。

政治平和構築局（DPPA）の創設[18]

政治局（DPA）と平和構築支援室（PBSO）の責務を統合し、政治平和構築局（DPPA）を創設し、紛争の予防と平和の維持を究極的な目標とした「一体となった柱」アプローチで、戦略的そして政治的に重要な優先事項に対処するという任務を与えた。

政治平和構築局は加盟国および他の政府間組織と政治的側面を含む事務総長の調停・調停事務所などの外交交渉活動を補佐するとともに、ハイレベル諮問委員会の助言を得て、紛争の予防、平和創成、平和維持活動を支援することになった。早期監視、早期警戒・対応、使節団の創設などを行うとともに、アフリカ連合など地域および準地域組織の支援とキャパシティビルディング、戦略的パートナーシップに優先順位を付ける役割を担うことにした。また、安全保障理事会、総会、および委員会などにも実質的かつ事務局的な支援をする役割を与えた。

既存の平和構築支援室（PBSO）での政策立案や政府間協議および資金調達の任務は、分野を跨いだ協力を可能にするために、平和構築支援スタッフは事務次長補の下で、平和構築政策、調停や選挙支援を行い、現地で活動する平和構築ミッションへの支援を行うことになった。平和構築基金は、

17　United Nations Press Release entitled "Secretary-General's High-Level Advisory Board on Mediation Comprises 18 Eminent Current or Former Global Leaders, Officials, Experts," SG/A/1759, 13 September, 2017.

18　Department of Political and Peacebuilding Affairs（DPPA）.

扱い方は変えずに、事務総長室（ＥＯＳＧ）の機能的な連携が維持されるようだが、政治平和構築局の平和構築活動への支援は、平和、安全保障などそれぞれの柱を越えて働く能力を維持し、システム全体の一貫性を促進し、触媒作用を発揮する統合的な対応への役割を果たすことになった。予防と平和構築を重視しながら、平和構築支援室の再活性化にも寄与し、政治平和構築局は平和と安全保障問題に関する承認された国連以外の機関との連携も保つことになった。

平和活動局（ＤＰＯ）の創設[19]

平和活動局（ＤＰＯ）は、事務次長（ＵＳＧ）の下で、今まで平和維持活動局（ＤＰＫＯ）と政治局（ＤＰＡ）が管理運営してきた現場での平和維持と平和支援の政治ミッションの運営責任を、一括して果たすことになった。そして平和維持活動の運営のみならず、法律、正義、法の支配、治安部門改革や武装解除、動員解除、再統合（ＤＤＲ）に関する政策の施行や技術的な任務が与えられることになった。また軍事顧問と警察顧問も、平和活動局長の傘下に置いた。事務次長補（ＡＳＧ）が率いる法の支配と治安機関を担当する事務局は、法律や治安機関の規制、武装解除、動員解除と社会への再統合、地雷処理行動の運営と助言を引き続き行うことにした。

フィールド支援と有効化に重点を置き、国連システム全体から集められた多分野のチームと協力して、平和と安全保障問題に関する承認された国連以外の機関への支援も行うことになり、平和維持活動が政治使命をもっていることを明確にした。同時に、すべての平和活動の管理を単一の部署に集結することは、必要かつタイムリーなことであるとの判断をした。より一層の柔軟性と一貫性を保ち、国連の平和活動のための統合された「卓越したセンター」（centre of excellence）創設を目指すことにした。そして政治指導への移行を進め、平和の維持と紛争予防を国連の新たなアプローチとして推進することを強調した。

「一体となった柱」アプローチ――単一の地域別政治・実践活動構造

①地域担当部

各々の地域の責任を負う地域担当部は事務次長補によって率いられ、現地でのミッションの活動に実質的な指導と支援を行うことになった。政治的、戦略的そして運営上の指針、分析および情報の提供、紛争予防および平和維持のための総合的な運営支援、危機監視を含む、平和と安全保障問題に関する政治的および事務的な取り組みの全範囲を担当する任務を与えられた。地域部の担当事務次長補は、それぞれの地域における予防、危機対応、平和維持のための統合された戦略とアプローチを行うこととなった。単一の政治運営体制により、各々の地域リーダーシップの下での地域専門知識の統合による地域分析、戦略および対応の改善が可能になるとした。そして、政治的、業務上の義務と契約の一貫性を強化して、早期警戒と予防措置の発動、危機対応を促進することができると説明された。

19　Department of Peace Operations（DPO）.

平和と安全保障部門の総長改革案（2017年９月）

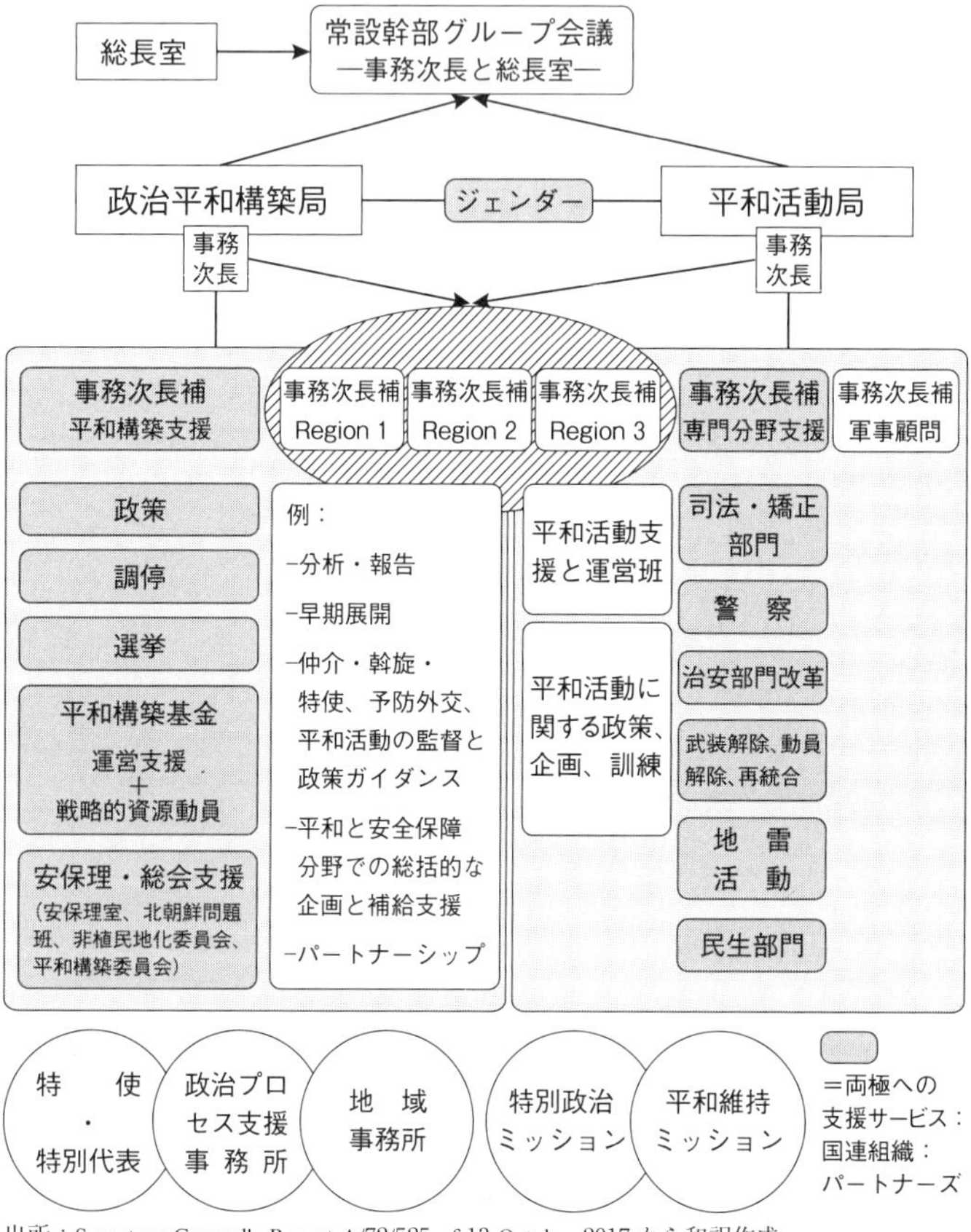

出所：Secretary-General's Report A/72/525 of 13 October 2017 から和訳作成。

地域担当部長の権限と責任は増すことは間違いないが、運営していくにあたっての課題も山積するであろう。図に示されているごとく、改革案によると、現在の政治局（DPA）の地域部門と平和維持活動局（DPKO）の地域活動部門を共有する単一の政治運営体制を整備する必要が出てくるであろう。三人の次長補（ASG）によって三つの地域部に分けて管理運営することになり、任務の分け方は戦略的および政治的ガイダンスの提供、危機の監視と対応の提供を含み、現地で活動しているミッションおよび一般的な環境における政治的および業務上の仕事の内容をも含むことになる。一般的な事柄を含めた予防と平和構築は、最も注目を集めることになる。アフリカなどそれぞれの地域で展開されている活動の運営責任を持つ三人の次長補（ASG）は、政策的な問題に関しては政治平和構築局長に報告し、現地で展開されている平和活動に関しては平和活動局長に報告することになったので、彼ら次長補のリーダーシップの下で地域の専門知識を組み合わせた地域戦略と対応が改善されると期待されることになった。一貫性を強化し、政治的・業務上の義務と約束の施行をすると同時に、早期警戒と予防措置の発動を促進することになった。現地で勤務しているスタッフへの実質的な指導と支援をするにあたって、明確な行動範囲を示す必要が出てきたと言えよう。特別な政治任務と平和維持活動との間を埋めるだけでなく、活動から政策立案への移行における継続性を確保することも重要課題となるであろう。この新たな取り組みでは、確かに二重報告による上司の見解や意見の相違による二つの部門の責任の一貫性を高める作業が必要になるかもしれない。それには、相当なリーダーシップと管理投資、高度に協力的な関係が求められることは確かである。三人の事務次長補（AS

G）の管轄下の各地域事務所は、地域部門間および業務間の一貫性を強化するメカニズムが必要となるであろう。

すでに述べたように、各々の地域事務部長は二人の事務次長に報告することになるが、仕事の内容によって区別されることになった。政治プロセスを支援する事務所、事務総長の特別な使節や顧問に関する業務に関しては政治平和構築局事務次長に報告する。そして、平和維持活動のミッションや政治・平和構築部の枠外にあるフィールドベースの特別政治ミッション、特定の国や地域に関連する問題については、平和活動局の事務次長を通して、事務総長に報告することになった。この二重報告の取り決めは、二つの部門の関連する責任の間の一貫性を高める新しく革新的な作業方法と説明されたが、どのように機能するかは数年後には明らかになるであろう。

②常設幹部グループ会議と「一体となった柱」的なアプローチ

すべての戦略的、政治的および運営上の作業が一貫した「一体となった柱」（whole-of-pillar）アプローチのもとで行われるようにするために、政治平和構築担当事務次長、平和活動担当事務次長と事務総長からなる常設幹部グループ会議（standing principals' group）が創設されることになった。これにより、平和および安全保障に関する優先事項の実施における管理とコミュニケーションの一貫性を確保し、開発および人権部門の高度なエントリーポイントを提供することになった。グローバル運用サポート部門および管理部門との相互作用は、統括責任者グループのレベルで、統合された運用チームのコンセプトを含め、戦略レベルおよび運用レベルで部門内の専用能力を通じて促進されることになるとした。アフリカ連合など地域および準地域組織との協力を強化する。特別な政治任務と平和維持活動との間だけでなく、任務と非ミッションの間の移行における継続性が確保されるとしている。なおかつ、平和と安全保障の柱の中で、各部門の職場文化を「柱全体（whole-of-pillar）」的なアプローチで助長することを想定した。業務の計画と評価、統合分析の強化を導くために、「平和外交の盛り上がり」としての予防外交の増強をすることにした。そして、すでに言及したように、経験を積んだ叡智のある上級熟練者から成る調停諮問委員会を設置した。なおかつ、女性、平和、治安活動のアジェンダが統合されて実施されるように、国連が平和活動を包括的に遂行できるようにするための指針を作成することを誓約した。これには、特に幹部職員レベルにおけるジェンダー・パリティ（男女同等）を達成するためのより大きな努力が含まれるべきであるとの見解を示したことは有意義であった。そして総長は構造改革のためには、経営の改革や開発体制の改革に関連した労働文化や運営プロセスの重要な改善が不可欠であるとの見解を示した。

④世界銀行との平和構築へ向けての協力関係の強化

グテーレス国連事務総長が二〇一七年に成し遂げたもう一つの業績は、国連と世界銀行グループによる平和構築へ向けた協力関係の強化であった。世界銀行のジム・ヨン・キム（Jim Yong Kim）総裁と四月二二日に、貧困削減、繁栄の促進、食糧安全保障の強化、危機に瀕した状況における平和の維持によって、最も脆弱な人々の回復力を構築することに焦点を当てたパートナーシップ枠組みに署名した。そして、ジム・ヨン・キム世銀総裁は国連総会開催中のニューヨークを九月二一日に訪れ、「平和のための道筋：暴力紛争予防の包括的なアプローチ」と題する共同研究を記念した会合に国連事務総長と共に出席した。国連と世銀を代表して、すべての国々の政府が効果的な紛争予防対策と平和と安定が保たれるための政策の立案と施行のためにリーダーシップを発揮すべきであると訴えた。この共同アピールは歴史的には国連と世界銀行との間で行われた初めての出来事であった。錯綜した紛争が蔓延する中で、国際機関、市民社会、民間部門がより緊密に協力する必要性を訴えたことは注目された。[20]

この共同研究の重要性に鑑みて、その内容を吟味してみよう。共同研究者たちは調査の結果、近年の暴力的な紛争の復活は、莫大な社会的、経済的コストを生み、多大な人間の苦しみを引き起こしていると断定した。激烈な紛争は複雑で悪質化し、長期化しており、多くの非国家グループや地域および国際的な関係者が関与し、気候変動から国際組織犯罪へのグローバルな課題に繋がっていることを指摘した。このような状態では二〇三〇年までの持続可能な開発目標の達成への障害となる要素がますます増加すると判断し、武力紛争をより効果的に防止することが急務であると指摘し、あらゆるレベルの政策立案者に各々の国々の現地からグローバルなレベルまで注視するよう勧めた。このチャレンジに対して、国連と世銀が共同報告書「平和のための道筋：暴力紛争予防の包括的なアプローチ」[21]で、開発プロセスが外交と調停、安全保障など、紛争を防ぐためにどのようにしてより効果的に対処出来るかを示唆したことは注目されるべきであると言えよう。

　何が効果的であるかを理解するために、さまざまな国や機関の経験を精査し、平和に貢献した要素を強調している。これらの取り組みの核心的な教訓は、権力、機会、および安全へのアクセスから排除された者の苦情に取り組む必要性であった。国家は紛争や危機予防の主な責務を担っているが、自らだけでは効果的に対処できない場合があるので、市民社会、民間部門、地域および国際機関が建設的に関与する必要もあるとした。そして、女性や若者の意思決定に有意義な参加を促すとともに、女性や若者の願望に取り組むための長期的な政策を立て施行していくことが、平和を維持する上で基本的な方法であるとの見解を示した。「平和のための道筋：暴力紛争予防の包括的なアプローチ」は、この共同調査の最終的な調査の結果が二〇一八年に発表されることになっており、関係者が大いに期待している。[22]そして、激しい紛争を防止するための国際的な取り組みをより強く求め、住民を中心に持続可能な発展目標を達成する包括的アプローチを取ることを、国連と世銀のトップ・リーダーが誓ったことは有意義な事であったと言えよう。

20　World Bank, Press Release, April 22 and September 21, 2017.

21　世界銀行東京事務所Eニュース第五七七号、二〇一七年九月二二日。http://bit.ly/tL300Q

22　United Nations and World Bank, *Pathways for Peace: Inclusive Approaches to Preventing Violent Conflict*, Washington, DC: World Bank, 2017.

成果主義と現地主義に基づいた業務執行の確立[23]

グテーレス事務総長は、今までの国連本部事務局での煩雑な管理構造と権力の集中的な運営方法は、現場における国連の業務の成果を挙げることを阻害しているとの問題意識を示した。そして、これらの阻害要因を克服するためには、今までの組織に根付いた見方や考え方を変える必要があるとした。

国連が加盟国や国際社会の信頼と支持を回復するためには、権限と責務の一貫性を確保して効率的で効果的な業務を成し遂げられるようにすることが必要であり、そのためのパラダイムシフトとして成果主義と現地主義を打ち出した。そのためにはトランスパレンシー（transparency）と呼ばれる業務と行動の透明性を保ち、アカウンタビリティ（accountability）と呼ばれる説明責任を果たすことが必要であるとした。そして、国連改革の広範なアジェンダの実施には、厳格で、適切な権限を与えられた資金の管理と運営など、各々のレベルでのスタッフの全面的なコミットメントが必要であるとし、業務の執行すなわちパフォーマンス（performance）を的確に行うという管理運営を忠実に実行していく決意を示した。

具体的には、活動案と予算案を作成していく権限を現場の担当者に移譲することであると判断した。現場での迅速な行動を可能にするために、本部レベルでの部局の統合のみならず、スワヒリ語で統一という意味のウモジャ（Umoja）と呼ばれる統合業務システムのより一層の活用を促進する必要があると判断した。この新しい運営方法は統合業務システムとして、基本的な業務のやり方をまったく変えることにした。[24]

国連本部では、財源の使用に関して加盟国への高度の透明性を保ちながら実施できるように、明確な方針と規制を順守するとともに、世界中で起こっている危機に迅速に対処していけるようにするとした。そのために国連本部と現地での人的資源と運営を別々に扱ってきた管理局（Department of Management：DOA）とフィールド支援局（Department of Field Service：DFS）を改組することにした。国連の使命を達成するための重複してきた業務を、戦略立案と運営政策の基準を順守する管理戦略、政策、遵守局（Department of Management Strategy, Policy and Compliance）に改組することにした。この局は今までＤＯＡとＤＦＳが行ってきた、予算と財務に関する政策ガイダンス、戦略、企画そして規則の順守を担当することになった。そして人事面においては国連の機構として人事運営政策、人的資源計画、スタッフ育成、タレント運営政策などの任務が与えられることになった。[25]

そして、既存のフィールド支援局を改組して創設する業務支援局（Department of Operational Support）は、すべての人事や業務の施行をする運営を任されることになった。今まで行われてきた管理部門、現地サポート部門、本部、地域委員会、そしてニューヨークから離れた加盟国にある現地

23　United Nations, *Report of the Secretary-General on Shifting the management paradigm in the United Nations: ensuring a better future for all*. A.72/492, September 27 and A/72/492/Add.1, September 26, 2017.

24　例えば、いままで人事データは人事局の職員が維持管理していたが、この新しいシステムでは、根本的な思想の転換を目指して、担当の職員自身が自分の人事データの維持管理をするという自己管理ができるようになった。https://umoja.un.org/

25　A.72/492, *op. cit.*, paragraphs 80-83.

事務所、地域サービスセンターを統括して運営するという任務を与えられた。平和活動、人道援助、人権の擁護など、すべての国連のフィールド活動に重点を置いた運営支援や平和活動ミッションの新たな展開や特別政治活動のモニタリング、調査、監査なども行うことになった[26]。

グテーレス事務総長は、国際社会から批判の対象になってきている国連平和維持活動隊員の性的搾取および虐待行為に言及して、国連職員や国連の業務に携わっているすべての要員を対象にして改革を行うとした。そしてトランスパレンシー（transparency）とアカウンタビリティ（accountability）を厳格に遵守して不適切な行為の防止策として国連が新たに加盟国と誓約書（compact）を結ぶことを提唱した。この新たな方法で、国連と加盟国が性的搾取や虐待を未然に防止するのみならず、加害者個人には刑事責任を負わせ、被害者には適切な支援をすることによって被害者の尊厳を保持することを定めた。加盟国の多くは、国連が「性的搾取と虐待を犯し黙認した者を容認せず」、「国連の旗でこれらの犯罪を隠蔽しないようにする」グテーレス事務総長の改革案を画期的な提案であると注目した[27]。この誓約書案が出されてから、二週間の間に日本も含めた七二もの加盟国が署名した。この成果は予想外であり、事務総長と加盟国は、このコンパクトは性的搾取および虐待を防止するための新たな門出となると認めた。事実関係を守るため、文書は署名国に公開されており、事務局は、この重要な取り組みに署名をしていない加盟国にも速やかに合意するよう奨励することになった[28]。グテーレス事務総長が九月一八日の会議で、平和維持と構築に携わる国連の責任は、現地での兵士のみならず、国連職員全体のものであるということを指摘して、加盟国のなお一層の支持を要請した。

グテーレス事務総長の国連改革案の意義と展望

グテーレス事務総長が二〇一七年に就任して、パラダイムシフトを行い、国連システムの構造と運営方法の根本的な改革を成し遂げようとしたことは、意義深い。加盟国の信頼を回復するための必死の試みであったと言っても過言でないであろう。国連総会は二〇一七年一二月にはグテーレス事務総長の改革案を受け入れ、二〇一八年に各部門においての具体策を提出するように要請するであろう。

グテーレス国連事務総長がこの改革案を提出したのは、ブトロス・ブトロス＝ガーリが一九九二年に「平和への課題」を打ち出し、国連が平和を維持する活動を行うとともに紛争の再発を防ぐ平和構築活動を開始してから二五年目になる。その間に国連は二〇〇〇年代に入ってブラヒミ、キャップストーン、ニューホライズン・ドクトリンなどを展開して、平和活動の効率化を企てた。二〇〇五年には平和構築委員会と支援室が創設されたが、紛争後の国々への技術的な助言をすることに集中して、平和構築活動とは統合されなかった。国連の各々の部門が権限と利益を守ることに専心してきてしまって、新たに台頭してきている紛争の根本要因に効果的に対応できなくなってしまった。このような

26　*Ibid.*, paragraphs 84-87.
27　United Nations Secretary-General's Note to Correspondents on Voluntary Compact Preventing and Addressing Sexual Exploitation and Abuse, 29 September, 2017.
28　UN News Centre, "In less than two weeks, 72 States sign UN voluntary compact on preventing sexual exploitation and abuse," 29 September, 2017.

サイロ化した各部門の運営方式と硬直した心理構造を変えることを目的にしたグテーレス国連事務総長の改革案は、国連が成果を挙げることの出来る機関として甦る手段となりえるかもしれない。グテーレス事務総長が打ち出したこの国連改革案の将来を展望するにあたって、注視しておくと良いと思われる点を示唆しておこう。

(1) 変遷する国際情勢と国際社会が抱えている深刻な課題に、国連が臨機応戦に効果的に対処していけるようになるには、まずは国連スタッフが一致団結して共同して作業をすることである。そのためには国連スタッフが既存の権限や自らの利益に固執することなく協働していく心構えを抱くことが必要である。筆者が東ティモールで特別代表をしていたときに国連本部で平和維持活動局長をしていたジャン・マリー・ゲヘノ (Jean-Marie Guéhenno) 氏は、この改革案が成功するかどうかは、国連本部の事務次長 (USG) や事務次長補 (ASG) レベル、そしてD1~D2の部課長の役割に就いている管理職の人柄と気構えが重要であるとの見解を示した。[29]

(2) 国連に地域事務所の関与を強化する事務総長の趣旨に合わせて、三つの地域を担当する三人の事務次長補にとっては、上司になる二人の事務次長の問題意識と見解があまり異なることがないように政策が作成されることが望ましい。その意味で事務総長の下での「常設幹部グループ」(standing principals' group) が重要な役割を果たすことになる。筆者が特別代表をしていたときにも、同じような「政策グループ」(policy group) が存在していたが、平和維持活動ミッションであったUNMISETから、政治ミッションであるUNOTILと呼ばれる活動に移行するにあたって、国連本部内そしてUNDPとの間で獲得競争が展開されたことを覚えている。

（3）新たな政治平和構築局は、国連のほかの部門、特に人権、人道そして開発問題を扱っている機関の協力を調整する必要がある。具体的には加盟国の現地レベルでの「アジェンダ二〇三〇」を共通な目標に転換するためには、今までの国連基金や専門機関の協調を超えて、新たなより強力で大胆な指導力が必要とされる。国連開発システムは、新世代の国連チームを創設するには、高度なプロフェッショナルとしての能力を持った国別チームの構成が不可欠である。国家の開発計画に基づいて各国政府やその他の国の利害関係者によって推進される総括的なアプローチをとることが必要である。そのためには、今まで国連開発計画（UNDP）が管理運営してきた、国連の現地での活動を調整する国連常駐調整官（UN Resident Coordinator）を、国連事務総長あるいは副事務総長の管轄下に置くことが必要であろう。そうすることによって、紛争分析と予防外交において危機監視や早期対応策を立てるためにより成果のある役割を果たすことが期待できる。このような体制を組んでいれば、二〇一七年に起こったミャンマーのロヒンギャ族の虐待行為などを未然に防ぐことができたかもしれない。しかし、この国連常駐調整官の監督・運営権の移行に関しては、コンセン

29　国連大学で二〇一七年一二月一四日に行われた講演でジャン・マリー・ゲヘノ氏が筆者の質問に応じてこのような見解を示した。

サスができていないようだ。

（4）国際社会が直面している多様なチャレンジにより効率的・効果的に対処し、信頼を回復するために、三つの柱、すなわちトランスパレンシー（transparency）、アカウンタビリティ（accountability）とパフォーマンス（performance）に基づいた成果主義と現地主義の体制を確立していこうという意気込みは高く評価されるべきである。その上で、平和と開発そして人権との統合性を推進して政策の効果性を高めていくためには、日本が提案した「人間の安全保障」の概念を、より国際社会全体がオーナシップを持ってもらえるような方法で推進していくのが得策であると思われる。このことは、財政的そして軍事的に貢献できる余地が少なくなってきている日本にとって、国連の平和政策を導いていくために、非常に意義があると言えよう。[30]

（5）最後に指摘すべき点は、国連の事務局の改革とともに、国連の安全保障理事会の主要国が、今までそうであったように、アメリカ一辺倒のアプローチやウエストフェリア体制の下での自国の短期的な利益を追求するのではなく、グローバルガバナンスの一環としての国際紛争の予防と解決方法を見出していく「志」を抱くことが重要であり、現実にその方向に向かっているということである。アメリカ・ファーストと宣言しながらも、トランプ大統領がグテーレス国連事務総長と二〇一七年一〇月二〇日にホワイトハウスで会ったときには、国連が世界のすべての国々を一堂に集め、国際社会が直面している問題を討議できることを認め称賛した。[31] これは、トランプ大統領を含む世界の指導者たちが、国連の歴史的な役割の重要性をなお一層と認識する方向に向かっていることを示唆したと言えよう。

30　上智大学での講演で、グテーレス国連事務総長は「人間の安全保障」の概念は日本で産まれたことを公言した。しかし、日本の産物ということを強調するのではなく、国際社会が共有できるように進めるべきである。

31　White House Press. Speeches and Remarks. October 20, 2017. http://whitehousepressbriefings.com/speeches-and-remarks/remarks-president-trump-and-united-nations-secretary-general-guterres-meeting/

第5章　平和構築と民主化——移行期正義と「法の支配」の課題

紛争後の国々が闘争に逆戻りしないように、国連はまずは移行期正義を築き、人権と法の支配を根付かせ、究極的には、自由民主主義の理念と政治体制を確立する政策を取り入れた。まずは紛争国において起こった虐殺など重大な人権侵害に対処すべき政治と法的なメカニズムである移行期正義（Transitional Justice）の設立を政策として掲げた。刑事裁判を行い、個人の犯罪行為の訴追と処罰を通じて不処罰の文化を消滅させ、いかなる者も法の下にあるという理念の確立を目的とした。また人権と法の支配を社会に定着させるために、国連全体が「法の支配」（Rule of Law）支援に取り組むための重要性を指摘した[1]。

本章では第1節で移行期の正義の確立へ向けての理論的な展開を吟味すると同時に国連の政策とメカニズムを検証する。第2節で、国連が平和構築の手段として人権と法の支配をどのように確立しようと試みたかを検証する。そして第3節で、平和構築の目的として民主主義国家を樹立することの意味を考察する。

第1節　移行期正義の確立に向けて

平和構築政策が国際社会で受け入れられるようになると、相互信頼と基本的人権および個人の尊厳の尊重を基礎とする社会を再建するために、紛争に陥る傾向にある社会で政治的指導者や活動家の責任感を確保する手段として、国連は「移行期正義」を実施することを奨励した。「移行期正義」は大規模な人権侵害の再発を防ぐ手段として考えられた。司法と司法外の両方の活動を通じて、武力紛争から平和的解決へと移行する紛争終結後の、正義感のある社会を実現しようとする一時的なメカニズムとして始まったとも言える。それと同時に、「移行期正義」の役割は、紛争傾向にある社会から、法の支配・人権・民主主義の原則を軸とした社会への移行を意味した。

この考え方の根底にあったのがロールズの正義論であった。ロールズはロックやルソーの政治思想で展開されている社会契約の理論を土台としながら、社会が規律正しく機能するには、公正なる社会としての正義の原理を確立して、社会の構成員を全て同一視して、基本的人権や政治的自由を平等に与えるべきであるとした。そして、社会的または経済的な機会の均等を図りながら、結果的に発生した社会的・経済的な不平等を可能な限り縮小することが必要であると説いた。すなわち、機会均等と格差の解消が安定した社会の実現と存続のための必要不可欠条件であると示唆した。この正義論は社会契約の仮想的状況から導出されるだけでなく、道徳的判断から帰納的に求められる試みでもあった。カント的な理想主義であり、人々は自由に正義の構想を形成する道徳的人格であり、社会は当事者の合意によって構築されるものであるとした。そして、カントが力説したように、正義と人間は手段としてではなく目的として扱われるべきであり、法の支配を基盤とした国家社会の構築を唱え、究極的には公正を重んじる社会文化を浸透させることを目指したものであった。すなわち、正義は人間の威厳と尊厳を確保するための絶対条件であり、国家そして国際社会の存在理由であり究極的な目的であるとした。

　このロールズによる提言では、国際社会にとっては、個々の国家の存在や安定よりも、国民や市民の人間としての尊厳を確立することが究極的な目標となった。そして、この新たな目標の重要性を反映して、国家の安定だけでなく、人権擁護を骨幹とした人間の安全保障と人間開発に対する新しい概念が多次元的な平和維持活動と平和構築活動の主要な要素として現れてきた。このような平和構築支援の目標を達成するために、自由民主主義の基幹である法の支配が最重要視され、平和構築支援活動で最優先されるべきであるとの思想が影響力を強めて国際社会で広く受け入れられるようになった。

1　Report of the Secretary-General, 2006, "United our Strengths: Enhancing United Nations Support for the Rule of Law," UN Document, A/61/636 and S/2006/980.

「起訴し処罰せよ」(Prosecute and Punish)

第二次世界大戦後のドイツと日本において行われた「ニュルンベルク裁判」と「東京裁判」は、戦争を起こしたとされる政治・軍事指導者たちを裁いた最初の移行期正義の実行例として挙げられることがある。これらの裁判の意図が悪事を犯した者を罰するということである限り、因果応報の理性に基づいて行われる修復的司法(retributive justice)を意味した。罪人は過去の悪事をときには自分自身の命で償うことが求められる。ノルウェーの政治・社会理論家のジョン・エルスター(Jon Elster)は一九四五年から半世紀にわたって「移行期の正義」に関する包括的分析を行った。そして独裁体制の政府や指導者に対する処罰と重大な人事権侵害の被害者への賠償に大きな意味を見出した。ドイツだけではなく、オーストリ・ハンガリー帝国のような複数の欧州の国々における影響を分析し、歴史上の不正を是正する広範な問題を検討する必要性を指摘した。[2]

一方、日本で行われた軍事裁判は「ニュルンベルク裁判」とは違う影響を及ぼした。法政大学の二村まどか教授は、「東京裁判は」、日本においてほとんど目に見えない効果しか持たず、建設的な影響もまったくない「勝者の裁き」として見なされたと述べている。二村教授はさらに、「東京裁判」がアジアの国々と日本の和解を困難にしたと説いているのは傾聴に値すると言えよう。[3]

第二次世界大戦後の冷戦中には世界中で政府の指導者の態度に影響を及ぼした「移行期正義」のプロセスは、一九七五年にギリシャにおいて、また一九八三年にアルゼンチンにおいて旧軍事政権の指導者の裁判が行われるまで、停滞していた。これらの初期の「移行期正義」に関する焦点は、明らかに刑事裁判であった。

一九八九年のソ連崩壊に続く冷戦終結は、予期していなかった状況を生んだ。地方の指導者同士の権力闘争と民族対立による内戦の勃発により、残虐な行為の犠牲者に対する世界の懸念が高まり、人権保護に関する国連刑事裁判所（International Criminal Court of Justice）設立への世界的な関心が高まった。そして一九九五年にはアメリカのビル・クリントン大統領は、「われわれはニュルンベルクの教訓を生かす義務を負っている。だからこそ、われわれはルワンダと旧ユーゴスラビアのために、国連戦犯法廷の設立を強く支持する」と宣言することで大量虐殺を司法制度により防止することが可能であると唱え、紛争国や地域での司法の重要性とその役割を広げた。[4]

「移行期正義」に対する関心はさらに民主化の世界的な波に続いて一九九〇年代に起こった。そして「移行期正義」は、法学的なより狭い問題から、市民社会の再建と民主主義の発展という政治的な

2　Jon Elster, *Retribution and Reparation in the Transition to Democracy*, New York: Cambridge University Press, 2005.

3　Madoka Futamura, *War Crimes Tribunals and Transitional Justice*, New York: Routledge, 2008, p.144.

4　米国コネティカット州立大学に設立されたトーマス・ドッド・リサーチセンターの開設を記念した式典で、一九九五年一〇月一五日にビル・クリントン大統領が行った演説より引用。このセンターには、一九五三年から一九五七年まではニュルンベルク裁判所で執行審判弁護士を務め、その後に一九五九年から一九七一年まではコネティカット州上院議員を務めたトーマス・ドッド（Thomas Dodd）氏の名前が付けられた。人権を中心とした数多くのアーカイブと特別コレクションが保存されている。筆者の見解では、クリントン大統領は一年前の一九九四年にルワンダで起こった大虐殺を止めることをしなかった罪の意識が深かったので、ルワンダ特別法廷（International Criminal Tribunal for Rwanda）を支持したと思われる。

問題へとその範囲を広げた。アレクサンダー・ヴェントを含む政治学者たちの独裁体制から民主的政府への移行についての研究は、社会構造や国際社会によって付与された優先順位を決定する際の人々が持つ価値や理想の重要性を明らかにした。サミュエル・ハンティントンは、さらに、「移行期正義」に関する枠組みを統合して、民主的変化に内在する政治過程の調査を行った。問題は「起訴と処罰」対「容赦と忘却」になり、これにより、紛争終結国は民主化の過程へと移行できる、という。[5]

移行期における民主化への課題はさまざまである。たとえば、民主化の進展を妨げないで過去を清算すること、紛争解決におけるすぐれた司法制度を発達させること、賠償すること、そしてさらに記念碑を建てることや、癒されない国民の歴史的記憶におけるトラウマや文化的欠陥を改善するような教育カリキュラムを開発することなどが挙げられる。

司法により起訴され、処罰を受けることが分かっている場合、独裁者たちに彼らの権力を引き渡すよう説得できるのかという点において、「移行期正義」は疑問視されてきた。この文脈の中でモニカ・ネイルパ（Monika Nalepa）は、新しい政府が前支配者の悪事への関与に関する説明責任をどのように果たすのかという問題を調査し、それがうまく有効に機能した例を研究した。彼女がいくつかの国において発見したことは、新しい政府が完全に権力を把握し、前独裁者の処罰を主張することを控えると、ある意味で「移行期正義」を成功裏に実現したとのことであった。そのうえ、「移行期正義」の過程で恩赦を与えることによって、「移行期正義」を成功させる可能性を増やす傾向があったと分析した。[6]

人権侵害の予防

「移行期正義」は、一九九〇年代に世界のさまざまな地域で起こった大量虐殺をやめさせたいと願う国際市民社会の声を反映して、注目された。法的・刑事的訴訟を通して旧独裁者や専制君主によって犯された深刻な犯罪や広範な人権侵害に対処するための手段として次第に考えられるようになり、人権に対する世界共通の認識は「移行期の正義」のプラットフォームになった。一九九〇年代、「移行期正義」の分野は、人権侵害や深刻な犯罪の加害者の説明責任をどのように取り扱うかという過程と法律を定義する弁護士や法律の専門家に独占されていた。それゆえに、「移行期正義」は人権活動と人道法強化への試みとして二つの領域に集中した。対処の仕方は犠牲者にとっては非常に不公正になりがちであった。移行期正義の枠組みの発展は、民主活動家と駆け出しの民主主義国家を支えようとした政府内の支持者からの努力によるものであり、結果として、国際的な人権のコンセンサスと同水準の倫理的・法的な義務に至らしめた。

　移行期正義の発展における特筆すべき革新は、真実委員会の台頭であった。一九八三年のアルゼンチンに始まり、一九九〇年はチリ、そして一九九五年の南アフリカで開催された真実委員会がもっと

5　Samuel P. Huntington, *The Third Wave: Democratization in the Late Twentieth Century*, University of Oklahoma Press, 1991, p. 211.

6　Monika Nalepa, *Skeletons in the Closet: Transitional Justice in Post-Communist Europe*, Cambridge University Press, 2009.

も有名である。ラテンアメリカとアフリカにおける過渡期の社会で出現した真実委員会は、すぐに「移行期正義」のシンボルになった。近年、アジアや東欧では真実和解委員会への提案がなされている。おそらくこれらの「移行期正義」は早晩、中東地域にも設立されるだろう。

和解と地域共同体再建のための正義

和解の定義について完全な同意はないかもしれないが、紛争終結国における和解達成の重要性は、多くの研究者や実務者によって強調されている。そこには、和解は信頼関係の再建において重要な役割をするという一般的なコンセンサスが存在する。[7] さらに、特に論争や紛争を仲裁する伝統的な慣習がある場合においては、地域共同体の再建や信頼醸成のための現地の有効な機関や手段が使われるべきであると指摘されている。より多くの手段の合法性や地域機関の容認によって、現地の当事者意識や参画意識や持続可能な解決のための機会を得るだろう。[8] ルワンダと東ティモールで筆者自身が遭遇したことだが、外国からの研究者や実務者は、正義がどのように地域社会で受け入れられているのかということや、地元の人々がどのようにそれを取り扱っているのかということを、ほとんど理解していないことがある。ストラウス（Straus）やキレスベーグ（Kiresberg）が指摘するように、ルワンダの「ガチャチャ」裁判（草の上の裁判の意）と呼ばれる地域共同体の司法過程は調停を迅速化させるだけでなく、公的な司法過程よりもよりよく相互信頼を築くことができると当初は思われてきたが、最近になって地域共同体として向きあうのに効果を発揮した反面、告白と和解から信頼性の欠ける判決や不正義を多数生み出すようになってしまったとも判断されるようになった。[9]

ルワンダ国際刑事裁判所と違って東ティモールでは、刑事裁判は国内法廷で国内外の裁判官グループによって実施された。法廷の掛け合わせの性格は地元の人々による当事者意識、参画意識を高めた。ジェームス・レイ（James Rae）が指摘するように、「移行期正義」を請け負ったこのハイブリッド法廷は、新しい国家をゼロから再建する取り組みに有益な影響をもたらしたと言えよう。[10] また、アンドリュー・スチャップ（Andrew Schaap）が説くように、冷戦終焉以降、和解の概念は絶え間なく続いた政治的暴力によって分断された社会における政治的会談の中心用語として浮上してきた。しかし政治的和解には、過去の過ちを認めるのを促すだけのものとは異なる対処の仕方が必要になる。スチャップは、もし我々が政治的和解について話すつもりなら、以前とは完全に異なる方法で、論争的

7　Joanna R. Quinn, ed., *Reconciliations: Transitional Justice in Post Conflict Societies*, McGill Queens University Press, 2009.

8　Naomi Roht-Arriaza and Javier Mariezcurrena, eds., *Transitional Justice in the Twenty-First Century: Beyond Truth versus Justice*, Cambridge University Press, 2006.

9　Scott Straus, "Origins and aftermaths: The dynamics of genocide in Rwanda and their post-genocide implication" and Louis Kriesberg, "External contributions to post-mass-crime rehabilitation," in Béatrice Pouligny, Simon Chesterman and Albrecht Schnabel, eds., *After Mass Crimes: Rebuilding States and Communities*, Tokyo: United Nations University, 2006, pp.122-141, 243-271. Bert Ingelaere, *Inside Rwanda's Gacaca Courts: Seeking Justice After Genocide* (*Critical Human Rights*), Madison: University of Wisconsin Press, 2018.

10　James Deshaw Rae, *Peacebuilding and Transitional Justice in East Timor*, First Forum Press, 2009.

にというよりも復元させる行為として考える必要があると主張する。[11]

紛争終結後社会の平和構築と民主化のための正義

「移行期正義」は徐々に紛争終結社会の変容や平和構築、民主化には欠かせないものとして考えられるようになった。平和構築は紛争の根本的原因への取り組みとして考えられているので、「正義」とは独裁的支配の間におきた不正や悪事に対処したり是正したりするための最上の手段であると解釈されている。「移行期正義」の支持者たちは、この方法が和解およびあらゆる人権侵害の再発を予防するのに絶対に必要なプロセスであるとさえ思っている。しかしながら刑事裁判や賠償そして真実委員会を含むさまざまな手段を組み合わせた実証研究に基づいて、「移行期正義」のプロセスが社会の民主化に必ずしも貢献したとは断定できないとの結論に達した。[12]

「移行期正義」は過去からの過渡期における役割であると考えられていた一方で、その概念はだんだんと大局的な見地としてもみなされるようになってきた。それは回想的な状況から、主な目的のひとつである民主的統合の予期的状況に対する包括的な実験を含んでいる。そして、民主化についての研究者や実務者は、移行期正義の枠組みは、国家の指導者や人々が過去の傷を癒すこと、説明責任を果たすこと、刑事免責を達成すること、国家や市民社会間の関係を再構築することだけでなく、政府の民主的規範や基準を創ることもするべきだと考えるようになる、ということである。ルティ・ティテル（Ruti Teitel）も、このプロセスは学際的対処の仕方および歴史的評価が求められていて、単に与えられただけの処罰の欠陥を改善するための新しい規範的概念を含んでいると指摘する。「移行期正義」は合法的・立法的領域における、より革新的な対処の仕方を含んだ大局的見地を必要とすると言えよう。[13]

サミュエル・ハンティントンは、政府の民主的機関を新しく建設するために、「移行期正義」の意義をうまく要約した。彼によると恐ろしい犯罪や甚だしい人権侵害の加害者は起訴され、処罰されるべきである。起訴は、民主的価値および規範を信じる市民のための主権を確保するために必要であると主張した。信頼と公正がそれを求めており、起訴することは被害者やその家族へ対する倫理的義務であり、民主主義は法に基づいていると説いた。そのために、起訴はさらなる人権侵害を抑止するために不可欠であり、民主化システムを確立することも不可欠であるとした。

興味深い点は、ハンティントンはまた、民主主義制度を構築するにあたって、修復的司法に否定的な見解も述べていることである。民主主義は和解を基礎に置くべきであり、民主化のプロセスは過去の惨事への報復はないという理解が基になっている。過去の支配者とその反対勢力は両方とも、甚だしい人権侵害を犯しており、独裁政府の罪は、当時のより悲惨な弊害から国家を守るためだと正当化

11　Andrew Schaap, *Political Reconciliation*, New York: Routledge, 2005.

12　Hugo Van Der Merwe, Victoria Baxter, Audrey R. Chapman, *Assessing the Impact of Transitional Justice: Challenges for Empirical Research*, US Institute of Peace, 2009.

13　Ruti G. Teitel, *Transitional Justice*, New York: Oxford University Press, 2002.

される傾向がある。紛争や戦争時における行為は多くの人々や社会のグループで共有されるべきであり、新しい民主主義を確立するためには恩赦が必要であると説いた。

ハンティントンによると、過去の独裁者が犯した罪の起訴に関するこれらの肯定的または否定的な主張はあまり意味がなく、実際に何が起きたのかということが、倫理的・法的判断の影響をほとんど受けないという事実を反映していないという。これは政治的判断によって決定されるべきことであると説いた。[14]

東ティモールにおける「移行期正義」

インドネシアとの独立闘争終結後に、東ティモールで恒久的な平和と安定性を成し遂げるための平和構築には一〇年以上もの年月がかかったことは事実である。民主的統治形態の政治、文化、挙国一致の結束を成熟させる過程に時間が必要だったのである。またこれは、個人的な利益よりも国家の利益を優先する国家の指導者たちが台頭し、ものの見方や考え方が変革されたことを示唆し、それが紛争への逆行を防ぎ持続可能な開発に着手するために必要不可欠であることを証明した。持続可能な平和構築を志す指導者たちは、究極的には正義と平和を達成するには真実を確立し和解を成立することが優先されるべきであるという結論に達したのである。

近年、紛争終結国における平和構築の究極的な成功は、信頼や公正、紛争後の和解達成、それらの国々における法の支配の強化に依存するという見方が高まってきている。[15]同時に、西洋的民主主義における法の支配、規範および基準の具体化は、紛争終結国における現地の慣習と政府の状態を正当に考慮することなしに、押し付けることはできないと指摘されている。[16]これらの意見に反応してコフィ・アナン事務総長は、国連の役割は国家構造のための国際的な代替機関を設立することではなく、紛争終結国における国内司法組織や「移行期正義」の国内協議の運営能力を確立し、法の支配を強化することであると指摘し、「正義、平和、そして民主主義は互いに相容れない方針ではなく、むしろ互いに補強し合うものである」と強調した。[17]「移行期正義」のメカニズムは、真実委員会や合同の刑事裁判所、国際裁判所、そして今や国際刑事裁判所と、法と秩序の専門的施行や公平な正義を遂行す

14　Samuel P. Huntington, *The Third Wave: Democratization in the Late Twentieth Century*, University of Oklahoma Press, 1993, pp. 211-215.

15　Simon Chesterman, "Justice and Reconciliation: The Rule of Law in Post-Conflict Territories," *You, the People: The United Nations, Transitional Administration, and State-Building*, New York: Oxford University Press, 2004, pp. 154-182. Neil J. Kritz, "The Rule of Law in Conflict Management," in Chester A. Crocker, Fen Osler Hampson and Pamela Aall, eds. *Leasing the Dogs of War*, Washington D.C.: United States Institute of Peace Press, 2007, pp. 401-424.

16　タンジャ・ホーは、東ティモールのディリにおいて二〇〇二年一二月に起きた暴動の主な理由の一つは、国際社会が国家的なレベルで西洋的な制度を確立することにのみ関心を集中させたことにあると断言している。Tanja Hohe, "Delivering feudal democracy in East Timor," Edward Newman and Roland Rich, eds., *The UN Role in Promoting Democracy: Between Ideals and Reality*, United Nations University Press, Tokyo, 2004, p. 303.

17　United Nations, *Report of the Secretary-General on the Rule of Law and Transitional Justice in Conflict and Post-Conflict Societies*, UN document S/2004/616.

るという意味での法の支配を含んでいる。

国連や他の組織は理論を実践し、紛争終結国におけるさまざまな「移行期正義」プロセスや、平和構築を達成するための法の支配の実現を支援しているが、それらの取り組みは、実践において成功する度合いに差があった。安全と正義に関して成功裡に運んだものもあれば、一方では、不正と危険性を解決できなかったものもあった。東ティモールの経験では今までのところ、信頼と正義、安全を確立する手段を賢明に組み合わせることは、和解と平和を達成するのに極めて重要である。「移行期正義」のメカニズムは特定の社会の――つまり政治的、社会文化的、そして社会運営上の――必須条件に適合するように、適切に発展させなければならない。その鍵となる国内の指導者の完全な関与や国際社会の強い支援は、セキュリティや法の執行機関である司法部の制度的能力を確立するにあたって必要な、法の支配の確立・維持に不可欠である。さらに言えば、どんな国々でも正義と法の支配を自覚するためには、他の制度や選挙過程を含む民主的統治のプロセスを、同時に強化することが極めて重要である。この状況では、「移行期正義」のメカニズムや、国連が東ティモールにおいて確立することを支援した法の支配のための組織準備がどのように機能しているのかを評価することと、一九九九年以来過去数年の出来事からの教訓を検証することが重要である。

第一段階として、東ティモールにおける紛争のコストについての実際のデータを元にした概観を作ることが必要である。一九七四年から一九九九年までの二五年間、二〇万人という数の人々が、暴力や紛争に関連して亡くなったと見積もられている。一九九九年には独立のために国民の五分の四近くが決定した民衆会議を国連が行う前後に、約一四〇〇人の市民が殺された。その時から、東ティモールは政治的独立を取り戻し、二〇〇二年に国連に加盟した。民主的政府の基本構造は国連東ティモール暫定行政機構（UNTAET）の強力な誘導の下に確立された。しかし、国家機関は脆く未発達なままであり、二〇〇二年一二月と、二〇〇六年四月に再び起きた反政府勢力のデモを平和的に対処できるほど確固たるものではなかった。二〇〇六年四月のデモは暴力に発展し、国民軍（F-FDTL）と国家警察（PNTL）間の軍事衝突の結果となった。そして三四人もの命が失われた。

事件の真実を見つけ出し、人権侵害が行われたことに対する説明の手段として、一九七四年から一九九九年の間に行われた人権侵害に対処するために、また二〇〇六年四月、五月の武力衝突に伴う信頼と公正の確立と同様に法と秩序を保つために、国連と国内当局は、いくつかの制度的メカニズムを創りあげた。すなわち、受容真実和解委員会（CAVR）、重大犯罪法廷（SCP）、専門家委員会（COE）と真実友好委員会（CTF）であった。この独立を達成するまでの二五年間に行われた人権侵害に対処するために設立された、東ティモールの「移行期正義」の組織とその成果の意義を再検討してみよう。

「人間の安全保障」への新しい脅威が深まる中で、平和構築に関する国際的な理論は、平和構築の試みの主要な分野になり、グローバル・ガバナンスにおける正義の重要性に大きくインパクトを与えたと言えよう。国際規約に基づいて、人権侵害の加害者の責任を追及したいという国際社会の期待感はますます大きくなったが、現地の慣習や価値観と衝突を起こすようになった。

国際社会において、人権活動家の懸念は、平和構築政策立案者や国際刑事裁判と国家の司法制度、真実和解委員会の設立のための土台となった。独裁政治や抑圧の後、新しく作られた民主政権は、深刻な人権侵害の問題への対応に当たって国家の和解の精神に従う傾向にある。そして、被害者と加害者双方に真実に直面させ、和解を成し遂げるという究極の目的のために彼らに何が起こったのかを語らせるため真実和解委員会が設立される。被害者は彼らがどれほど苦しめられたかを語り、加害者を特定し、加害者は逆に彼らの過去の行為を認め、被害者や被害者の家族の前で懺悔と許しを乞うのである。

一九七一年にバングラデシュで創設され、アルゼンチンで発展した真実和解委員会は、紛争後の社会にまだ蔓延する紛争によって起こされた苦しみとトラウマを克服するための新しい手段となった。委員会は以来、紛争後の社会において過去の過ちを悼み、紛争による心理的な傷を集合的に癒す新しい方法として採用され、国民の間で恩赦としての性格も有した。このプロセスの主な目的は起きた犯罪についての真実を明らかにし、精神を浄化して、国民あるいは国家の和解を支援することであった。歴史的な必要性のため、真実和解委員会は過去の紛争についての最も重要な事実を公表し、より政治的な観点から、個人的、集合的贖罪のプロセスを進めるために設立されるのである。

この和解プロセスは四つの手段で構成される。すなわち（1）真実の特定、（2）記憶の回復、（3）起きた犯罪の判決と、（4）同様の重大な犯罪の再発の防止、である。被害者は、有罪となった犯罪事実に責任を持つものすべての個人の供述の聞き取りに参加する。続いて委員会は経緯と原因を審理し、加担した当事者それぞれの政治的、道義的責任を確立する裁判を行う。自発的な告白を通じて、犯罪加害者は恩赦を要求でき、自らの意思に反する暴力を行った者と自ら罪を犯した者を区別するものである。過去の真実を直視し和解への努力から徐々に平和構築の新たな理論が生まれてきたが、それは国家制度と国家のアイデンティティの構築の重要性を強調する傾向にあった。

真実和解委員会は、紛争の原因を分析するのに主要な役割を果たし、現地や支援の専門家がより根本にある原因に取り組み、紛争の再発を防ぐための手段を講じる助けとなり、委員会は社会不安を起こした歴史的、政治的、社会学的、経済的な要素を分析する。平和構築の理論の一つによると、真実和解委員会は、例えば南アフリカにおいて平和を構築する全体的なプロセスにおいて最も重要な役割を示してきた。一九九四年一一月、南アフリカで新政府は団結と国家の和解のための法案を国会へ提出した。法案は恩赦を規定していたが、恩赦の供与は犯罪加害者が罪を認めることを条件とするものであった。モデルとして考えられているこの手段はルワンダのガチャチャ裁判（草の根裁判）のように他の国々で取り入れられた。

真実和解委員会は、深い分裂によって特徴づけられる社会における生まれたばかりの民主的ガバナンスのための基礎計画を立てることを可能にするので、委員会を民主主義に向かう道の重要な道標として考えることができる。包括的な任務を通じて、それらは民主制度と法の支配の構築への強いインセンティブとなりえるのだ。ハイチのように三、四年程度の短い期間の調査を行う委員会もある一方で、チリやドイツ、南アフリカのように数年、あるいは数十年にわたって続けるものもある。委員会がチリや他の国々における何千件に及ぶ権力の乱用のケースを文書にしてきたように、その歴史的な役割と国家構築プロセスにおける回想には関連性がある。

南アフリカや他の国々での成功にも関わらず、法務専門家たちからは戦争での過去の苦しみを克服する手段として真実和解委員会を支持する理論に反対する多くの批判がみられた。紛争へとつながった対立と原因を再現する以外に、和解なしに真実を確立する、あるいは事実なしに和解を確立するリスクに関して課題がいくつか明らかになったからである。その目的を果たすために、真実の確立と和解の確立の両方のプロセスが不可欠である。行動の真実の発見は必ずしも真の和解にはつながらない。南アフリカの例だと、委員会は特定の事実における真実を確立することには成功したが、国家としてのより大きい全体的な和解の目的を果たすのには、短期的には失敗することもあった。よく議論されるように、真実和解委員会はまた、分裂と怒りの原因としてみなされてきた。それに対して批判的な者、称賛する者の間の新しい政治的な溝を広げるからである。

もう一つのリスクは、委員会と生まれつつある国家の司法制度との間で生じる対立の可能性である。例えばシエラ・レオネの場合のように、真実和解委員会が時として正式な司法制度の能力を侵犯する可能性もある。ここでの主なリスクは、法律が政治の代用となる環境を生み出してしまうことにある。時には報復の正義の上に築きあげられた国際対処の仕方と、和解を望む国家の対処の仕方の間での差異が生じることもある。この点で、真実和解委員会の最も論議を呼ぶ点は恩赦の供与である。恩赦はすべての国々で行われるものではないが、委員会の審理が最も徹底しているとみなされている場合においては、それは際立っていた。結局は、ある種の恩赦は委員会が真実を確立し、国家の和解を成し遂げるために必要な条件であったように思われる。これはティモールの指導者たちが東ティモールとインドネシアの間の真実友好委員会（CTF）の設立のためのサポートを国連に要求したときに問題となった。国連法務部と人権高等弁務官は、この合意から自分たちの行いを告白したものに対しては訴追を免除する条項が取り除かれないなら、真実友好委員会への支援を拒絶するとした。これは東ティモールとインドネシアにとっては受け入れ不可能な要求であった。紛争期間中の過去の過ちの事実の暴露が訴追や裁判につながらない場合のみ、真実と和解プロセスの実現が可能であるからである。真実友好委員会は司法プロセスとしてではなく、国家のガバナンス制度に対する国民からの信頼を再構築するために真実を確立し、和解を成し遂げるための基本的なツールとして考えられるべきである。そのときに平和構築活動の目的を十分に果たすことができ、そして東ティモールのような紛争後の国におけるこれらの委員会に与えられた重要な役割を説明することができるのである。

重大犯罪の歴史を編纂するという同時進行の作業によって、被害者は彼らの苦しみや安堵を表現することができ、犯罪者は何をしたのかを告白し、贖罪を要求することができるのである。真実と和解の始まりに続いて現れた理論は、革新と報復の正義を強調した初期の対処の仕方から離れることによって形成されてきたと言える。それはすべてのこのプロセスに関与した地域共同体や国家が、人権の大規模な侵害の再発を予防する方法を見つけるということを念頭に置いて、感情や報復を克服するための自尊心を得ることを可能にしたのである。しかし、真実と和解プロセスは国家レベルだけではなく国際社会全体で取り組まれる必要がある。人権や法律の専門家は、国家や地方の指導者の行動に関して説明責任が確立されなくてはならないグローバル化された社会の一部としての国家内における大量虐殺に対処できる理論と対処の仕方を展開する必要性を感じはじめた。言いかえれば、彼らは免罪の文化は報復の正義の適用を通じて体系的に根絶させられる必要があると考えたのである。これは真実と和解の間だけでなく、真実、正義と和解の間の関係についての議論となり、これらの三つの理想は紛争の結末を解決するための相反する手段というよりも、むしろ補完的な手段であると考えられるべきなのである。

第2節　人権と法の支配

一九九四年にエクアドルのホセ・アヤラ・ラソ（José Ayala Lasso）氏を第一人権高等弁務官として任命するのにともなって、国連憲章や世界人権宣言で掲げられている人権のような普遍的な規範や価値が根付きはじめた。国連憲章や世界人権宣言に支えられ、高等弁務官は国連組織の中で柱となる機関を構築しはじめ、高等弁務官は国際社会の中で人権問題の優先順位を上げることによって国連事務総長の立場を強化し、人権委員会に国家におけるデリケートなケースを持ち込んだ。この役職の設立は紛争後や国家機能の回復過程にある国々おいて、平和維持活動ミッションの人権部門の必須要素である人権、危機管理、そして国家組織と人間の能力開発のための援助の間の密接な関係の育成を可能なものとした。一九九五年のラソ高等弁務官のルワンダ訪問と二〇〇二年のメアリー・ロビンソン（Mary Robinson）高等弁務官の東ティモールのスアイ教会への訪問は、国際社会の人権保護に対する真のコミットメントを反映していたと、同席した筆者は感じた。高等弁務官が訪問したルワンダと東ティモールに赴任していた筆者は[18]、国連加盟国によって人権問題がますます重要視されてきたことを感じた。高等弁務官事務所は当初、主に一九九四年にルワンダで発生した大量虐殺に関する事実と統計を確立するためだけのものであった。しかし、二〇〇〇年代初期には国連平和維持ミッション、国連東ティモール暫定行政機構（ＵＮＴＡＥＴ）と国連東ティモール支援団（ＵＮＭＩＳＥＴ）の一貫した事業として人権問題を進めるのに積極的になり、またティモール国家委員会が受容真実和解委員会（ＣＡＶＲ）に関する二〇〇六年の最終レポートを発表するための支援を行った。

そして、二〇〇〇年代中期、人権問題はミッションにとってますます重要になり、多面的な平和維持ミッションの構造において核となる要素となった。大規模な人権侵害はますます民族紛争や他の紛争、そしてそれらの根本にある原因の結果であるようになってきた。この現実によって、国連は最も

18　一九九五年は、筆者はルワンダで常駐調整官をしていた。一九九七年にアイルランドの前大統領メアリー・ロビンソン女史がホセ・アヤラ・ラソ氏の後任となった。二〇〇二年には筆者は国連事務総長特別副代表を務めており、筆者はロビンソン女史とともに東ティモールのスアイ教会を訪問した。

主要な平和維持活動の切り離せない一部として人権問題に取り組まざるを得なくなった。二〇〇二年一一月、平和維持活動局と国連人権高等弁務官事務所の間で締結された予備的合意書は、平和維持活動の中で人権部門がどのように機能すべきかを規定した。合意書は、中でも特別代表と国連人権高等弁務官事務所への二重の報告義務を規定し、すべての関連する国連システムの発動において、人権問題を統合できるようにした。実践レベルでは、平和維持活動における人権関連活動を計画する初期に人権専門家を従事させることで、平和維持ミッションにおける人権活動の効果的で十分な統合と平和維持ミッション撤退後の持続可能性がより現実的になった。

国連改革の一環として、二〇〇四年から二〇〇五年にかけて一致協力して人権侵害に対応するために人権委員会を人権理事会に昇格させる大規模な試みが行われた。二〇〇六年に国連人権理事会が発足すると、ニューヨークタイムス紙は「国連の恥」[19]というタイトルの批判的な記事を掲載し、人権を侵害しているスーダンやサウジアラビアのような国々が理事会で席を与えられていると嘆いた。しかし、理事会はいくらかの改善を行った。人権理事会が講じたとりわけ積極的な手段は四年ごとに定期的に各々の国連加盟国の人権状況を評定する世界的な見直しであった。国連システムのなかで、加盟国がその義務を遂行しているかどうかを体系的にそして定期的に調査するために策定されたものという点でユニークであり、より幅広い国際法務理論の革命的発展であった。

国連における人権政策の進化とともに、国連戦略の核となる部門として法の支配が出てきたことで、紛争後の平和構築への対処の仕方にパラダイムシフトが起こった。法の支配の崩壊が新しい紛争の主な原因として認識されており、国家の平和構築努力をサポートするために一貫した方法でこれに取り組まれなければならない。一方で、各々の紛争後の状況は特有なもので、そのため画一的な対処の仕方で取り組む必要がある法の支配において課題を生んだ。例えば、司法におけるプロフェッショナリズムと組織能力の欠如や、政治・安全保障関連の指導者たちが危機の際、正義の原則を無視する傾向等があった。加えて、人権の侵害における免罪の文化の根強さが、法と秩序を維持する責任を持つ機関の改革において大きな問題となった。このため、国連の立案者や戦略家たちが平和維持や平和構築ミッションの任務において根幹となる要素として法の支配に関する政策を組み入れることとなった。一九九〇年代中期から、国連加盟国は法の支配条項を組み入れる必要性を審議し、紛争後の国家における国連統合ミッションの任務の中に、武装、武力行使の再発を避ける手段として法の支配を含める必要性に関してコンセンサスを得た。

国連の統合された平和活動は、国家社会の正義と安全保障戦略の作成と遂行を通じて徐々にその任務の中に法の支配に関する支援を含めるようになった。それらは警察や司法機関、矯正機関等を含むその他の法の強制執行機関を強化することを目的とした。二〇〇五年、国連事務総長は、紛争中や紛争後の社会における法の支配の再構築のための国家の努力をサポートするために、法の支配支援ユニットの設立を提案した[20]。これは国連総会から承認され、平和構築支援事務所にとっての貴重な資源と

19　New York Times, *The Shame of the United Nations*, February 26, 2006.

して業務を行うことを委任された。そして統合平和維持ミッションに法の支配支援ユニットが創設され、リベリアと東ティモールでは、特別副代表はこれらの国々における法の支配を強化するために策定された運営活動に責任を負うことを委任された。[21]

二〇〇八年、国連事務総長が法の支配の強化と調整に関する報告書を発表した。[22] それは「(国連)組織の目的であり、そのゴールを達成するための手段」として国連の法の支配活動をサポートする必要性を提言していた。レポートは特に国家レベルで、法の支配の支援を導く幅広い原則政策の枠組みをサポートする国連の努力を強化する必要性について述べた。最後に報告書は、法の支配の支援を平和構築と開発における国家の展望の中心とすることの重要性を認識する指針を構成しており、東ティモールにおける国連平和ミッションの場合のように、紛争後の国家における法の支配の強化が最も重要であるという考えを確立した。

第3節　平和構築における民主主義化の動向

民主化プロセスにおける国連の役割

二〇〇〇年代初期までに民主主義は国連加盟国のほとんどによってガバナンスの最も望ましい形であるとみなされるようになった。例えば、一九九七年には自分たちを新生・復興民主主義国家であるとする国連の加盟国一三か国が、民主主義は世界的な潮流であり、政府の民主制度は人類が直面する政治的、経済的、社会的な問題の持続する解決のための自由の枠組みを確立するための最善のモデルであると強調した。人権、司法改革、政党、グローバル化、権力分散化、説明責任と透明性、選挙、性差別、市民教育、メディアの役割のような課題を認識して、新生・復興民主主義は国連や他の国際組織、そして、ドナー国家に彼らや新生国家に援助を提供するよう呼びかけた。

国連が中心となる民主主義への支援の要求は、国際社会において大々的なサポートを得た。その中で、平和構築理論は、紛争の根本にある原因に取り組み、持続可能なガバナンスと開発を確立するためのツールとして段階的に民主的ガバナンスへ正式に統合されることによって、成熟していった。そして、国連にとっては、自由で公正で信頼のおける選挙、権力分立の原則、正義と法の支配、人権の尊重、経済的な成長、資産の平等分配、そして人間開発と尊厳等の原則に基づいた国家のガバナンス組織の設立を通じて民主的ガバナンスを実現するための援助の形式を育成することが必須となった。

20　コフィ・A・アナン「より大きな自由を求めて――すべての人のための開発、安全保障および人権」国連事務総長レポート（国連文書 A/59/2005）、二〇〇五年三月二一日、パラグラフ137。

21　リベリアではガーナ人のヘンリエッタ（Henrietta Joy Abena Nyarko Mensa-Bonsu）女史が二〇〇七年八月二十二日に法の支配特別副代表として任命された。東ティモールの場合は、二〇〇六年に始まった統合されたUNMIT平和ミッションの一部として、二〇〇八年九月二日に、日本の川上隆久氏が治安部門と法の支配担当の特別副代表に任命された。これは紛争後の国々での持続する平和を維持するための法の支配の重要性が大きくなってきたミッションの構造におけるシフトを示している。

22　「法の支配のための活動の強化と調整」国連事務総長レポート（A/63/226）、二〇〇八年八月六日。

二〇〇五年に引退するまで二〇年もの間、国連とUNDPでガバナンスに関する主席アドバイザーとして活躍したシャビーア・チーマ（Shabbir Cheema）氏は、ガバナンスは単に政府というものではなく、どんな社会にも存在する複雑で普遍的な力であると提言した。そして以下のように定義した。

ガバナンスとは中立的なコンセプトであり、市民やグループが自分たちの利益を規定し、彼らの権利と義務を実行し、そして彼らの違いを調停するための複雑なメカニズム、プロセス、関係、そして制度を構成している。優れたガバナンスとは集合的問題に対処するための資源の分配と管理に対応する。それは参加、透明性、説明責任、法の支配、効果性、平等性の原則と戦略的なビジョンで特徴づけられている。チーマ氏は、人間開発と人々の自由と尊厳を促進するための手段として民主主義の拡大と充実を要求する『人間開発報告書二〇〇二』の著者によって提言されてきた民主的ガバナンスと開発との関連性に言及した。二〇〇五年の世界サミットのために国家元首と政府がニューヨークで会したときまでには、民主主義は、彼らの政治的、経済的、社会的、文化的システムを決定するために自由に表現された人々の意思と彼らの生活の全ての面における参加に基づく普遍的な価値として支持されるようになっていた。しかし、国家元首と政府はまた、さまざまな国家や人々の間に存在する違いを認識して、民主主義には共通の要素があるが単一モデルは存在しないことを再確認した。同意できることは、民主主義や開発とすべての人権や基本的自由の尊重は相互依存しており、相互に支えあっているということであった。民主主義の充実に対して与えられるサポートに関しては、世界の指導者たちは民主主義の原則と実践を実行するための国家のキャパシティを強化することによって民主主義をサポートすることに対する彼らのコミットメントを確認し、加盟国の要求に応じて彼らをサポートする国連のキャパシティを強化することに同意した。このため、彼らは国連における民主主義基金の設立を歓迎した。そして国連事務総長は民主主義基金のための実質的なアレンジをするよう依頼され、加盟国は基金に貢献するよう奨励された。

国連は、法の支配と複数政党システムの西洋的な概念化を踏襲しながら、国内紛争や内戦から生まれてきた国々において、ますます民主的ガバナンスの強化に従事していった。しかし、外部者の構造を埋め込むためにデザインされたある種の活動と手続きは、時には現地の環境に適さなかった。エドワード・ニューマン（Edward Newman）は、一九八八年と二〇〇二年の間に政治制度構築部門を伴う国連平和維持ミッションを経験した一八の国のうち一三か国は二〇〇二年の時点で独裁体制であったと分類されると判定した。ローランド・リッチ（Roland Rich）とエドワード・ニューマンは著書の序章で、民主主義の促進における国連の存在意義を再述している。[23]「民主主義」という言葉は、結局、国連憲章には現れてこない。一方で、国連憲章の序章で述べられているように、理論と実践において確立された後には、民主主義と国連の主要三目的の間には、正義と基本的人権を尊重するために必要な環境を作り出し、「社会の進展とよりよい生活環境をサポートするため」の相互依存関係があ

23　Newman, Edward and Roland Rich eds., *The UN Role in Promoting Democracy: Between Ideals and Reality*, United Nations University Press, 2004.

る。それゆえ、民主主義を促進する国連の役割の法的な根拠に関しては、疑問の余地がある。国連憲章は、国連はその加盟国の国内事項には介入ができないと規定しているのにも関わらず、どのような法的根拠で国連がこの分野で活動できるのか？ この役割を果たすための国連の合法性は主にその人権保護責任に関連している。一九四八年世界人権宣言の第二一条は、どのような権力機関が構築されるかは人々の意思に基づくものであり、その意思は定期的に行われる選挙によって表現されなくてはならないと明言している。この民主主義的基準はその後一九六六年に市民的及び政治的権利に関する国際協約を採用する間、国連加盟国の義務事項への誓約へと進化していった。

しかし、民主化が紛争後社会で試みられるとき、安全保障理事会から出される民主化の任務はどのように形成されるのか？ そこには、どの国が立案者で、これらの任務が貢献する本当の目的は何か、あるいはそれらはどの法体系に基づいているのかなど、任務の形成に影響を与える政治的、法的要素がある。これらの要素はその後、対象国で民主化の任務が遂行される方法に直接影響を与える。サイモン・チェスターマン (Simon Chesterman) は紛争後社会における民主主義の構築における国連の役割に対して懐疑的である。[24] 国連は国際的な民間スタッフの存在を維持し、与えられた期間ある種の貴族政治（暫定政府）を対象国に押し付けると考え、疑問を投げかけた。現地の活動家との協議を十分なレベルに確保するための国連のキャパシティと意思、そしてこれらのミッションに従事する国連スタッフの責任のレベルという問題である。チェスターマンにしてみれば、国連スタッフが現地の利益を尊重しつつ、現地における正義と透明性の民主主義原則に矛盾しないよう行動するようにすることは困難なのである。

最終的には、国連が行う民主主義に対する援助活動の成功は、民主化の国際的な面に負っているのである。民主化はとくに国家の政治的、経済的状況が望ましいかどうかのような国内の要素に負うところが大きいということは十分に理解されてきた、しかし、民主化プロセスはまた外部の国際的要素にも大きく影響を受けるのである。例えば、国連のような国際機関やさまざまな地域機関が、加盟国の民主化において議論の余地がない役割を果たす。それゆえ、ここで問題としている地域的な課題に関する新しい理解を説明するためには、民主化に関する理論的前提条件を見直さなければならないのである。エドワード・ニューマン（Edward Newman）は民主主義を促進するその事業における国連の利点と限界の包括的な分析を行っている[25]。ニューマンによれば、国連は、政府、ＮＧＯや地域組織のような他の参加者とともに民主化の国際努力に参加する複数の活動家の一つにすぎない。国連の利点のうち、ニューマンはとりわけ優れたガバナンスの促進と人権の尊重を目的とする中立的な活動家としての合法性に興味を持っている。不利な点の中では、当然、行動を起こすためには加盟国の好意に頼らなくてはならないというその組織の政治的な限界を述べている。

24　Simon Chesterman, *You the People*, Oxford University Press, 2004. Simon Chesterman, Michael Ignatieff, *Making States Work: State Failure and the Crisis of Governance*, United Nations University, 2005. Simon Chesterman, Thomas Franck and David Malone, *Law and Practice of the United Nations: Documents and Commentary*, Oxford University Press, 2016, pp. 301-371.

25　Edward Newman and Roland Paris eds., *New Perspectives on Liberal Peacebuilding*, United Nations University, 2009.

安全保障理事会は、紛争後の社会で長期にわたる対立の持続可能な解決策を形成するために政治改革を促進するのに積極的になった。一九八八年—一九八九年のナミビアに関する合意は、国連が何を奨励すべきであるかに関しての焦点がどれほどシフトしたかを示す初めての経験であった。それ以来、この進化は戦争で荒廃した社会における平和構築プロセスで核となる分野となり、同様の試みがなされ、東ティモールで大々的な成功を収めた。

国連の平和活動は社会の民主化プロセスにおける基礎となった。しかし、国連平和構築活動の効果性は、民主的価値と原則が国家社会と現地の地域共同体にどのように受け入れられるかに負うところがとても大きい。国際体制は条約、協約や他の法的手段によって定義された規範や基準を受け入れることを要求していた。

国連にとっては、民主主義の原則を促進するための法的根拠は人権の主要要素として選択の自由を謳っている世界人権宣言（一九四八年）から来ている。紛争の根本にある原因に対応するために、国連平和ミッションの任務の一部として、民主的ガバナンスの考え方を支持することが必要であることは間もなく認識された。この対処の仕方はカンボジア、エル・サルバドル、そしてモザンビークにおいて持続可能な平和を構築するために採用された。実際、国際社会は紛争後の国家において民主的ガバナンスの誕生に適した環境を育成することにより深くコミットするようになった。民主化に関する理論はそれ以来、民主的ガバナンスを含むさまざまな活動の包括的なパッケージを作成することに貢献してきた。それには憲法制定プロセス、国家選挙の開催、社会的サービスを提供するための国家政府のキャパシティの育成や法律を施行するための国会のキャパシティの育成、独立した専門的な司法の構築、民間の社会組織のキャパシティ構築等が含まれていた。これらは、選挙を行うその一番重要な目的としてまず平和維持軍が撤退できるようにその地域での法と秩序を管理する国家政府を確立するために必要で重要な手段であると定義された。しかし、民主化プロセスへの道の狭さは間もなく理解された。選挙で選ばれた国家の指導者たちが往々にして統治を行なうための何の経験もなく、安全保障と公務活動両方において国際社会の援助を必要としたからである。

そのような状況の中、国連の暫定統治下にある紛争後の諸国家は彼らの民主的ガバナンス制度の設立のために提供された国際支援によって恩恵を受けた。しかし、権力の乱用、汚職、不平等、そして広がる貧困等の紛争後リスクの再燃が簡単に全体的な民主化努力を危険にさらすだろう。もし放っておかれたら、多くの紛争後の国家はその地における法の支配の不在から利益を得る妨害者たちの活動の温床となるであろう。民主的ガバナンスの土台を準備するために、国連はカンボジア、ハイチ、コソボや東ティモール等の紛争後の国家で暫定統治を行った。これらの国々において、国民の基本的なニーズを提供するあるいはそれに対応する国家の能力は、ほとんどあるいは全く存在していなかったのである。

民主化プロセスにおける選挙支援の役割

紛争後の国家における国連の役割と活動に選挙への援助が含まれるようになり、国連の専門性の主要な分野の一つとなった。しかし、当初の期待に反して、一九九二年のアンゴラでの場合のように自由で公正な選挙を行うことは紛争の再開を阻止する保証にはならないことが明らかになった。ハイチの場合もまた同様の懸念を生じさせた。さらに、国連が選挙をサポートすることはしばしばかなり高い費用をかけることとなった。アフガニスタンでは、二〇〇四年の大統領選挙と二〇〇五年の国会選挙にはおよそ二億五〇〇〇万ドルかかり、平和構築プロセスにしては高い値段となった。それは当時アフガニスタン政府の国家予算資金のおよそ半分に相当した。選挙にはまた人材と物質的な資源が必要であった。東ティモールにおいて、制憲会議のメンバーが国会議員になった。国連の暫定政府は選挙をもう一度行う時間も資源もないということで国家の指導者たちと同意したのである。

民主化のために選挙に対する援助を行うことに関する問題点は、世界銀行からきたポール・コリアー教授のような非政治的な要素を支持する人たちにとっての主要な争点となった。彼は紛争が再発する重大なリスクを指摘したのだ。これは、国連が主権国家において選挙を組織する役割、選挙の回数、選挙を行う方法等に関して多くの細かな課題を生じさせた。

しかし国連が担うサポート的な役割の成功は、選挙に基づく民主主義の数と割合が世界的にみて上昇してきている理由であることは疑いない。自由で公正な選挙に基づいて形成された今日の政府の数は歴史上で最も多いのである。紛争後の状況において、選挙は合法な政治組織を確立することを可能にする。合法化プロセスは意見の不一致を緩和し、持続可能な平和を構築するために必須である。国連は長年にわたって、選挙を、政府の指導者は弾丸ではなく票によって選ばれるべきであるという基本原則を促進するための効果的な手段とすることに成功してきた。実際、選挙援助に関する主要な課題は、どうやって独裁政治から民主的統治のガバナンスへの具体的な、持続可能な移行を実現するかであるのだ。

国連の関与はまた、とても望ましいものとなっていた。国連のような中立機関のみが「自由で公正な」選挙を保証できるからである。自由な選挙とは、ガバナンスの権力に対する権利を主張するプロセスが透明で、自由競争の下で行われ、選挙の際の深刻な暴力がないということを意味する。一方で、公正な選挙とは選挙戦に関与する活動家たちに、選挙プロセスに参加する機会が平等に与えられなければならないということを意味する。国民は、投票することによって、特定の指導者たちが彼らの国々を統治する権利に対して究極の判断を下すという彼らの主権力を行使する。それは、指導者たちに統治するための合法性を与えるプロセスであり、それなしには彼らが権力の座にいることがますます困難になるのである。究極の意味では、選挙プロセスは参加型ガバナンスの価値を強化することに貢献しているのである。

国の政治指導者のあり方を決定するだけではなく国が今後長きにわたってどのように統治されるかを決定する選挙制度の選択が、最も重要な決定事項の一つである。それは国民の安全保障や彼らの経済的、社会的環境に影響を及ぼす政治的な決定や実行方法に大きなインパクトを与えるだろう。

過去数年間、多くの国々が民主的な形式のガバナンスを採用し、国民が彼らの政府指導者たちを選ぶことができるよう選挙プロセスの役割を強化してきた。選挙は国民が国会での彼らの代表や大統領を選ぶための広く受け入れられてきたメカニズムとなった。選挙は国家レベルだけでなく、現地の政府の役人の任命のために地方や地区でもますます行われるようになった。

選挙が国家の指導者たちを選ぶためのツールとしてますます受け入れられてきたことで、特に国民がそのプロセスになじみがなく、簡単に操られやすい紛争多発国家や紛争後の国家においては、自由で公正なだけでなく、信頼のおける選挙制度を構築することが必要となっている。異なった選挙制度が社会における緊張や紛争を悪化させたり、緩和させたりすることがあり得る。あるレベルでは、少数派グループを代表させることに重きを置く制度と、強い一党政府を奨励している制度の間に対立がある。選挙制度の選択は投票行為が簡単となるか複雑となるかを決定し、必然的に少数派や社会的弱者にインパクトを与えるだろう。他のレベルにおいては、もし選挙制度が公正でないと考えられ、政治的枠組みのために反対派が次回の選挙でも勝てないだろうと考えざるを得ないとすれば、敗者は彼らが使えるどんな手段でも使って、暴力的な戦術でさえも使って、制度の外で戦うしかないと考えるであろう。

選挙制度は最も重要な民主的ガバナンスの手段の一つであるとみなされるようになった。相当な地理的規模と複雑な民族性を持っている国なら、選挙制度は包括的で、多くを代表させ、地理的、性別、そして少数派を代表するために十分な均衡を保つようにデザインされる必要があると考えられるだろう。紛争後の国家において、選挙制度は野党や反対派閥を取り込み、効果的で能力のある国会を設立することを容易にする必要性がある。

国家選挙を行うための国連の支援策

一九九二年、国連総会は国家選挙に対する援助活動をサポートするために選挙支援ユニットを立ち上げた。加盟国の主権を十分認識しながら、国連は政府から選挙への援助に対する書面での正式要請を受け取ったときのみ行動することとした。一九九五年、部に格上げされた選挙支援部（ＥＡＤ）は、国連がそもそも選挙援助を行うべきかどうかを決定する予備評定を行ってきた。その後ＥＡＤはニーズ評定ミッションを現地に送り、提供すべき援助の本質を決定した。他の評定手段が適しているとえられた場合は、正式な評価ミッションが必要ではないとされることもあった。これらの二つの基礎的な条件が整えば、国連事務総長が選挙管理組織とその実行、そして、選挙プロセスの監視と、正当証明と監督を審理した。このようなタイプの活動を行うために、国連事務総長は安全保障理事会か国連総会からの正式な任命を要求した。

筆者の見解では、選挙援助を提供する際、ＥＡＤは慎重に行動し、経験の組織の記憶を維持した。ＥＡＤは他の国連局や機関と協働し選挙援助プロジェクトや平和維持活動を策定、実行した。また現地の選挙の活動に関する専門的で実質的な洞察を必要とする国際選挙監視団の活動をサポート、ときには調整した。国際社会に広く知られているように、国連は東ティモールで住民投票を行い、一九九〇年代にはカンボジア、エル・サルバドル、モザンビークや南アフリカで選挙や国民投票を行う際、中心的な役割を果たした。国連によって提供される選挙援助は有用であることが証明され、加盟国から感謝された。一九八九年から二〇〇五年の間に国連は三六三件の選挙援助のための正式要請を受理し、九六もの国々の選挙援助を提供した。

「選挙制度の選択はすべての民主主義にとって最も重要な制度上の決定の一つである」と民主主義・選挙支援国際研究所（IDEA）が述べたように、特定の選挙制度を採用する決定はガバナンスの枠組みに大きなインパクトを持つ。そのため、より大きな政治的な組織枠組みの主要な要素として、選挙制度の適性が評定されることが不可欠である。選挙制度の基本的な部分は通常、その国の憲法によって定められている。効果的な選挙制度の構造は、憲法によって定義されている政治組織の基礎的な枠組みに対応する。民主的ガバナンスにおいて、理想的な選挙制度は、国の政治指導者たちと国民の主要な懸念に対処することができる。例えば、選挙制度によって、国民は彼らが信頼する指導者たちを選び、彼らの利益に奉仕する代表を国会に送ることができる。さらに、国民が自らの生活に影響を与える基本的な国家政策に変化を生じさせることが望ましいと考えるとき、選挙プロセスによって政府における必要な変化を起こしやすくすることができる。平和構築論者たちは、国際社会が支持する選挙プロセスは政党の指導者と現地の活動家の間の紛争解決を行うサポートとなりえることを認識すべきである。彼らはまた、選挙制度の基礎的な枠組みは憲法で規定されており、システムそのものの中に変更に関する規定があることを期待している。最終的に、国際的な学説によると、深刻な不正行為による公務員のリコール、国民投票、代表民主主義制度を補うだろう実質的な「直接民主主義」となる市民からのイニシアティブを規定する憲法条項がなくてはならないとしている。

選挙制度が形成されるとき、考慮に入れられなくてはならない構造的課題が二つある。第一に、中央集権化の度合い、第二に議院内閣制あるいは共和制の二者択一かその混在かである。立法制度と行政制度の関係は、双方にとっての選挙制度の形成に重大な影響を与える。国会において実質的なサポート体制がない直接選挙で選ばれた大統領は、政府や国会の対処を難しいと考えるであろう。ちょうど東ティモール国会がマリ・アルカティリ首相によって率いられたフレティリン党によって支配されていたとき、大統領シャナナ・グスマンが途方に暮れたように。大統領制民主主義や半大統領制民主主義においては、大統領と国会の役割は違うため、それぞれの選挙制度を選択する際、各々の要素が考慮に入れられなくてはならない。とはいえ、大統領選挙制度と国会のそれは一緒に検証される必要がある。政党の分裂や政党と議員の関係を発展させるか妨げるかに影響を与える選挙を大統領選挙と同時期に行うかどうか、およびその対策は、同時に考慮されなくてはならない。

選挙支援の形式と骨子

国際規準を成し遂げるために、国連と国際社会は選挙援助を提供するが、何が最も適正な選挙援助なのかに関して何の画一的な理解も存在しない。極端な例として、選挙の課題に焦点をおいた既存の選挙委員会内のキャパシティの構築をサポートするための制度強化プログラムのことを考える人もいるだろう。一方の極論として、選挙制度の策定のための複雑な計画に焦点を当てた民主化プログラム、法典の改革、憲法の改正を考える人もいるだろう。これらの二つの対処の仕方は、そのニーズに応じて特定の国で特定の選挙を組織し行う選挙援助の主要分野である。民主主義への移行の成功に欠かせないガバナンスと法制度を整備するときには課題が生じる。民主化に向けて選挙だけに焦点を置く専門的すぎる対処の仕方は、真の変化を起こすためには効果的ではなかった。民主主義構築は複雑で長い時間を要するプロセスであることを認識しなくてはならない。選挙援助を提供する際の国連の役割は、一九九〇年年代を通じて選挙支援部が四〇〇近いリクエストを受理しているという事実によって示されているように、もはや争点ではなくなった。しかし、ほとんどの国連選挙援助ミッションが、困難な状況の下で技術的な貢献をしてきたものの、それらは必ずしも政治的な成功とは考えられなかったのである。選挙はそれ自体が目的ではなく、その全体的な国家の構築努力への貢献で評価されるべきであるのだ。もし選挙によって戦争で荒廃した国を即座に欧米スタイルの民主主義に変えることを意図するなら、それはほとんど確実に失敗するだろう。この意味で、民主主義・選挙支援国際研究所（ＩＤＥＡ）が特定した選挙の役割と機能は、民主的ガバナンスを強化し維持する際のその効果性を理解するのに有用である。公的機関の選挙を戦った経験のあるものなら誰でも、国会および行政政府を成立させる選挙制度を選択する際の影響を理解している。それは多くの対立する懸念や目的をトレードオフの関係にする組織構造の本質である。選挙制度を選択する事業は、最も重要な基準を優先し、それからどの選挙制度、あるいはどのシステムの組み合わせがこれらの目的を成し遂げるためにベストであるかを評定するべきである。

筆者は、民主的ガバナンスを担う機関の能力を強化し維持するための選挙制度の効果を理解するために、ＩＤＥＡが特定した一〇の基準のうち八つの基準が最も適正で有用であると考えてきた。ＩＤ

EAが認めたように、それらはときに互いに対立関係であり、互いに排他的でさえある。そのような対立関係にある基準の中で優先順位を確立することは、制度形成プロセスに従事する活動家にとって最も困難な事業であると言えよう。

選挙制度の影響とは別に、政党の形成を奨励する、あるいは強制する必要があることにも気づくべきである。個人の候補者のみを承認するものもある。発展していく政党システムのタイプ、特に国会における政党の数と相対的な規模は選挙制度に大きな影響を受ける。政党内部の結束と規則も同様である。選挙制度の中には同政党の内部の異なった派閥がいつも互いに対立しているような派閥主義を奨励するものもあり、また他の制度は、政党が統一見解を重んじ、反抗を抑圧することを奨励するかもしれない。選挙制度は、政党が選挙運動を行う方法や政治エリートがふるまう方法に影響を与えることもあり、より幅広い政治的環境を決定づけることに貢献しているのである。それらは政党間での連立結成を奨励、あるいは遅らせるかもしれない。そしてまた、政党やグループが幅広い支持に基づき順応性に富むものとなり、むしろ民族性や仲間への狭いアピールのみに基づくようなインセンティブを提供することもあり得る。

新しい制度の枠組みや選挙法を交渉している者たちは可能な限り開放的であること、つまり選挙へ参加することを簡単にしたいと願うかもしれない。逆に、個人や民族に基づいた政治によって政党システムがバラバラになることに対する懸念もあり、交渉者と策定者は、代表の最小閾値（国会において政党が代表を得る必要がある最小限のレベルの支持）を高く設定したがる。二〇〇六年に、筆者がティモールの指導者たちと大統領選挙と国会選挙のための準備をする際、一人か二人の代表が国会にいるだけのような多数の政党ができる可能性を予防するための最小閾値について話し合ったのを覚えている。政府と主要政党は最終的には議員定数の三％の最小閾値を設定することに同意したが、それは合理的であるように思われた。

選挙の究極的な役割

しかし長期的な観点からすると、選挙の本来の役割は、紛争後社会の中で国の将来についての真の意味での協議、すなわち社会全体における市民の間での協議を始めさせることにある。紛争後の状況において選挙を試みるとき、国連が直面する主な課題は、その時期である。武力紛争が終わった後すぐに選挙を持つことが逆効果になるということはいまや常識的に誰もが理解している。政治的な起業家たちは、往々にして前の戦争時の指導者たちであるのだが、選挙運動の間は過激な表現を使って民族間の憎しみを煽ることにより支持者を獲得することは簡単だったと述べている。そのため、時期尚早に行われた選挙は、そもそも国を戦争へと導いた指導者たちに権力を再び与えることになりやすい。例えばボスニアで、時期尚早な選挙が平和プロセスを妨げた民族過激論者に権力をあたえることとなった。コソボの場合、二〇〇〇年一〇月の選挙はＮＡＴＯの爆撃キャンペーンが終わって一年経ったばかりのときに行われた。この選挙で、より好戦的なコソボ自由軍（ＫＬＡ）の代わりにイブラヒム・ルゴヴァ（Ibrahim Rugova）に率いられた少なくとも一九もの反対グループが再び現れ、武力紛争の再発に苦しめられた。それにも関わらず、この選挙がそれなりに成功したのは、コソボにおける国連ミッションの戦略的な運営のおかげであったに違いない。イラクで直接選挙を行うべきなのか、それはいつなのかに関しての最近の議論では、時期に関する同様な課題が挙がっていた。

選挙と共に発生する問題にもかかわらず、武力衝突が終わった後にだれが国を統治するかを決定する満足のいく方法は他にはほとんどないのである。国際的な存在が不法に権力を保持するという認識が十分なダメージを起こし得るので、選挙を行うよりほかに選択肢がないのである。そこで、不安定化や可能な武力紛争の可能性にどのように対処するのがベストなのかが問題となるのである。

民主的社会の誕生のための環境を創造するという気高い、伝統的な目的に奉仕するという以上に、選挙はまた、紛争解決と民主化という双子のプロセスに貢献する。実際、選挙は紛争を解決し、民主制度の主要な要素である権力共有の政治の土台を形成する。紛争解決と民主化はリンクしている。東ティモールにおけるフレティリン党や、パレスティナのハマス・ムーブメント、アンゴラのＵＮＩＴＡの場合のように、対立する政党はしばしば前の対立グループから来ているからである。これらの理由で、平和や国家構築理論は選挙プロセスを適正に行うことができる制度の役割を強調している。暫定政府の役割と政党や効果的な選挙委員会のような民主主義制度の設立は、安全保障と政治的な課題にとって非常に重要である。それゆえ、選挙を行うことは平和構築を適正に行うための重要な課題としてみられるのである。交渉によって合意に至った後、内戦の後に現れた新しいリーダーシップや組織を保証し、合法化するために、選挙は最適な手段であると思われる。選挙は、国内レベル（国民、前の対立派閥同士の間）、そして国際レベル（国際社会からの認識のサポート）での合法性を提供する。

しかし、紛争後の状況における選挙は、社会的な無秩序、一般的な不安定、現地の国民同士の間の不信感、制度の崩壊（失敗した国家）のリスクの増加等のさまざまな脅威と困難な課題がついて回る。選挙は、その自由競争的な特徴のために、潜在的に厳しい緊張を生む。選挙は過激派政党にも機会を与え、敵対者に対して武力行使をする正統性を与えることがある。これは国が再び戦争を経験する脅威を生じさせることになる。選挙はまた、現地のエリートたちに権力にアクセスさせるだけの政党の育成のための触媒として作用する。それらは、国家ではなく地域の課題に焦点をあてた政党が出てくることによって、国内の分裂を悪化させる。往々にして、そもそも政治家たちは紛争に参加していた前戦闘グループの長たちなのである。選挙でそのような人たちが戦っているのは投票者の間に恐怖を生む。上に述べたような課題のために、選挙は逆効果を生み民主化プロセスを妨げる。以前に戦闘に従事していた軍や他のグループは選挙を通じて彼らの紛争を継続するのである。平和が再び訪れた直後に選挙を時期尚早に行うことは、悲劇的な結果を生む。したがって通常の平和期の政治が発達するまで待つ必要性があるとも考えられる。

こうしたジレンマを考えると、紛争後の選挙援助において、国際社会は選挙時期に関する次のような懸念に直面するだろう。平和合意を利用して即座に民主的秩序を導入するために、紛争後速やかに国家選挙を行うべきなのか？　あるいは平和期の政治が発達するまで数年待つべきなのか？　また、どのようなタイプの選挙を行うのが最も適当なのか？　集合討論を強化するために地方選挙の前に国家選挙が行われるべきなのか？　あるいは、国民が投票について徐々に学習するようまず地方選挙を行うべきなのか？

民主主義においては、選挙は三つの基本的な機能を果たす。まずそれらは国民が統治機関における彼らの代表を選ぶための手段である。第二に、選挙は、政府によって行われる政治を国民が選ぶための手段を構成する法律の施行を通じて、選ばれた指導者たちが彼らの国々を統治することを合法化する。それらは、すべての政治システムの中で合法的な政府を構成する必須要素である。また、紛争後の状況の特殊なケースにおいて、選挙はグループの間で政治権力を分担させることができる。それは、紛争が終わった後の国家が合法的な統治機関に対する必要性に直面するという必然的な事実である。しかし第三に、選挙は、国家討論を生むことによって、国に政治的な圧力をかける（集会、デモ、行進…）。批評家の中には政党は武装を続け、武力紛争の原因となっていると述べる者もいる。それはなぜ政治の非軍事化が不可欠なのかを説明している。紛争中に活発だった武装グループはほとんどの場合、政治的目的のために戦ってきた。非軍事化選挙とは、彼らに武器無しで彼らの戦いを続けることができると納得させることである。動員解除と武装解除の理論的根拠は軍事キャパシティを政治的利益に交換することにある。これらのグループが武器を使う代わりに彼らのイデオロギーをより幅広く政治的に示すために使うのは、交渉、譲歩である。それは選挙を行うに当たって生じる利益と不利益についての判断である。軍事指導者たちは兵士を派遣する可能性を失うので、政治的なプロセスを使って、自らの利益を守り目的を追求することが奨励されるのである。

何よりも、選挙の適正な時期が、選挙が成功するかどうかをほとんど決定づける。東ティモールの場合、UNTAETは選挙を行うまで、国民投票の後ほとんど三年（一九九九年から二〇〇二年）も待った。この堅実な時間設定は、平和的な政治の発展のプロセスに貢献した。ポール・コリアー教授は平和が取り戻された後に、動員解除、強制移動させられた国民の再定住、合法的な政治制度の構築、法の支配の強化、司法制度の創設、援助から開発への移行の開始を始める前にいくらかの期間を置くことが必要であると述べている。それらの幅広い平和構築活動への外部からの援助は、自立可能な民主的ガバナンスにとって必須であると言えよう。

選挙の時期は、政党システムの形成や、地方や国家のエリートたちの間の調整の程度に直接インパクトを与える。例えば、政治組織はしばしば紛争で戦ってきた武装軍とまったく同じなのである。政治の非軍事化プロセスが完了する前に選挙を行うことは全体のプロセスを危険にさらすことになる。どちらにせよ、選挙を移行期間において時期尚早に行うことは平和構築プロセスを止める逆効果を生じる可能性がある。民主化の成功のための必須条件である計画に基づいた政党が現れるよう時間が与えられなければならない。もうひとつの課題は、他の地方選挙との選挙時期の調整である。紛争後にルワンダやコソボで行われたように、地方選挙をまず行い、先に進めていくという方法がとられることが賢明であろう。この対処の仕方は特に「国家構築」選挙に適している。それは、政党政治を発展させ、彼らに選挙運動を行う上での経験を与えることができるのである。専門家の間では、民主化のより長期のプロセスの一部としての選挙の土台を準備するには二、三年の期間を望ましいとするコンセンサスがより一般的になっている。二、三年が十分かどうかに関しての疑問は残るが、この段階的な対処の仕方は紛争後の選挙援助の基本となっている。選挙制度の選択は、どんな政治システムにおいても政治的組織を形成するために最も重要な選択の一つであると長い間認識されてきた。選挙制度にはとても大きな意味がある。貧しい人々や他の疎外されたグループの声がどれほど政治の舞台で聞かれるかを決めるからである。

国会選挙における比例の度合いに応じて、少数派意見が強く反映されたり弱く反映されたりする。比例が割り当て人数に準じている場合は、少数派意見は反映されない傾向があり、安定した多数派と反対派が国会に現れやすい。反対に、他の国々の中には、投票に対する比例度が非常に高く、国会は国民の実際の政治的傾向をより反映しているものもある。選挙制度の選択は、そのガバナンスに対するインパクトの強さのため、国にとっての最も重要な決定の一つである。分裂が激しい紛争後の国家社会の場合は、比例代表制が最も適したシステムであると認識されてきた。それは往々にしてより開放された政府を作り、権力分担プロセスに貢献するからである。また、すべての民族グループが政府や国会で代表されるようにするため、連合制を設立する場合もある。そのため、東ティモールのような小国では、比例代表はしばしば民主化プロセスを促進する最適な方法であると考えられる。しかし、紛争後の状況では、民族に基づいた政党の形成を活発化するとして比例代表に対しては批判的な見方もある。国連によってあるいはそのサポートで行われたほとんどの移行選挙は、部分的に名簿式比例代表を使い、比例代表制を採用した。一九九三年のカンボジア、一九九七年のリベリア、一九九六年のボスニア、そして二〇〇一年と二〇〇七年の東ティモール等である。東ティモールの場合、二〇〇一年になされた選択は混合システムで、国会の一部は単数候補者選挙区制で地方選挙が行われた。しかしこの混合システムは二〇〇七年に廃止され単純比例代表制へと変更されている。

最終的には、紛争後の国家における選挙は、単に代表を選び政府を変更するための手段であるだけでなく、平和構築プロセス全体に不可欠な紛争解決の一つの形とみられるようになった。選挙が紛争後の国家にリスクをもたらすという批判にも関わらず、選挙援助は包括的なプロセスとして、平和構築の遂行における他の分野とさまざまに絡み合いながら、紛争後の国への国際援助の主要な分野の一つとして認識されるようになった。しかし、民主化プロセスには、数十年とはいかないまでも長い年月の社会的・政治的な開発が必要であり、国際社会が望むような短期のイベントではないのである。

選挙援助の実行は伝統的な民主化支援活動を大きく前進させた。以前は、それは特に出口戦略と理解されていた。つまり、選挙が民主的ガバナンスのための基礎を築くのに十分で、現地政府がその基礎の上に彼ら自身の民主主義の成功モデルを発展させるというものだった。

第6章　紛争後の経済社会開発――持続可能な開発目標の意義

第1節　紛争と経済の相互関係

国連は平和構築を推進していくにあたって、治安の回復、人道援助、人権保護、法の支配、三権分立、選挙による指導者の選出など自由民主主義の理念に基づいた統治能力を養っていくことに専心してきたと言えよう。経済の復興と成長は世界銀行や日本などの援助国や機関にまかせておいた傾向がある。このような民主主義を強調する国連の政策に関して、意義を唱える学者が出てきた。その一人が世界銀行で主任エコノミストであった後に、オックスフォード大学の教授になった、ポール・コリアー（Paul Collier）であった。発展途上国、とくに最貧のアフリカ諸国では、深刻な危機が民主主義によって増幅されており、国連が推奨する「選挙」がアフリカ社会を疲弊させていると説いた。選挙が万能薬ではないとして、その機能不全を認め、まず経済再建に真剣に取り組むことが社会を安定させると説いた。[1]

ポール・コリアー（World Economic Forum, January 2013. CC-BY-SA-2.0）

ポール・コリアー教授は、国内紛争と経済成長との関係を研究してきた。一九六〇年から一九九九年の内戦に関して彼とその同僚が行った広範囲にわたる統計的研究に基づいて、内戦の根本的な原因は、民族的や宗教的な憎悪、また民主主義の欠如や経済的な不平等ではないと判断した。なおかつ植民地主義の後遺症に原因があるとの見解も統計によって説明できないとした。そして、実証的には内戦は最貧国に集中しており、反乱を回避するには、経済開発が決定的に重要であるとの結論に達した。[2] また世界銀行の開発研究グループのディレクターとして彼の同僚とともに行った他の研究の結論では、国内紛争や内戦は基本的には開発と経済的な成長の欠如の結果であると断言した。[3] その後の研究成果を総括して、コリアー教授は既成の貧困国のイメージを退け、最貧の国々を捕らえる四つの罠があることを説いた。すなわち、（1）「紛争の罠」、（2）「天然資源の罠」、（3）「内陸国であることの罠」、（4）「劣悪なガバナンス（統治）の罠」であり、これらの罠を克服する必要があると提唱した。[4]

コリアー教授の考えでは、反乱グループが形成された瞬間から内戦が勃発する可能性がある。それは反乱軍の形成と紛争リスクの相関性に依存するのである。反乱グループは当初は暴力的な手段を通じて不満を表現する、主に政治的な組織であるが、同時に経済的な要素を形成している。スリランカとエチオピアのように、特定の支配民族グループが存在している場合、その民族グループの影響は多大である。コリアー教授は天然資源が存在する地域では、天然資源を獲得し利益を得ようとする分裂派グループの出現によって、紛争のリスクが増大すると考えた。これはコンゴのカタンガやアンゴラのカビンダで起こった。コリアー教授はまた、政治的安定性と経済発展の間の相関関係を観察し、暴力的な対立の予防に貢献する経済的な要因の重要性を指摘した。土地、財産、富の分配の不平等は紛争を長引かせる影響を与えることは確かである。シエラ・レオネのダイヤモンドの場合のように原料や天然資源の輸出は膨大な利益をもたらす。よって天然資源の占有は内戦が起こる重要な原因となる。たとえば反乱軍が特定の天然資源に直接アクセスができなくても、彼らはパイプライン等のインフラ

1　ポール・コリアー『民主主義がアフリカ経済を殺す』甘糟智子訳、日経ＢＰ社、二〇一〇年。Paul Collier, *Wars, Guns and Votes: Democracy in Dangerous Places*, Blackwell Publishing, 2009.

2　「内乱における貪欲と不満」、二〇〇一年一〇月に書かれOxford Economic Papersで発表された。Paul Collier & Anke Hoeffler, "Greed and grievance in civil war," *Oxford Economic Papers vol. 56(4)*, pp.563-595, Oxford University Press, 2004.

3　Paul Collier et al., *Breaking the Conflict Trap: Civil War and Development Policy*, the World Bank and Oxford University Press, 2003. 邦訳では、世界銀行『戦乱下の開発政策（世界銀行政策研究レポート）』（シュプリンガーフェアラーク東京、二〇〇四年）の第3章「なぜ内戦に堕ちりやすいのか？」八三ページを参照。

4　ポール・コリアー『最底辺の10億人』中谷和男訳、日経ＢＰ社、二〇〇八年。Paul Collier, *The Bottom Billion*, Oxford University Press, 2008.

施設を守るか、破壊することができ、そうすることによって外資系企業が天然資源の搾取の権利を守るために反乱軍を認めざるを得なくなるのである。

コリアー教授は、紛争リスクに貢献する要素を特定して、紛争の罠のコンセプトと紛争後の安全保障リスクを考察した。低所得で所得分配が不平等な国々においては、戦争はほとんど永遠に続くと分析した。内戦の発生度合いは年間平均二％の収入減によって増加するとした。紛争の平均期間は七年であり、紛争後には、国民一人当たりの平均収入は一五％減少する。さらに、政府機関の収入は内戦などが続く限り悪化し、製造業は完全な打撃を受けるので、原材料資源への依存は増化する。その他、内戦や紛争によって住民の国外への移住が増加し、戦争経済で得る利権、そして武力報復への欲求が、紛争や内戦の継続性を増大させていると断定したことは注目される。

コリアー教授は世界で七四の紛争後の国家での選挙と治安状態を統計的に分析して、紛争後の選挙が数年の間に紛争再発のリスクを「シフト」させることを発見した。すなわち、選挙が行われた年には武装闘争のリスクがかなり減るが、選挙後の翌年にはリスクが増大する。選挙は軍隊の撤退のためには間違った道標になりがちであり、経済成長はリスクをかなり減らす。経済成長と収入の増加はリスクを減らすが、その効果が出るのには時間がかかるとの結論に達した。典型的には一〇年であるという。紛争後の政府は高いリスクを認識し、高い軍事支出を維持しようとするが、それは逆効果であり、さらなる紛争のリスクを増加させると判断した。国連軍事平和維持はかなりリスクを減らすことを認めたが、「政治のみ」の戦略よりも「政治プラス」の戦略が必要であると説いた。そのプラスとは、紛争後の初めの一〇年間には、外部の平和維持活動従事者による治安の維持と共に、実質的な経済援助と迅速な行政改革を通じて、経済的な開発を実現することである。財源の経済復興と治安活動への分配は、国民の収入レベルに反比例して分配されるべきであると説いた。平和が始まった時点での国民一人当たりの収入が低ければ低いほど、紛争後のリスクが実質的に高くなるからである。そしてコリアー教授は典型的な紛争後の社会で治安が維持されるようになって平和が定着したと思われても、一〇年間以内に紛争に逆戻りするリスクは四〇%以上であると断定した[5]。

経済条件と国内の不安定性の間の因果関係についての判断に基づいて、コリアー教授は国際介入に関する独自の議論を展開した。国内紛争が勃発してしまったら、現地での非軍事介入はほとんど効果がない。効果的な介入には決まった形式がないのだから、各々の状況に応じて条件に合った介入の構造を作り上げることが必要だと提言した。

暴力紛争や内戦を経験してきた国々は同様の状況に戻る大きなリスクがあるため、これらの紛争多発国では、紛争後のリスクを減らすために彼らの経済、社会的な環境を素早く改善しなくてはならない。コリアー教授からすると、彼らはまず政府の軍事支出を増やしてはならない。政府が武装を増加させればさせるほど、反乱軍は紛争が再発するだろうと考え、自分たちも武装を増大させる。これは

5　Paul Collier, Anke Hoeffler and Måns Söderbom, *Post-Conflict Risks*, Centre for the Study of African Economies, Department of Economics, University of Oxford, 2006.

武装のエスカレート・プロセスとなるという意味である。その代わりに、コリアー教授は経済開発が再開されるべきであると強調した。初めの一〇年が紛争後の国を再構築するのに非常に重要なのである。彼は第一に成長を中心的な目標とした経済政策が形成、実行されることが絶対的に必要であると考えた。政府は現地の国民に、迅速で効果的なインパクトを与え、それゆえ政府に政治的な利益を生み出す政策に集中しなくてはならない。経済的成長と開発を促進するために、コリアー教授は国外からの援助を利用することを提言した。

紛争に従事する活動家たちの振る舞いに影響を与えるこのコリアー教授の診断は健全であるものの、筆者には、この分析は内戦の原因として経済的な要素に過度の比重を置いており、現地の指導者たちや活動家の振る舞いや行動を決定する歴史的、政治的そして社会的な要素を過小評価しているように思われる。彼の分析は国際社会の介入に対する合理性に関するパラダイムにはよく適応している。しかし、コリアー教授が彼自身認識しているように、経済的な環境が国内紛争の継続を減らすことがあっても、国内紛争を終わらせることはない。コリアー教授もこの点を認めて「政治的な解決策は強力な外部からの経済的・軍事的な援助によって補われる必要がある」[6]と提案している。

平和構築への統合された全体的対処の仕方は、平和維持や平和構築ミッションが紛争リスクを増大させる経済的・非経済的な要素に対応するために不可欠である。究極的には、全体的な対処の仕方には平和サポートのための介入における活動や構造だけでなく、その介入に参加する個々の活動家の価値観や原則をも含む必要がある。よりよい経済運営のための専門的なスキルが移植されるにつれてキャパシティの構築を行うことができるが、本当に必要とされるものは制度上のキャパシティと公正な社会を実現するための管理様式を育成することである。このため、規範や基準を含む管理の文化を育成することが不可欠である。この中で見られるように、平和構築は、経済運営や安全保障の分野における機関のキャパシティだけでなく、基本的人権と人間の尊厳の価値と原則に基づいたガバナンスを成し遂げるために司法や行政政府のキャパシティも育成することが必要なのである。それには指導者たちの心理や心構えを変化させることが必要であると思われる。

第2節　紛争克服のための「持続可能な開発」

国際平和構築理論において、「持続可能な開発」の枠組みに到達することは、平和を構築する際の手段と同時に目標として判断されるべきである。平和と安定性を保持、あるいは維持するための外部の軍事力の存在はもはや必要ではなく、現地の政府に法と秩序を執行させ、開発のための重要な課題

6　コリアー前掲書（2008）p.15。コリアー教授と彼の同僚は、紛争後社会における武力行使の再発の予防に焦点をあて、すべての内戦のほとんど半分は再発すると述べた。Paul Collier, Lisa Chauvet and Haavard Hegre, Copenhagen Consensus 2008 Challenge Paper: “Conflicts, The Security Challenge in Conflict-Prone Countries,” April 2008.

に取り組ませるために、平和維持軍は撤退してよいのである。しかしより大きな観点からみると、紛争後の治安の安定状況が持続可能な開発を可能にするかが問題である。平和と安定性を成し遂げるためだけでなく、基本的な公共サービスや経済成長を提供するためのガバナンス構造の基礎が確立されたのかどうかを見極めるのは簡単なことではない。ここでは、紛争の罠の克服策としての「持続可能な開発」の意義を吟味してみる。

「持続可能な開発」のコンセプトそのものは伝統的な開発のパラダイムを超越し、人間の安全保障と人間開発の持続可能性を実現する包括的条件としてみなされているかもしれない。重要なことは、「持続可能な開発」の枠組みは、国家の物質的な豊かさへの強調から、個々の人間の幸福へと移行することによって、開発の伝統的なコンセプトの進化を表しているのである。伝統的な経済開発の仕方が生産の三要素――土地、資本と労働（人間）――の効果性、効率性の強化を目的としていた一方で、「持続可能な開発」の枠組みの新しいパラダイムは人々が中心であり、開発の究極のゴールとして人間の安全と発展を紛争後の平和構築の中心に置いていると解釈されている。「持続可能な開発」の枠組みが、男性、女性、子供のための選択と機会を増大させるための人間の能力を強化したとき、人間の安全保障が確保され、個々の人々が自らの可能性を最大限に発展させることのできる尊厳と自由のある生活へとつながる環境を作り出すと説いている。それでは、人間開発とはどのようなことか、そして人間の安全保障との関係はどのようなことを意味するのかを吟味してみよう。

国連開発計画（ＵＮＤＰ）が一九九〇年に導入した「人間開発」[7]の概念は、今日に至るまで世界中の国々で、所得だけではなく保健や教育環境における改善を通して、人々の生活の充実度を示してきている。それは究極的には人々の選択肢の拡大を可能にするために、パキスタン人の経済学者であるマブーブル・ハック（Mahbub ul Haq）がノーベル経済学賞受賞者であるアマルティア・センやそのほかの優れた人間開発の専門家の協力を得てデザインされた。所得水準や経済成長率など、国の開発の度合いを測るためにそれまで用いられていた指標にとって代って、人間開発の到達度は三つの側面からなる人間開発指数（ＨＤＩ）で測定される。

・出生時の平均余命年数

平均的人間の誕生生時での余命年数であり、国が発展すればするほど、その国民がより長く、長寿で健康的な人生を送るということを意味している。

・知識へのアクセス

これは成人人口の平均就学年数と就学年齢児童の生涯予測就学年数で測定されている。すなわち、二五才以上の人については生涯にわたって受けた平均就学年数であり、学校入学年齢の子どもたちについては、学校教育による知識と知識へのアクセスの度合いの予測値を示す。後者については、

7　詳細は、一九九〇年以来毎年発表されているＵＮＤＰの『人間開発報告書』（*Human Development Report*：HDR）を参照。ＨＤＲを通じてインフォメーションにアクセスすることも可能である。ウェブサイトは http://hdr.undp.org

計測時の年齢別の学校の入学率のパターンが変わらないと仮定する。

・**一定の所得水準**

これは米ドルでの購買力平価（ＰＰＰ）で表された国民一人当たりの国民総所得（ＧＮＩ）で測定される。現在は二〇一一年を基準年としている。

このＨＤＩという表示基準が一九九〇年に構成されてから二五年以上にわたり、人間開発の三つの基本的な要素は維持されてきた。近年大きく変わったことは、生活水準を図るのに、以前は一人当たり国内総生産（ＧＤＰ）を使用していたが、現在はＧＮＩ（国民一人当たりの国民総所得）を使用している。そして購買力平価（ＰＰＰ）換算レートは二〇一一年の国際通貨で表された水準によって測定されるようになった。国際比較の範囲をできる限り広げるために、ＨＤＩは主として国連人口部（平均余命）、ＵＮＥＳＣＯ統計研究所（平均就学年数と予測就学年数）、世界銀行（ＧＮＩ）のデータに基づいている。構成指標に一連の見直しがなされたため、最新のＨＤＩの値とランキングを過去の人間開発報告書のものと単純比較することは適切でないと言えよう。人間開発報告書二〇一六にはＨＤＩの推移を測定するために、一貫性のあるデータを用いた一九九〇〜二〇一五年の改定値が掲載されている。[8]

ＨＤＩの重要性は、技術的な詳細よりもむしろ出生時での平均余命と教育成果のレベルを開発の概念に含んだことにあると言えよう。またＨＤＩは各国の絶対的な比較順位を表しているわけではないということを理解しなくてはならない。一人当たり国民総所得（ＧＮＩ）が測定のために選ばれたのは、国の成長度を国内総生産のみで測定してきたときと比べて、多大なる進歩であると言えよう。紛争多発国の指導者にとっては、ＨＤＩ変数は国民がどういう状況にあるのかを示唆しており、紛争後の再建復興計画を立てるにあたって、経済的な観点だけでなく、福利厚生や教育の重要性にも配慮するよう促すことになった。天然資源からの歳入による金融資産の額は、それが特に健康、教育や社会福祉における国民の生活条件を改善するために使われない限り、国民の幸福を反映しない。事実、高額の金融資産の突然の流入は、次章で深く掘り下げて述べるように、国民の利益のために平等に使われない限り、紛争を引き起こしたり長引かせたりする可能性の方が高いのである。

すでに第2章で言及したが、人間開発と人間の安全保障の関連性は『人間開発報告書』の一九九四年版で概念化されたことは注目すべきである。紛争後社会の初期の段階を特徴づける伝統的な国家の安全保障に対する脅威に対して、「持続可能な開発」の枠組みの段階は「人間の安全保障」と人間開発に置かれた重要性によって特徴づけられる。国家の安全保障に焦点を当てた安全保障の伝統的なコンセプトとは対照的に、「人間の安全保障」のコンセプトは個人の安全保障を提言している。「人間の安全保障」の欠如は人間開発の成功を妨げ、またその逆も然りである。人間開発が達成されないとき、

8　詳細に関しては人間開発報告書の「Technical note 1」を参照。UNDP, *Human Development Report 2016*, Statistical Annex, pp.193-200. http://hdr.undp.org/sites/default/files/hdr2016_technical_notes.pdf

人間の安全保障は危険にさらされる。冷戦後の世界で、核紛争のリスクが大幅に軽減されたのに続いて、深刻な人権侵害、国内における紛争、貧困、環境の悪化、不法麻薬、多国籍組織犯罪、伝染病、難民の流出や対人地雷という形での人間の安全保障への脅威が劇的に増大したのである。

マックファーレンとイエン・コングが指摘したように、人間の安全保障とは安全保障の主要な概念として人間一人一人に焦点を当てているという点において特徴的であることは間違いない。また個人の安全保障の必要性の認識においても特徴的である。それは物質的な生存や日々の生活のなかでの基礎的なニーズの充足だけではなく、人々が尊厳をもって暮らせるような基本的人権の確立をも意味しているからである。彼らがさらに指摘した「人間の安全保障」の三つの特徴的な点は注目すべきであろう。すなわち、まず第一点として、開発の「人間化」である。人間を国家の開発や国家経済の成長の道具や手段として扱うのではなく、人間の成長自体を目標にしたことである。第二に個人の経済的な状況と国家の安全保障の間の関係である。言いかえれば、安全保障と安定性を強化するためには「欠乏からの自由」を促進するための努力を必要とすると指摘したのである。この自由は「恐怖からの自由」と並んで、人間の必要とする最も基本的なニーズを満たす必要があるということを意味している。第三に、人間開発を考慮することは分析における開発と安全保障の一元化につながると指摘した。[9]

人間開発の概念とともに貧困を撲滅する機運が一九九〇年代に台頭してきた。「人権と人間開発」を扱った二〇〇〇年度の『人間開発報告書』によると、一日一ドル以下で生活している絶対的貧困層は、一九九五年の一〇億人から一二億人に増加しており、世界人口の約半分にあたる三〇億人は一日二ドル未満で暮らしていると推定された。世界銀行は、以前は二〇〇五年の購買力平価に基づき一日一・二五ドルと設定されていた国際貧困ラインを、二〇一一年一〇月に、二〇一一年の購買力平価（PPP）に基づき一日一・九〇ドルと設定した。この新たな国際貧困ライン（一日一・九〇ドル未満）を用いた場合、貧困層は二〇一二年に約八億九六〇〇万人と世界人口の一二・七％に、二〇一五年は約七億二〇〇〇万人と世界人口の九・六％にまで減少すると予測していた。ここで重要な点は、貧困のラインが一ドル九〇セントなのか二ドルであるかということではなく、貧困撲滅は開発の目標であると同時に二一世紀の人権推進にとって中心的な課題であると定義づけたことである。[10]

ＵＮＤＰは一九九七年の人間開発報告書で、発展途上国の「人間貧困指数」を公表して、貧困撲滅の重要性を訴えることにした。貧困とは、所得が低いことだけではなく、保健医療や教育の貧しさをも意味しており、知識を増やす機会や、人としての権利や政治的な権利を行使できず、人間としての尊厳を維持出来ないことを意味していると説いた。貧困度を測定するために、まずは長寿で健康な生活を営めず四〇歳まで生存できない人たちの割合、そして、人間らしい生活水準を保つために必要な

9　S. Neil MacFarlane and Yuen Foong Khong, *Human Security and the UN: A Critical History*, Bloomington: Indiana University Press, 2006, pp. 161-163.

10　国連開発計画『人間開発報告書二〇〇〇：人権と人間開発』。*Human Development Report 2000*, p.11.

安全な水、保険医療サービスを受けることができない人の割合などを取り入れた。そして貧困に立ち向かう能力のない政府の責任を指摘したことは有意義であったと言えよう。また、地球全体の所得に占める低所得国と人々の割合が下降傾向にあり、貧困と不平等の緩和が紛争を回避するために必要であると言及した。紛争の防止のためには、貧困撲滅の開発戦略を取る必要があり、平和を築く上での要であると説いた[11]。

人権は、「持続可能な開発」の枠組みにおける中心的な位置を占め、地球上全人類の自由と尊厳を確保するための「人間の安全保障」の概念と共通の目的を持っている。人間開発、「人間の安全保障」と人権は相互に強化し合っている。男女、子どもにとっての選択肢と機会を拡大することによって、「持続可能な開発」の枠組みは彼らの経済的、社会的、文化的、政治的権利そして市民としての権利に取り組まなくてはならないのである。

第3節　持続可能な開発目標16：平和と包摂的な社会

平和と開発の節目の年、二〇一五年の九月に、ニューヨーク国連本部において「国連持続可能な開発サミット」が開催され、一五〇を超える加盟国首脳の参加のもと、その成果文書として、「我々の世界を変革する：持続可能な開発のための二〇三〇アジェンダ」が採択された。そして一七の目標と百六十九のターゲットからなる「持続可能な開発目標（ＳＤＧｓ）」が設定された。その目標16として、持続可能な開発に向けて平和で包摂的な社会を推進し、すべての人々に司法へのアクセスを提供するとともに、あらゆるレベルにおいて効果的で責任ある包摂的な制度を構築することを掲げた[12]。具体的には、あらゆる場所において、すべての形態の暴力および暴力に関連する死亡率を大幅に減少させることとした。子どもに対する虐待、搾取、人身売買およびあらゆる形態の暴力および拷問を撲滅するとしている。国家および国際的なレベルでの法の支配を促進し、すべての人々に公正な社会を実現することを目的としている。これは、結果的に発生した社会的・経済的不平等に対しては最も不遇な人々の利益を最大化する「格差原理」により不平等を是正し、機会の均等を図って社会正義を達成するという、第二次大戦後に政治哲学者ロールズが掲げた社会正義論に立脚していた[13]。また、二〇三〇年までに違法な資金および武器の取引を大幅に減少させ、盗難された資産の回復および返還を強化し、あらゆる形態の組織犯罪を根絶することを目的とした。そして、あらゆる汚職や贈賄を大幅に減少させるために、有効で説明責任のある透明性の高い公共機関を発展させるように促した。そのために対応的、包摂的で、参加型で、代表的な意思決定を確保する。グローバル・ガバナンス機関への開

11　国連開発計画『人間開発報告書一九九七：貧困と人間開発』。*Human Development Report 1997*, pp.12-13.

12　英語では以下の通り。Goal 16：Promote peaceful and inclusive societies for sustainable development, provide access to justice for all and build effective, accountable and inclusive institutions at all levels.

発途上国の参加を拡大させる。二〇三〇年までに、すべての人々に出生登録を含む法的な身分証明を提供する。国内法規および国際協定に従い、情報への公共アクセスを確保し、基本的自由を保障する。特に開発途上国において、暴力の防止とテロリズム、犯罪の撲滅に関するあらゆるレベルでのキャパシティ・ビルディングのため、国際協力などを通じて関連国家機関を強化する。「持続可能な開発」のための非差別的な法規および政策を推進し、実施する。平和と安全、繁栄が持続している地域もあれば、紛争と暴力という無限の悪循環に陥っているとみられる地域もあるが、これは決して仕方のないことではなく、国際社会が一団となって取り組むことが必要な問題であると認識した。

二〇一五年のアフリカや中近東における激しい武力紛争と情勢不安の高まりが、多くの国の人々の福利厚生に破壊的な影響を及ぼし、経済成長を損なうだけでなく、地域社会の間にしばしば長期的対立をもたらしてしまっている現状を反映した点は注目されると言えよう。紛争のほか、法の支配がない場所では、性暴力、犯罪、搾取、拷問も蔓延しているため、各国は最も大きなリスクにさらされた人々を保護する措置を講じなければならない。このような状態にある地域において、SDGs目標16は、あらゆる形態の暴力を大幅に削減するとともに、政府や地域社会が紛争と不安定な情勢を恒久的に解決することを狙いとしていることは有意義である。法の支配を強化し、人権を推進することは、違法な兵器の流通を削減し、国連などグローバル・ガバナンス機関への開発途上国の参加を向上させるとともに、目標実現のプロセスにカギを握る要素となり得ると言えよう。

第4節　「持続可能な開発」を実現できるガバナンス体制

「持続可能な開発」の枠組みへ移行するには、紛争後の民主的ガバナンスのプロセスが成功裏に遂行されることが前提とされ、ＵＮＤＰが掲げた七つの自由によって構成される基本的人権を順守する必要があるとされている。[14]

①差別からの自由（性別、人種、民族、出身国あるいは出身地による）
②欠乏からの自由（相応な生活水準と幸福の享受）
③人間としての可能性を育成し、実現する自由
④恐怖からの自由（拷問、違法逮捕や他の暴力的な行為等個人の安全保障に対する脅威による）
⑤法の支配への侵害からの自由
⑥思考、意見の自由と意思決定への参加および団体の結成の自由

13　ハーバード大学の教授ジョン・ロールズの政治哲学の著書『正義論』（*A Theory of Justice*）は一九七一年に刊行された。機会均等原理と格差原理の二つの原理は、社会契約の仮想的状況から導出されるだけでなく、まっとうな道徳判断から帰納的に求める試みがあり、カント的構成主義と呼ばれている。カント的構成主義において人々は自由に正義の構想を形成する道徳的人格であり、社会は当事者の合意によって構築されるものである。

14　UNDP, "Human rights and human development – for freedom and solidarity," *Human Development Report 2000*, pp.1-13.

⑦搾取のない適正な仕事を得る自由

この「自由」の概念の新しい分類方法は、「自由」を「市民権」と政治の権利の二つのグループに分ける伝統的な方法よりも、人々が生活していく状況に必要な基準や権利に焦点を当てている。この新しいコンセプトは、特定の人々が、生まれた場所や暮している環境のために苦しめられている不平等を是正する必要性に取り組むためのものである。

ガバナンスの権力を特定の個人に託すにあたって、民主主義の原則が「持続可能な開発」の枠組みの中心的な柱となる。その中には人権、法の支配、説明責任、透明性、自分たちの指導者たちを自由に選抜する国民の権利が含まれている。

サミュエル・P・ハンティントンは一九七四年から一九九〇年の間に世界の多くの国で見られた民主化の波を深い洞察で詳細に比較した[15]。民主化のためのガバナンス変革への大きな追い風は冷戦終了後に始まり、一九九〇年代の一〇年間の間にその勢いを拡大していった。新しいミレニアムの始まりまでに、民主的に統治された国家が独裁国家の数を上回った。フリーダムハウスの指標によると、世界の人口のほとんど三分の二が基本的人権を保証する自由な社会で暮らしている[16]。ガバナンスの望ましい形として民主主義を受け入れることによって、その拡大と強化が要求されることとなった。UNDPによって発行された『人間開発報告書二〇〇二』は、世界は以前にもまして民主的になったが、市民の自由と政治的な自由を強化するためにさらに民主主義制度の強化が必要であると記した。そして、人間の開発を進めるために形式的にも実質的にも、より民主化されたガバナンスを支持した[17]。

その中で、紛争後の国家における「持続可能な開発」の枠組みを成し遂げることそのものは、平和構築努力の本質を特徴づけている民主主義的規準を満たせるかどうかに大きくかかっている。それが、各々の平和構築手段、つまり国家制度の基本的な安定の再確立と現地の人間の安全保障に対する最も基本的な必要性を満たすことの究極の目的である。「持続可能な開発」の枠組みの段階に到達することは戦争で荒廃した国家の紛争後期間の終了、そしてより大きな意味では、より大きい先進国グループへの統合を象徴することになると思われてきた。とくに制度のガバナンスにおいて、効果的で効率的な公共サービスの提供など、平和構築プロセスの初期の最も基本的な事業が効果的に行われたとき初めて「持続可能な開発」の枠組みのプロセスを始めることができるのである。

それでは民主主義の導入が紛争後の平和構築とともに国民の生活の向上に役立ってきたかどうかを、筆者が現地で関わってきたルワンダと東ティモールのケースを取って精査してみよう。

筆者はジェノサイドが終結した半年後の一九九五年一月にルワンダに派遣され、一年半ほど国連開発活動調整官[18]として勤務した。当時は副大統領であったが実権を握っていたカガメ氏と紛争後の平和構築活動を行った。その後の二五年間にカガメ氏は大統領となり、強力な中央集権国家を築き上げ、

15　Samuel P. Huntington, *Third Wave: Democratization in the Late Twentieth Century*, Norman, University of Oklahoma Press, 1991.
16　Freedom House, *Freedom in the World 2001-2002*, December 18, 2001.
17　UNDP, *Human Development Report 2002*, pp.2-3.

ルワンダの人間開発指数と各指標の寄与度（1990-2015）

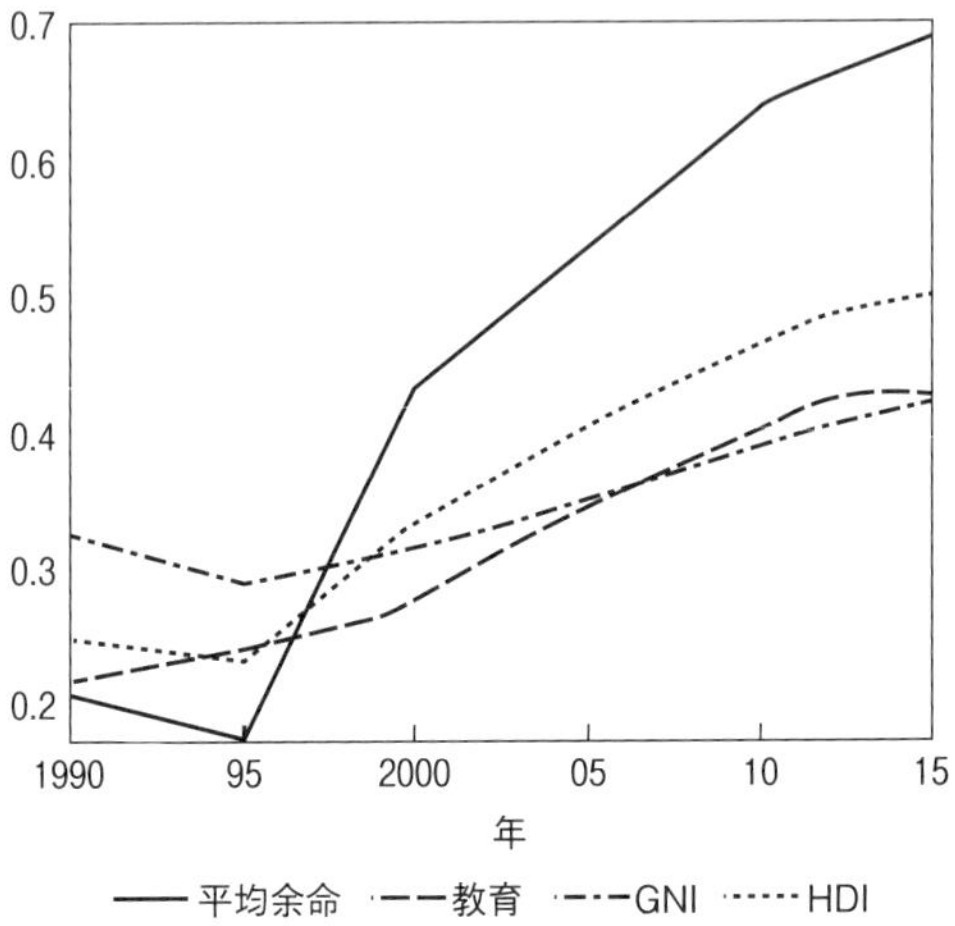

出所: UNDP Briefing Note for the 2016 Human Development Report on Rwanda.

経済社会開発を成し遂げ、「ルワンダの奇跡」と他のアフリカ諸国から敬意を表されている。UNDPの『人間開発報告書』によれば、一九九〇年から二〇一五年の間にルワンダの平均寿命は三一・三年も伸び、就学年数は五・一年増加し、一人当たり国民所得（GNI）は約九〇・九％増加した。その結果、この間のルワンダの人間開発指数（HDI）が〇・二四四から〇・四九八へと一〇三・九％上昇したことは、偉大な成果であると言える。

　社会進歩を示すものとして国連で使用される別の指標に、政治における女性の数があるが、ルワンダは議会の議員の半数以上であり、スウェーデンよりも上位にある。これは単に大統領の決意を反映したものとみなされるかもしれないが、政治文化の大きな変化には、強いリーダーシップを取る必要があることを意味していると言えよう。一方で *The Economist* 誌は、ルワンダはこれまで以上に豊かな国であると言えるが、警察国家でもあると指摘した。メディアは自由な報道ができず、野党のメンバーは嫌がらせを受けていると書いて

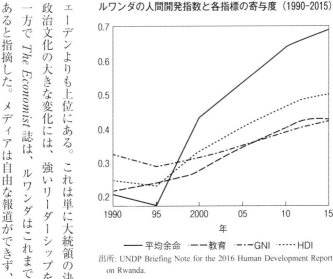

いる。現政権に反対する者は、海外に脱出しても安全ではなく、情報部長や内務大臣であった役人が暗殺されていると指摘した。[19]

東ティモールはどうであろうか。筆者は現地で二〇〇二年より二〇〇六年の四年三か月間ほど国連常駐調整官を、そして二年四か月の間、国連事務総長特別代表を務めた。東ティモールは、天然ガス資源に恵まれ国民一人当たりの総所得は一九九〇年の二二五米ドルから二〇一二年には七六三米ドルと三倍以上になったが、その後、天然資源からの歳入が減少すると、五三七米ドルへと下がった。一方、寿命は四八・五歳から二〇年延びて六八・五歳になったが、生徒の学校での就学年数の増加は二・七年にとどまった。東ティモールの二〇一五年のHDI値は〇・六〇五で、一八八か国中、一三三番目となっている。これと比べて、ルワンダは一五九番目であった。

ルワンダと東ティモールでの人間開発の到達度をより詳細に比較してみよう。UNDPのHDIで測定する限り、自立精神を発揮した政府の下で保健衛生そして教育面での施設やサービスを改善してきたルワンダでは国民の寿命も著しく伸びたことになる。両国に関してのHDIデータが共通して存在している二〇〇〇年から二〇一五年までを比較してみると、ルワンダでは平均寿命は四八・一歳か

18　国連が発展途上国で活動している国連機関のリーダーとして開発支援活動の調整を行う任務を果たしている。英語では Resident Coordinator for United Nations Operational Activities for Development と呼ばれている。

19　*The Economist*, July 17, 2017.

東ティモールの人間開発指数と各指標の寄与度（2000-2015）

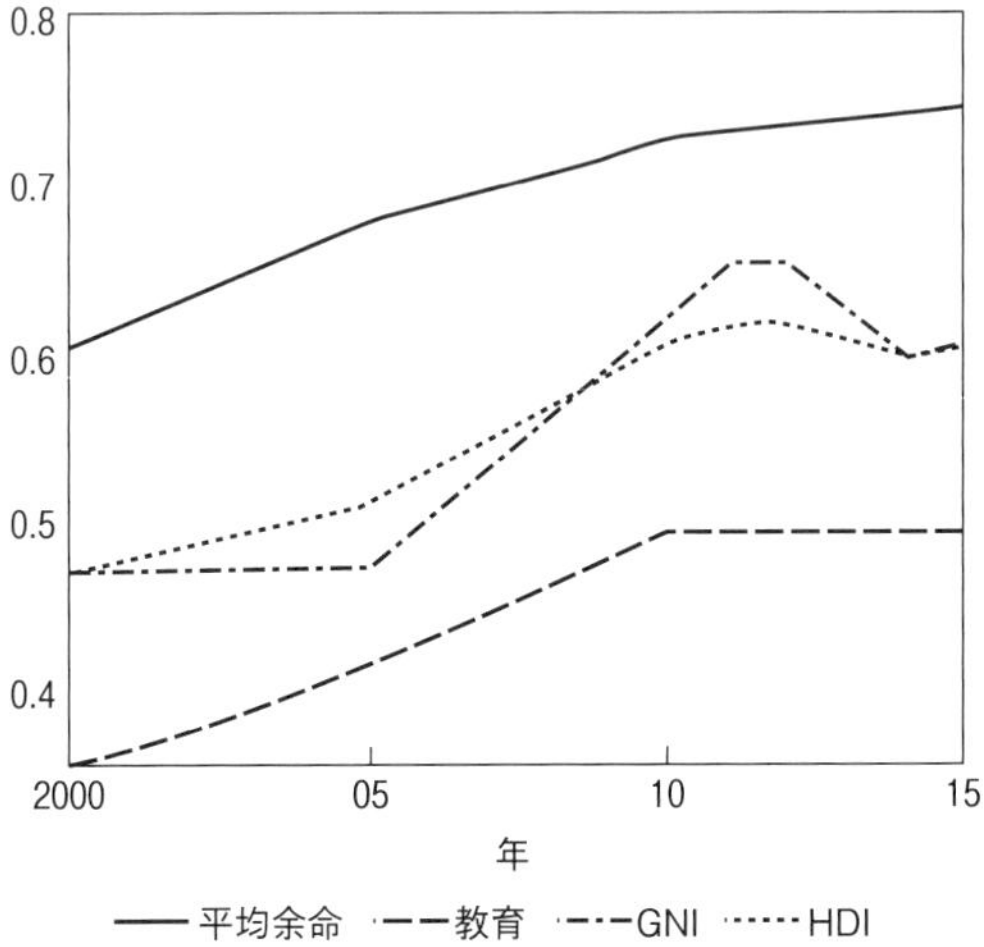

出所：UNDP Briefing Note for the 2016 Human Development Report on Timor-Leste.

ら六四・七歳と一六・六年伸びた。同じ一五年間に東ティモールでは、平均寿命は五九・四歳から六八・五歳と九・一年伸びただけであった。平均就学年数では、ルワンダが二・三年から三・八年と一・五年増加したが、東ティモールでは二・八年より四・四年と一・六年増加した。人間開発指標全体では、ルワンダでは〇・三三二より〇・四九八と〇・一六六向上したが、東ティモールでは〇・四七〇より〇・六〇五と〇・一三五向上した[20]。

統計というものは測定の仕方により違った結論に達することがあるのは周知のことである。よって、一概には断定しないことが賢明であろう。しかしながら、平均寿命そして人間開発指標全体値が著しく増えたルワンダが、東ティモールより、自立心を発揮して開発を促進してきたと言えよう。東ティモールが天然ガスからの多大なる歳入により財源を増やすことができたことは喜ばしいことであるが、財源が国民の能力と生産性の向上のために十分には使用されなかったと言えるであろう。両国での指導者のガバナンス方針の違いが開発の促進の違いを生んだと言えるかもしれない。カガメ大統領の強固な指導力で専制国家としてこの二三年間歩んできたルワンダでは、自律心が養われ経済成長を遂げてきた。それと同時に、国家の体制と自律心を維持するために、思想や報道の自由を犠牲にしてきたことは事実であろう。東ティモールでは民主主義の原則を守り、思想や報道の自由を維持し、自由で公平な選挙によって選んだ指導者に政権を託してきた。

　自由と平等を尊重する政治体制を守るとともに、天然資源からの財源を国民の保健衛生や教育施設そして人的能力向上を可能にする社会インフラストラクチャーにより積極的そして効果的にあてる。そして代替産業を速やかに育成していくことが必要であろう。

　平和構築の目的が平和で安定した社会を築くことで、そのために、あるいはその結果として、持続可能な開発（Sustainable Development）を達成することであれば、国家の指導者の役割が重要であることは明白である。次章では平和構築を達成するには、指導者がどのような素質と考え方を持っているべきかを吟味してみよう。

20　UNDP, Briefing notes for countries on the 2016 Human Development Report: Rwanda and Timor-Leste.

第7章　政治文化と政治行動——指導者の役割はどう変化したか

第1節　歴史的観点からの政治文化と政治行動

これまで国連の平和構築政策の変遷に関して考察してきたが、本章では紛争多発国や紛争後の国々と社会での政治文化と指導者の役割がどのように変化してきたか掘り下げて考察してみよう。そして、紛争後に平和な国家を築きあげ、国民が恩恵を受ける社会を推進していくために、指導者はどのような役割を果たしていくべきか吟味してみよう。

ルシエン・パイ（Lucian Pye）は「政治文化の概念は、各々の個人が学習し、周りの人々や地域共同体の必要性についての知識や感情をその個人自身の人格に組み込んでいくことを仮定している」[1]と述べているが、これは、紛争後の段階にある社会を含めて、政治文化が、その指導者の心理にいかにインパクトを与えるかを示唆する。すなわち、政治文化とは、政治制度の歴史と、現存する制度を作った個人の人生史の産物でもある。そのため、紛争多発国家や紛争後国家の社会に「それは根付いている」[2]のである。この点からみると、独裁政権の下での警察官たちが上司からの指導や命令を実行するにあたって、社会に起こりうる結果を判断することなく、盲従する傾向にあることは理解できる。考え方と心構えが安全保障従事者の振る舞いを決定づける一番大きな要素であり、市民権や人権の擁護者よりも、政府にとって重要な手段になるのである。そのため、根付いた政治文化が紛争後国家の政治文化と平和構築にどのように影響を与えるかを充分に理解することは必要不可欠である。

政治文化は、なおかつ、国家そして社会の指導者の態度と行動に決定的な影響を与えるのであり、国家の政治体制が変わっても、政治文化が変化しなければ、紛争などに明け暮れる社会は安定を成し遂げることは不可能である。著者は一九七八年から三年間、ネパールにUNDPの常駐次席代表として、政府や政党の指導者たちと緊密に折衝しお互いに知り合った。その後、政情不安定が続いていたが、二〇〇六年には対立グループの間で包括和平が成立し、二〇〇八年には制憲議会選挙を実施し王政が廃止され、連邦民主共和制に移行した。多様なイデオロギーを持った指導者たちが政権をとり国家を運営してきた。その後も政権の交代が頻繁に起こってきている。国家の利益と国民の福利向上のために尽くす志を備えた強力な指導者が欠けている。これはネパールの指導者の政治思想と文化の影響によるところが多大であると言えよう。アルモンドと（Almond）とパーウェル（Powell）が五〇年ほど前に指摘したことは現在でも的を射ている。すなわち、政治文化とは「すべての住民の中に息づく態度、信条、価値と能力、そしてその住民の別々の部分にみられる特殊な傾向とパターンから成り立っている」[3]。政治文化は指導者たちと国民の心理的思考と振る舞いに決定的な影響を与える究極の枠組みになると言えよう。

冷戦終結後の一九九〇年代には、筆者は自由民主主義の原則と法の支配が、過去の不正や紛争そして暴力に苦しんだ人々に、平和と安定した社会をもたらすと信じた。そして国際社会が武力闘争で荒廃した社会や国家に安定と平和をもたらすことは、民主的な政治体制を確立することにより可能であるとも思った。

伝統的な価値と習慣によって治められていた社会に自由民主主義的な統治体制と方法を植え付けることが文明社会に到達するための近道であるというアプローチは、ハンプソン（Hampson）とメンドロフ（Mendeloff）が述べたように、古い独裁社会の国家形態を捨て、新しい国民が主体となる国家を構築できる「民主化の早道」であるとも考えられた。この道は民主化を民族国家構築のプロセスとして見ている緩やかな民主化派によって支持されたアプローチとは対照的であった。早急な自由民主化派は、民主主義原則に基づいた新しい社会契約が形成され、現地の民衆が迅速に政治資産の所有

1　Lucian Pye and Sidney Verba, *Political Culture and Political Development*, Princeton University Press, 1965, p.7.
2　Lucian W. Pye and Sidney Verba, *op.cit.*, p. 8.
3　Gabriel A. Almond and G. Gingham Powell, Jr., *Comparative Politics: A Developmental Approach*, Boston, Little, Brown and Company, 1966, p. 23.

権を十分に得られるように、政治的圧力と軍事的圧力の混合で介入することが可能であると信じていた。緩やかな民主化派は、国家構築の究極の目標であるべき「民主主義制度は、それが構築される特有の文化的、歴史的社会情勢に適合しなくてはならない」[4]と提案した。この考え方に、筆者は心から賛同する。国連など外部から民主化を支援していく者にとって、平和構築の必要条件を的確に把握するためには、現地の政治文化環境を分析をするにあたりパラダイムシフトをすることが必要である。それは民主化プロセスだけでなく近代化の過程を含めた歴史的な発展をカバーするべきということである。近代化の分析そのものにおいては、どんな社会においても歴史的に存在する価値や規準のような政治文化における基幹要素を検証する必要がある。また、対象となる社会における歴史的政治構造、経済環境や社会的伝統を検証することが必要であろう。すなわち当事国での政治治安状況を分析するにあたって重要なのは、政治文化と政治行動の間の関連性である。

さらに理解しておくべきことは、政治文化とは地域共同体や社会が共有している規範や習慣の根底の基盤となっており、指導者の行動を左右するのである。そして、新しい国家の指導者グループが紛争後の国家を統治する権利を引き継ぐとき、権力と富への貪欲の罠にはまりがちなことである。民衆は教育を受けておらず、操りやすいため、新しい権力保持者は往々にして権力と財力を維持する欲望を制御できないのが致命的な点である。哲学者カントが述べているように、安定した社会を実現するには指導者が自律心を保ち、自己の欲望を抑制できるかにかかっている。[5]

平和構築政策の立案者は、普遍的な価値、規準を反映した理論と原則を築き上げてきた。そして平和構築政策の施行者は、独自の伝統的な価値と習慣をもった現地の社会へもたらす結果を充分に配慮せず、既存の価値や規準を現地の制度に植え付けることに専心してきた。この現地社会の価値観に配慮することを蔑ろにする傾向は一九九〇年代にはあまり疑問視されなかった。なぜなら、平和維持や平和構築の政策立案者や施行者が自由民主主義の優越性を確信していたからである。共産主義の終結とソビエト連邦の崩壊により、自由民主主義が国家構築のための唯一のモデルとして台頭した。それをフランシス・フクヤマはイデオロギー的な対立における歴史の終わりとさえ断言した。それは、単に冷戦の終結や戦後の歴史の特定期間が過ぎ去ったということだけではなく、歴史の終わりそのものである。つまり、人類のイデオロギー的な進化の結果として西洋の自由民主主義が人間の政府の最終的な形として普遍化されたということである。[6]

共産主義的イデオロギーが消滅し、中央集権の下での計画経済がもはやモデルとして使われなくなったとき、民主主義と自由市場主義が勝利を収めたと誰もが思ったのである。こうなると、実質的に

4　F.O. Hampson and D. Mendeloff, "Intervention and the Nations-Building Debate," in C.A. Crocker, F.O. Hampson, and Pamela Aall eds., *Leashing the Dogs of War: Conflict Management in a Divided World*, United States Institute of Peace Press, 2007, p. 680.

5　Michael Sandel ed.,"Groundwork for the Metaphysics of Morals," Immanuel Kant translated by Arnulf Zweig in Chapter 6 Kant: Freedom as Autonomy, Justice: A Leader, Oxford University Press, 2007, pp. 158-198. 竹田青嗣『純粋実践理性の動機について』『カント「実践理性批判」』講談社、二〇一〇年。

6　フクヤマによると、フランス革命以来、自由民主主義はより多くの国家に受け入れられ、そのプロセスは最終段階に到達した。Francis Fukuyama, *The End of History and the Last Man*, Free Press, 2006. The first edition was published in 1992.

は紛争後社会の近代化においてより幅広い概念が考慮される必要があるにもかかわらず、学者たちは、概念的な対処の仕方において何の区別もしなくなって、民主主義が唯一の参照枠組みであると思い込んでしまったのである。平和構築支援者は、民主主義の理念と原則そしてガバナンスの構造と様式を植え付けることのみにたゆまない努力を行ってきたのである。

近代化を成し遂げるために現地社会での政治文化の基盤が重要であることは、筆者が、一九六〇年代にアメリカに留学していたときに日本の例として学んだことと共通している。当時、近代化の必要条件が政治学者の間で広く論じられてきた。東側で蔓延していたマルクス主義と中央集権の下での計画経済システムに対抗するために、西洋社会で近代化の思想が進化したことは、自由民主主義のモデルの優れた点であった。それと同時に、伝統的な価値と習慣の多くが手つかずのままで日本が先進国として台頭してきたことで、西洋化することなく近代化を成し遂げることの可能性に関する活発な論争が沸き起こった。日本政治に関して米国内で権威者として知られていたロバート・ワード(Robert Ward)教授の下で筆者は一年ほど学んだが、日本では公的教育、効率的な官僚制度と統制のとれたリーダーシップが外国からの侵略を防ぎ急速な近代化を可能にした要素であると指摘していたのを憶えている。ワード教授はさらに「伝統的な政治文化と政治行動」が近代化のプロセスにプラスに貢献し、「対立するよりもむしろ共生する」関係を形成する近代的な分野と伝統的な分野の「補い合う二元性」が最も重要な要素であると述べていた。[7]

伝統的な価値、習慣や制度が普遍的な価値観と共存していることで、日本が社会的にも安定性を維持しながら必要な変化を成し遂げることを可能にしたのである。理論家の多くは往々にして伝統を、政治的近代化、社会的変化や経済成長への障害としてみなすが、日本の経験は近代化を進めるにあたって、伝統を維持することの重要性を示している。国際社会において一九九〇年代そして二〇〇〇年代初期に、民主主義の信奉者たちの中には、過激な変化や伝統的な規範や習慣の撲滅でさえ必要であると説く者もいた。しかし、伝統の維持は自信と帰属意識を現地の国民にもたらすことに気づくべきである。平和構築支援者にとっての課題は、近代化を進めるにあたって指導者たちが地域のコミュニティー精神と文化を保持しながら、教育、健康、生活水準、物理的なインフラ、雇用において目に見える改善を実現することなのである。

政治学者の中には、近代化の過程で、政治文化が産業化と合理化を通じて重要な役割を果たすと主張する者もいた。例えば、ロナルド・イングルハート（Ronald Inglehart）教授は、近代化理論について語るとき、文化と政治経済の間に存在する関係性を指摘した。彼は「近代化理論の中心的な主張は、産業化は、広く影響のある社会政治的変化における特定のプロセスにリンクしているとする。産業化前の社会は多種多様であったが、全ての社会が産業化にコミットしているなら、向かっていくで

7　Robert Ward, "Japan: The continuity of Modernization," in Pye, L.W. and Verba, Sidney *op. cit.*, p.80. 一九六四年から六六年にかけて筆者がミシガン大学で政治科学を学んでいるとき、ワード教授は繰り返し近代化と西洋化を区別することが重要であると語っていた。

あろう『近代』社会あるいは『産業』社会の一つのモデルについて語ることができる」と述べた。[8] さらに、イングルハートによると、経済発展は、産業化だけでなく、都市化、普遍的な教育、職業の専門化、官僚化、そしてマスコミをも含む変化とリンクしているのである。これらはまた、より幅広い文化的、社会的、政治的変化ともリンクしているのである。言いかえれば、サポートする文化環境があって初めて政治的、経済的発展が可能なのである。

多くの社会学者は、近代化を可能にするために、合理化は、道徳的、倫理的伝統から生じる動機に基づいた行動というよりも、むしろ、ある目的を成し遂げるための効率性を上げるための必須条件であると考えてきた。西洋世界では、この認識は、機能する自由市場、合理的な国家運営、専門的な官僚制度や技術の進歩に現れるごとく、近代化の中心的な要素としてみなされてきたと言えよう。しかし、合理的な対処の仕方は近代へと向かっていく進化を可能にしたが、そのまま単純にすべての社会に適用することはできないということが徐々に明らかになってきた。入り組んだ社会において必要な変化を起こすには現地の環境にあわせて多くの修正、調整を要し、また、社会的構造においても一定の変更を行うことが必要なのである。また、近代化のプロセスはヨーロッパの国々で数世紀も掛かったのだということを認識すべきである。すべての紛争後の国家で同様の進化が数年で起こると期待することはまったく現実的ではない。政治文化の基本理論に基づいて、自由民主主義と合理的な考えに大きく依存する現在の平和構築政策に疑問を投げかける必要があるのである。合理的な対処の仕方に過度に依存することは、必ずしも移行期にある社会が直面する種々の問題に適した解決策を生むことにはならない。

さらに、平和構築支援者自身の利益に動機づけられた介入を正当化する傾向があることを認識すべきであると筆者は思う。ウィル・デュラン（Will Durant）が指摘したように、「論理を疑う（べきである）」。ほとんどの推論は少しの合理性を身にまとった欲望なのだという。実際は「一定の個人や愛国的な願望に権威を与えるかもしれない事実と合意を選択しているのに、公平な思想体系を構築するふりをしている」[9]のである。国家の指導者たちが、外部からみると理解不可能な方法で行動するとき、国際的な専門家たちは、自らの文化的、心理的、行動的要素に対する理解の欠如が要因であることを認識するかわりに、単に彼らの振る舞いを国際規準からの違反であるとして非難する。合理的な考えと対処の仕方だけでは現地の行動パターンを十分に理解するという目的を成し遂げることはできないのである。あらゆる政治制度における進化には、移行期にある社会の政治文化を構成しているものが変化することが必要なのである。さらに、平和構築に携わる者は、移行期にある社会の指導者と活動家が現地の歴史と政治文化の具現であるということを認識することが重要である。

平和構築の政策決定者がガバナンスの制度とメカニズムの確立に躍起になりすぎてきたのであり、

8 Ronald Inglehart, *Modernization and Post-modernization: Cultural, Economic and Political Changes in 43 Societies*, Princeton, N.J.: Princeton University Press, 1997, p. 8.

9 Will Durant, *The Pleasures of Philosophy*, New York: Simon and Schuster Publishing, 1953, p.15. 訳は筆者。

現地の社会環境に応じて平和構築政策を適応させる必要性にもっと注意を払うべきであると言いたい。特に、国連やその他の平和ミッションが政府、安全保障機関、司法や金融機関のような国家機関を設立するために適正であると思われたいわゆる「持続可能な開発枠組み」を確立することを目的とするだけでは十分であると言えない。国連の平和活動ミッションを受け入れる国家や社会の現地の政治文化に適した環境を育成するために、現地の指導者たちとその他の活動家たちを支援することも国際的な責務とする必要がある。言いかえると、平和構築支援者は、現地の政治文化に適正な注意を払い、国家構築だけでなく社会構築も行うことが不可欠なのである。

ダルトン（Dalton）とクランゲマン（Klingemann）が記したように、近代化と政治行動の間に明確な関係性があると言えよう。イングルハードは二〇か国以上において政治的態度と民主主義の安定性の関係を分析した。さらに、一九九〇年代、民主化、あるいは第三の波は政治文化と近代化の間の関連性に大きく注目した学者たちによる研究の主題となった[10]。これらの研究の所見に基づいて、政治文化の理解は、もしその平和構築の努力が制度の構造分析と個人、特に国家の指導者たちの行動研究の結果の溝を埋めることを意図しているなら、強力に紛争後国家における平和構築努力の形成に応用されるべきである。この点において、政治文化理論は社会的、個人的レベルで作用している政治力の力学的な相互作用に関する洞察を提供することになる。さらに、基本的には行動に基づく分析方式は、国家主権、人権、法の支配、そして経済成長の要素等の通常の概念の研究に適用するのに貢献している。また、平和構築への支援の有効性を改善するために、先入観や事後説明で介入様式を正当化しようとする無意識的な傾向があるということを認識する必要がある。

民主主義体制では、選挙プロセスを通じた代議員制度により民意が反映されることに大きな意義があるとしている。一方で民主主義の理念は人権の尊重とその他の倫理的な価値を奨励している。紛争後の国家の指導者たちは、民主主義の理念と倫理的な価値を侵害しないように政治制度や方法を操ることにより権力を維持することはできないことを悟り認める必要がある。ルボウ（Lebow）が指摘しているごとく、倫理的な振る舞いと正義が現実の政治と必ずしも両立しないわけではない[11]。筆者の意見では、実際、紛争多発国家や紛争後の国家の平和や安定性を維持する際、倫理的な価値は民主的な価値よりも強固な役割を果たしている。それはプラトンや孔子が指摘した効果的なリーダーシップには基本的な美徳が必要であるとした原則にならっている。民主社会において優れたリーダーシップに要求される倫理的な価値は、幅広い範囲に及ぶ原則を含み、権力と富を独占したいという個人の欲望をコントロールしながら国益と国民の幸福を追求するという献身的な心構えを支えている。

プラトンは『国家論』で、国家が機能するためには高位の優れた徳を備えた指導者が不可欠であると説いている。プラトンにとっては、理想的な国家は賢者に率いられた政府の統治の下に実現が可能

10　Russell J. Dalton and Hans-Dieter Klingemann, Hans-Dieter, "Citizens and Political Behavior," in *Oxford Handbook of Political Behavior*, New York, Oxford University Press, 2007, pp. 6-9. Huntington, Samuel P., *Third Wave: Democratization in the Late Twentieth Century*, Norman, University of Oklahoma Press, 1991 も参照。

11　Richard Ned Lebow, *The Tragic Vision of Politics*, Cambridge University Press, 2003.

になるとしている。そして、統治形態の次善の形式として民主主義を選択したことは周知のとおりである。なぜなら、社会を統治する正当な真の聡明な国王を見つけることは容易でないからである。このことは紛争後の国家においてよりいっそう現実味が増す。民主主義の理念と法の支配を築きあげるには長期間を要し、それらが確立され機能するまで、プラトンの示した条件を備えた政治指導者を見つける必要がある。行政能力と仁徳を備えた指導者を選抜するかあるいは育成すべきである。すなわち、法の支配の理念が指導者や国民の心にしっかりと根付くまでは、国家のガバナンスの責任を全うできる指導者を組織的に見つけることが絶対的に必要なことである。

政治的リーダーシップとは、自らが描き目指す社会を建設するために、他の人々の考えと行動に影響を及ぼすことができる指導者の素質である。変遷していく政治の舞台を一握りの指導者たちが限りなく支配するのではなく、政治案件の形成と決定において影響力のある役割を担える人間の品格が重要さを増すと言えよう。紛争後の社会で権力の座を得る政治指導者は少数のエリート部族や国外から戻ってきたディアスポラ（Diaspora）であることが多い。しかし、彼らの多くは民主的ガバナンスの原則に基づいて自らの権力を賢明に執行する意思を持っているとは限らない。

政治的権力の適正な制御がなされるには、政治文化と政治的リーダーシップの養成が必要である。ブラック（Black）教授が近代化のプロセスを歴史的に研究して明らかにしたように、西洋の先進諸国のほとんどは、民主的ガバナンスの規範、価値と原則を取り込んで安定した政治構造と政治文化を完成するために一八世紀から一九世紀の二世紀近くの期間を要したと分析した[12]。政治的リーダーシップと文化の進化を成し遂げる際の主な課題は、政治的リーダーシップが、伝統的な習慣と価値から、国民の同意と普遍的な理想に与えられた合法性に基づくものへと移行しなくてはならないということである。さらに、政治文化とリーダーシップの進化のプロセスには、寡占政治的な権力を代表する古いエリートグループから国家の展望と利益を代表する新しいグループの指導者への政治権力の移行が必要となるのである。

カンボジア、ルワンダ、ソマリア、そして東ティモールで国連平和ミッションの現場での活動に従事した筆者の経験から得た教訓がある。[13] それは、紛争後の国家で外部者がどのように平和構築と持続可能なガバナンスを促進できるかに関わるものである。平和構築と持続可能なガバナンスの促進のための効果的な支援の鍵となるのは、これらの国々の人々が、大切なもの、安全な生活を実現してくれるものが何かという自律した認識に従って振る舞い、行動することである。[14] そのため、平和構築を支援する者は、政治的、経済的、社会的そして文化的な関連要素だけでなく、現地の指導者と国民の心

12　C.E. Black, *Dynamics of Modernization: a Study in Comparative History*, New York, Harper and Row Publishers, 1967, pp. 90–94.

13　国連平和活動での筆者のフィールド任務の始まりは、カンボジアで一九九三年四月二六日に行われた選挙の二か月前から、それまで運営していたケビン・ギルロイ氏と共に五〇〇人ほどのUNV選挙監視員を統括したときである。その後、筆者は一九九四年にはUNOSOMⅡの政策計画部長としてソマリアに赴任した。そして一九九五年から一九九六年まではルワンダで、国連システムの開発の運営活動の常駐調整官を務めた。二〇〇二年七月、東ティモール国連事務総長特別副代表としてUNMISETに従事し、同時に国連開発機関の常駐調整官を務めた。その後、二〇〇四年五月から二〇〇六年九月まで、事務総長特別代表兼UNMISET、UNOTILとUNMITの長官として働いた。

構えと考え方を充分に理解することが不可欠である。紛争が多発する国々の国民の大多数が容易に指導者に影響を受けることを熟知したうえで、国家の指導者が権力欲や特定の利害を克服して国家の政策を施行していく心構えと考え方を備えるようになり国際社会など外部の平和構築支援者が有意義な支援が出来るかどうかは、ノーベル平和賞を受けたフィンランドのアーティサリ元大統領が二〇〇八年に筆者が教鞭を取っていた法政大学での講演で指摘したごとく、国家の指導者の信頼を得ているかどうかによると断言できる[15]。

第2節　平和構築における政治文化の役割

平和構築の目標を成し遂げるために何がなされるべきかという課題に対して、前節で政治的本質と紛争後の社会文化的な要素を十分に理解し政策を立案する必要があることが明白になった。しかし国連の平和構築政策は、国家の統治機構の整備や手続きの充実に集中しすぎ、当事国の社会文化的な要件に関しては十分に取り組んでこなかったと言えよう。それは平和構築における国家と地方の指導者たちが担う役割に関して、必要十分条件を満たす理論を展開してこなかったからである。

社会文化的な要件を取り入れた平和構築理論を育て上げるために、まず政治文化がどのように紛争後の国家の指導者たちの政治行動と平和構築の将来に影響を与えるかを示そう。そして、あらゆる国において持続可能な民主主義を確立するために元国連事務総長のブトロス＝ガーリがどのようなことをしたかを示したい。実例として、政治文化とリーダーシップが、東ティモールでなされた平和構築にどのように影響を与えてきたかを明らかにする。そのために、国家と国家構築における国家の指導者が担う役割を分析する。

紛争多発国家、紛争後国家における政治文化と政治行動

シドニー・ヴェルバ（Sidney Verba）はかつて、政治文化は政治的行動が行われる状況を定義する価値体系と信条体系であると説明した。言いかえれば、政治文化とは、政府がどのようにその機能を果たすべきかに関する人々の観点と期待を決定づける。それはイデオロギーとは違う。なぜなら人々はイデオロギーに同意しないことはあり得るが、政治文化は共有しているだろうからだ。ヴェルバが指摘したように、「政治文化は政治における現象と、それらの現象に対する個人の振る舞いの間

14　Tanja Hohe は、現地の社会的構造を彼女の視点から「東ティモールでの封建的民主化の実現」（“Delivering feudal democracy in East Timor.”）と描写した。Edward Newman and Roland Rich, *The UN Role in Promoting Democracy between Ideals and Reality*, Tokyo: United Nations University, 2004, pp.302-319.

15　二〇〇八年にノーベル平和賞を受けたフィンランドのアーティサリ（Martti Ahtisaari）元大統領は二〇〇八年五月二九日に法政大学で行った記念講演で、筆者と学生たちにアシェ、ナミビア、その他の世界各地で平和のための仲裁に成功してきたのは対立グループの指導者たちがアーティサリ氏を信用したからであったことを強調して述べた。

の重要な関連性を形成している。というのも、個人やグループの政治行動は、政府の役人の行動、戦争、選挙活動等によって影響を受けるのはもちろんのことだが、それよりも観察者によってそれらの現象に付された意味合いによってより影響を受けるからである」[16]。

紛争多発国と紛争後の国家においてほとんどすべての指導者たちは国家の独立と国民の幸福のために戦っていると主張するが、自分たちの自らの権力の維持と利益を守るために行動しているのが事実であろう。東ティモールで二〇〇六年に起きた権力闘争で示されたように、指導者たちの政治的な行動は、自らの権力と権威を保持するための戦いだったのである。現地の政治文化の見地から、指導者の心構えと振る舞いを理解し、彼らが社会的な利益と個人の利益を調和させることができるように現地の指導者に働きかけることが、平和構築支援活動者の責務なのである。

また、政治文化は政治闘争に従事する人々の共通した志向と振る舞いの根源であることに気づくべきである。H・V・ワイズマン（Wiseman）によると、政治文化における志向には三つの要素がある。第一に認識的要素である。それはつまり、人々は同じ文化的志向によって社会的知識を共有し、「共通の認識図」を持つということである。社会がどのように社会的構造に沿って機能するのかについて、部分的にしか真実ではないのに、関連する活動家にとっては、それがすべての現実なのである。平和構築活動に当てはめると、指導者や活動家が、自らの認識マップを持っているということに留意しておくことが重要である。第二に、真実や正義に関する知識であれ信条であれ、いろいろと違いがあるということである。危機的状況において行動を決定づける要素として自分たちの信条と利益を守ることが最優先となるということである。第三には、指導者たちは社会関係で長くかつ広く影響力のある役割を担う必要があるということである。[17] これらの観点からみると、平和構築における必要条件をより効果的に満たすためには、国連が作成したキャップストーン・ドクトリン（第3章第6節）の四つの条件を強化することが望ましいであろう。第一に、システムと原則から構成されている三段階の活動を統合する必要性を認めるべきである。第二に、平和構築支援者は、政治、安全保障改革の重要性と共に、社会的構造的な変化と経済活動の必要性を認知すべきである。第三に、国家ガバナンスのための機関と国民の能力を構築するための手法を向上させるべきである。そして、第四に、紛争後の国家においては、指導者と活動家の考え方と心構えを変えていくことが必要であるということである。

過去の数年間、平和構築理論を精査する過程として、平和構築支援活動を行う者は、ガバナンスのための最も望ましい手段として民主主義制度の確立と実践を支持するようになった。安全保障理事会は、ブルンジ、シエラ・レオネと東ティモールにおける平和維持ミッションに憲法、選挙、司法、行政、経済、そして治安部門改革を含む平和構築活動を遂行するようマンデートすなわち任務を与えてきた。これらの課題は、必要性の高い制度改革と能力構築を想定していたが、紛争後の社会における

16 Sidney Verba, "*Comparative Political Culture*" in Pye and Verba eds., *op. cit.*, p.516.
17 H.V. Wiseman, *Political Systems, Some Sociological Approaches*, Frederick A. Praeger Publishers, 1966, pp.21-23.

政治的、社会的、文化的な規範や慣習、そして国家や地方の指導者たちの心構えと考え方を平和志向の枠組みへ進化させることが決定的に重要である。そのような政治文化と心理の進化は、外からの価値観や概念を押し付けることで成し遂げられるものではなく、現地の指導者と国民によって自発的に受け入れられ、発展させられなくてはならないことが明白になってきた。これには現地の指導者と平和構築支援を行う者との間の信頼関係の樹立が必要である。そのような政治文化と体制の進化が国と社会に根付くには時間がかかるであろう。このため、平和構築活動の支援者はまず、平和構築努力の運命を決定づける主要な要素としての政治文化の重要性を認識し、現地の国民から信用と信頼を得ることが不可欠である。

ルシエン・パイ教授は、発展途上国や先進国の政治文化を決定づけるのに影響力のある四つの価値を指摘した[18]。これらの価値はまた、紛争後の国家における平和構築プロセスに関連している。まず、国家の指導者たちの間に最小限の信頼がなくてはならない。武力で対立を解決することに慣れている社会的政治活動家の間に最小限の信頼がなければ、彼らの欲望と利益の食い違いを解決するために暴力が再発するのを食い止めることは困難である。不信が存在していることで、政治的ライバルや政敵の動機を疑い、武力紛争へと発展してしまうのである。

第二の必要条件は、平和構築活動を計画する際、多くの伝統的な社会でみられるような特定のガバナンスの階層構造の重要性が、十分に認識され、計画に取り入れられなくてはならないということである。紛争が多発する社会では、階層的な関係が広く受け入れられ、それが役人や公務員の上司に対する絶対服従の態度を正当化している。

さらに、紛争が多発する社会のほとんどにおいては、誰が信用できて、誰に忠誠を誓うかということは死活問題なのである。すでに述べたように、東ティモールでは国軍そして国家警察隊の中でも大統領側と首相側に分かれて武力闘争を行った。これは第三の価値へと繋がるのである。政治文化において顕著であるが、特定の個人が、特定の指導者やグループに対して、どれほどの忠誠心を持っているかである。

法の支配の尊重は政治文化の成熟に伴ってのみ、徐々に育成されるのである。そのためには、政治指導者たちが個人の欲望と利益を超越し、より幅広い社会的なニーズや国益に対してコミットしなくてはならない。ルシエン・パイが、なおかつ指摘したように「政治的発展のプロセスでは……人々が明らかに彼らの狭い地方的な観点から成長し、全体的な政治制度の課題に取り組むにつれて、その地平線が広がっていかなくてはならないのである[19]」。現地の指導者たちと国民が、個人や特定の利益だけを守ろうとする基本的な本能を超越し、社会全体の利益を強化するような対処できるように手助けすることが、平和構築支援者の任務なのである。第四の価値は「自由」である。ルシエン・パイと彼の同僚が説いたように、しっかりと確立された民主主義において以外は、すべての国々で「自由」は

18　Lucian W. Pye, "Introduction: Political Culture and Political Development," in Pye and Verba eds., *op. cit.*, pp. 21–24.

19　*Ibid*, p.23.

極端に限られている。この事柄に関しての研究がされていた当時、新しく生まれつつある国々の多くはまだ国家構築の早期の段階にあったが、この思想や報道の「自由」の重要性は、内紛を経験した国々においてますますその重要性を高め、現在では紛争後の国家におけるガバナンスの主要な柱の一つとなっているといえよう。

平和構築支援者が従事する社会において、政治文化を周到に理解することは、現地の指導者たちと人々の心構えおよび振る舞いを理解するために必要である。それは持続可能な平和の構築と民族国家の発展への鍵となるからである。そのため、もし平和構築活動が現地の指導者たちと人々が国際規準だけでなく法の支配や選挙プロセスを含む民主的ガバナンスの原則を受け入れるよう促進するものであるなら、現地の社会的、文化的な要素が平和構築の基本原則と戦略に反映されなくてはならない。現地の指導者と活動家は、権力や権威をめぐる闘争に躍起となるあまり、基本的人権や法の支配等の国際規範を受け入れ、促進することができないでいる。往々にして個人の権力と権威が維持できるかどうか懸念している一方で、紛争多発国や紛争後の国家の人々は、自身の身体的な安全と安定した生活のような人間としての基本的な必要条件を満たせる見込みすらないのである。平和構築を支援する者にとって、国家の指導者と国民の行動と振る舞いを決定づける基本的要素を理解することは最も重要なのである。また現地の活動家の優先順位を理解する必要がある。平和ミッションや援助機関が自分たちの課題を現地に押し売りすれば、その価値とニーズが必ずしも現地の価値や要件と互いに強化し合っているとは限らないことが露呈するからである。基本的な国際概念がなぜ必ずしも紛争後国家において受け入れられるわけでないのか十分に理解することが必要である。現地の価値構造、社会習慣そして文化的な特性と歴史的プロセスを深く理解し、認識することで、国家そして国際社会の二つの社会での平和構築への展望が一貫性のある目標へと統合されるのである。

最近では筆者は、国連や国際社会における関係者が武力紛争の再発を防ぎ、持続可能な平和と開発を成し遂げるための手段として、紛争の根本原因に対処する必要性を深く感じている。しばしば根本原因として指摘されるものの中に、民族対立、不正、不平等と汚職があるが、これらは実際に人々を互いに対立させる要素なのである。往々にして権力と権威に対する指導者たちの飽くことなき欲望が、人々の不満を利用しようとする原動力であることを十分に理解し認識する必要がある。そのため平和構築に携わる者は、平和的な方法で現地の指導者たちの権力闘争を解決する支援のために、彼らの間の相互関係を読み解くことが必要不可欠なのである。

国際社会における平和構築支援者は、現地の指導者と住民の心情と考え方を理解することによって、自立可能なガバナンスの形成を可能にする必要があると思われる。このため、現地の指導者と活動家がより自信を持って、たいていは彼らにとっては未知のものである近代化と民主化のプロセスに参加していると十分に感じられるように、国際平和構築の戦略と実践を現地の環境に合わせることが必要である。国際平和構築に携わる者と国家の指導者の間の相互の信用と信頼が育つことが、彼らが直面する問題の解決策を共同で見つけるための手助けとなるのである。ルワンダ、ソマリアと東ティモールで筆者には、平和維持と平和構築ミッションに従事していた間、国連専門機関の現地の専門職員の方が、国際スタッフよりも、進展しつつある状況と起こりつつある出来事の持つ意味についてより深い洞察を持っていることが判った。そして、現地のスタッフは自らが理解していることを、外部から奨励されたときからのみ、説明する傾向にあることも知った。

多くの平和活動の遂行において、支援活動を行う者の多くはいまだ現地の社会での価値構造と社会習慣は平和構築プロセスへの潜在的な障害とみなし、払拭され「近代的な」ものと入れ替えられるべきものであると見る傾向がある。現地の国民は対象物とみなされ、平和構築の主体者であるとはみなされない傾向がある。同時に、平和構築支援活動を行う者の多くは、手中にある平和構築プロセスにおける主要な人物とはみなされないことを悟っていない。この重要な点、あるいは溝は、平和活動の構造そのものに反映されてきている。現地のスタッフが平和維持・平和構築ミッションによって現地の状況を分析し、遂行のための提案を行うことを任されることがないのである。国連スタッフは、現地人のことを被害者あるいは懸念の対象とみなし、平和構築プロセスに対する戦略を形成し選択をするための協力者としてとはみなさない傾向があった。このように、国際機関の多くのスタッフの考え方は、現地の習慣や信条と国際規範の統合の障害となってきているのである。

平和構築ミッションの国際機関のスタッフが往々にして犯すもう一つの過ちは、現地の状況に適応するには長い時間がかかるということを忘れて、自らの国で実践していることを紛争後の国家で軽々しく実施しようとすることであろう。そのために、国際平和構築支援者の多くは、現地の国民と社会を代表しているわけではない者と往々にして付き合うようになる。また、ほとんどの平和維持従事者と平和構築従事者は非宗教的であり、文化的、宗教的な影響の重要性を過小評価する傾向にある。東ティモールの場合、モザンビークでの二四年間にわたる亡命生活の後帰国したマリ・アルカティリは首相であった二〇〇五年に、公立学校で宗教の授業を取りやめることを提案することによって、キリスト教と国家を分離しようとした。外交官たちの中にはこの動きを支持するものもいた。しかしこれは、ティモール人の帰属意識の基盤であるキリスト教会の重要な役割を過小評価していたのである。その結果、二〇〇五年に教会を支持する大きなデモ行動が起こった。

集団的帰属意識の意義

集団帰属意識は政治文化と政治行動において主要な要素である。ソビエト連邦の崩壊後、民族、宗教、そして文化的なつながりを中心とした独立主権国家がロシアの周辺に再び形成されたのは、そのためである。アフリカでは、国境の再制定はなされないでいるが、民族集団は帰属意識、住民は資源に対する権利を主張しはじめ、対立や武力衝突へと繋がった。祖先、血縁、言語、宗教や外見のような共有の遺産に基づいた帰属意識はそのメンバーたちのあいだで強い結束をもたらした。植民地主義はアフリカの大部分でさまざまな民族集団が居住する地域とは合致しない国境を残した。そして「民族国家」を強調することによって、合法性を主張した。しかし、帰属意識から除外されたグループを反乱行為に導いたのである。

ドナルド・ホロヴィッツ（Donald Horowitz）は民族紛争の大規模な比較分析を行い、どのように異なった民族に所属するグループが関わり、支配権をめぐって対立し、戦いあうかについての理論を検証し、世界の多くの地域でどのように大量殺戮が組織され実行されたかを提示した。一九九四年にルワンダで起きた大量虐殺は、一九九五年から二年間近く国連常駐調整官として首都キガリに赴任した筆者には非常に身近なものであった。推定八〇万人といわれるツチ族と穏健なフツ族を殺害することになったほどの憎しみや敵意が他の民族集団に対して放たれることが可能であるということをホロヴィッツは明らかにしている。ツチ族とフツ族の違いは日本人と韓国人の違い程度なのである。ホロヴィッツが指摘したように、民族・部族間の対抗心や憎悪心を煽るには人間の体質や体形の違いは微々たるものである。民族や部族の違いは障害にならない。集団のグループは、一本の区分線で即座に、二者択一の区分に分けられる。特定の集団が形成されるや否や、その集団への忠誠が即座に形を表す。集団間の相互作用としては、仲間内の集団に対するえこひいきと、仲間でない集団に対する差別が現れてくる。[20]

複数のグループ間の違いがどれほどあるかが問題なのではない。違いは現実には存在していない場合もある。指導者が特定の民族や部族を戦いへと駆り立てることができるのは、人間の頭の中に、そして意識の中に存在している排他的な感情をたやすく掻き立てことができるということである。この実例として、グスマンが東ティモールの大統領であった二〇〇六年に、ロロサエ（lolosae）と呼ばれる東部出身者とロロモヌ（lolomonu）の西部出身者の間には違いがあるという認識を一言で示した結果、群衆は互いを攻撃し家屋を焼きはじめたのである。グスマン大統領は翌日ラジオなどの公共放送を通して撤回したが、破壊行動はすぐには止まらなかったことを、筆者は今でも鮮明に憶えている。

ダニエル・ポスナー（Daniel Posner）教授が民族の帰属意識に関する研究を一〇年近く行なって解明したように、人間は自分や他人を多重なレンズを通じて見ている。外見、言語、宗教、その他の要素によって他人が自分たちとどのように違うかを認識する。そして自らの帰属意識の構築を行い、自らの存在を確立するのである。帰属意識構築のプロセスは長期にわたって行われるが、合理性に基づいた選択であるともいえる。最も顕著な点は、民族帰属意識は政治・社会状況に応じた、戦略的なものであるということである。[21]平和構築を支援する者は、多民族国家の環境で働く際に効率的であるために、民族紛争がどのように起こるものなのか、そして自分が赴任する地域ではどのように起こってきたのかを基本的に理解しておく必要がある。

指導者たちが長年亡命生活を送った後に帰国してきたという多くの紛争後の国家では、二元の政治文化が生まれる。権力保持者と統治者、そして統治される大衆による文化である。統治者は大衆の願いを理解し共有していることを示すために努力するが、大衆の基本的なニーズを満たすことができない場合が多々ある。なぜならば、自らの権力を守る法律と規則を制定することに躍起になり、国外か

20　Donald L. Horowitz, *Ethnic Groups in Conflict*, University of California Press, 2000, pp. 143-144. ホロヴィッツによる一五〇もの民族暴動の詳細な検証の結果に関しては Donald L. Horowitz, *The Deadly Ethnic Riot*, University of California Press, 2003. を参照のこと。

21　Daniel N. Posner, *Institutions and Ethnic Politics in Africa*, Cambridge University Press, 2006, pp.1-20.

ら戻ってきたエリートたちと辺境地の住民たちが互いに理解しあうことなく共存するようなり、今まで経験したことがないような状況が生まれてくるからだ。そのため、政治的、社会的発展へとつながるプロセスに従事する前に、平和構築の支援に携わる者は、多重な文化的、社会的な要素を理解することが不可欠である。政治的、社会的発展は、個人の権利の尊重と共同社会の責任が維持できるような個人の価値体系と共同社会の価値体系に基づいていなくてはならない。事実、紛争後の社会は往々にして名誉と評判が最も重要である集合的価値体系に基づいている。多くの場合、平和構築プロセスでは、過去の紛争を克服させるのではなく、多重で競合する文化同士の紛争を融和させる必要がある。

また、現地の活動家や指導者の個人的な行動も重要な要素である。平和構築支援者は、自らの特定の課題を持って、時にはもともと紛争の原因となった構造的な不平等と差別を増大させてしまう場合がある。例えば、現地の習慣と伝統を尊重するという名のもとに、紛争以前のインフラを構築するということは最も論理的なことであるように思えるが、それは利益争いを起こす環境が再発する可能性も持つ。こうした平和構築プロセスの複雑さのために、現地の活動家たちによる単なる協働作業以上のもの、つまり得ることは容易でないが真の信頼関係の樹立が必要である。このため平和構築プロセスに携わる者は、互いに恩恵を受ける相互依存状態が生まれるような環境を作り出すことに力を注ぐべきである。そのような状況で、現地の活動家たちは、自らが国際社会によって講じられた対処の仕方の単なる追随者ではなく、平和構築プロセスの主要な協力者であると認識し主張するはずである。つまり決して統治するための合法性は当然のようにそこにあるわけではないことを知るべきである。

終わることのない相互作用プロセスを通じて、一歩ずつ構築されていかなくてはならないのである。国際平和構築を支援するチームの役割は、その公平性を維持することである。それは現地の統治者と権力保持者が、被統治者が、同意を表明するための定期的なプロセスなしにリーダーシップの役割を手にしないようにするためである。

ルワンダと東ティモールでの筆者の経験から思い出されることは、グンナー・ミュルダール（Gunner Myrdal）が一九六〇年代に貧困に苦しんでいたアジアの国々の状況に関して調査をした結果、ドラマであるとの問題意識で説明されたことである。東ティモールのような紛争後の国で短期間でも過ごした多くの平和構築支援者や外交官たちは、このドラマの展開に魅了される。ミュルダールが研究した南アジアの国々に比べると規模は小さいとはいえ、それはまるでドラマが展開して、世界全体へと広がり、誰も単なる観客ではいられなくなったようなものであった。植民地時代の終焉後のように、紛争後の国家のドラマには、指導者と人々の心の中で渦巻く一連の内部葛藤がある。それらは、争いや欠点だらけの厳しい現実の悪化やそれに対する失望、あるいは安定性と繁栄に対する願望である。筆者は、指導者が国家の発展に貢献したいという望みと権力闘争に勝たなければ自分の生命も守れないという恐れの間で葛藤しているのを身近に見てきた。国家の指導者の間での野心と失望、意図したこと、されなかったことを正当化したいという欲望、そして困難と迅速な改革を成し遂げる能力のなさを克服したいという気持ちを身近に感じてきた。事態が世界へと進展していくにつれて、それは自らの帰属意識と居場所を探している人々の間の闘争であると感じざるを得なかった。ミュルダールが述べたように、「歴史は前もって決められているものではなく、人間の手で作りあげられているものである。そして生まれるドラマは必ずしも悲劇ではないのである」[22]。

民主主義文化の醸成

平和構築の主要任務の一つは民主主義の文化を醸成することである。すなわち時間をかけて成熟させることである。そのためには、指導者が暴力に訴えることなく、意見、アイディアや願望の違いを平和的な方法で解決せざるを得ないということを悟ってもらうことである。これは簡単な任務ではない。紛争後のほとんど全ての国々で証明されたように、闘争は指導者たちの間で究極の権力と権威を得るための争いへとつながる傾向にあるからである。指導者を選択するための、現地社会で受け入れられる唯一の方式というものはない。したがって、民主的ガバナンスの政治文化が強固に根付き、平和的なプロセスを通じて勝利者が現れるまで、権力と権威をめぐる闘争が状況を支配するのが現実であるといえよう。

政治的発展の分析を行うに当たって、トルコ出身でマサチューセッツ工科大学（ＭＩＴ）で研究しているダロン・アセモグル（Daron Acemoglu）教授とハーバード大学のジェームス・ロビンソン（James A. Robinson）教授が一五年かけて国家がなぜ衰退するかを分析した結果、民主主義と非民主主義への分岐点を示唆したのは意義がある[23]。その研究によれば、民主主義制度が生き残るための条件は、その国に存在する各々の社会的グループの力学的作用に依存する。各々の社会的グループは、彼らに権力と資源を与えてくれる政治制度を好む。大多数の人々は民主主義を選好し、一方でエリートグループは寡占政治や専制政治を選好する。しかし現在のグローバル化された世界では、社会的無秩序をもたらす行為に従事する者たちがいて、統治体制に対する蜂起さえもたらし得るため、エリートたちはもはや自らの力では法の支配を維持できない。革命や大衆による政権奪取など抑圧の代償が十分に高ければ、専制統治者でさえ譲歩を行い、民主的な形のガバナンスに同意する。民主化を行うことによって、エリートたちは信頼される方法で政治的権力を維持するために、権力を市民に移行したように見せながら社会的安定性を確保する。民主主義は、エリートたちにとって放棄する強い動機付けがない限り強固となる。ロビンソンは、民主主義になるか非民主主義になるかは、経済制度の構造に左右され、特に大多数がどれほど経済の不平等と欠如感を感じているかに左右されると説明している[24]。

民主主義においては、選挙は誰が国を統治するのかを決定づける中心的な手段である。しかし、選挙のプロセスの信頼性があり実行可能であるためには、それが指導者と人々に受け入れられコミットされていなければならない。国際社会の任務は、鍵となる政治指導者が、たとえ選挙に負けたとして

22　Gunner Myrdal, *An Approach to the Asian Drama: Methodological and Theoretical*, First Vintage Books, 1970, p. 35.
23　Daron Acemoglu and James Robinson, *Why Nations Fail: The Origins of Power*, Crown Business, 2013.
24　Daron Acemoglu and James Robinson, *Economic Origins of Dictatorship and Democracy*, Cambridge University Press 2006.

も、意義ある役割を担い続けるようにすることである。すでに述べたように東ティモールで二〇〇六年に武力闘争が起きたときに、アルカティリ首相が責任をとって辞任に追い込まれた。筆者は国連の特別代表として、アルカティリ氏に日本の数多くの首相の例を出して国会の議員として残り再起を図ることが賢明であると説いた。アルカティリ氏がこのアドバイスを受けいれたことで、内戦を避けることができたことは有意義であった。

紛争後あるいは独立後の国において必要なのは、自国の国家利益を優先して、社会的習慣と文化的特性を国際規準に調和させることのできる指導者たちが集団で存在することである。紛争後の社会においては、すべての層の人々に政治に関与させるには長い時間がかかる。母国に戻る多くのディアスポラ（diaspora）と呼ばれる帰還民が心にいだいていることは、個人の利益と権力を獲得するということである。先進国に難民として過ごしてきたこれらのディアスポラは高度な教育を受けており、政治的な権力を獲得する才能がある。そして憲法や法律を自らの利益に合うように形成しようとする。このような傾向は奨励されるべきではない。一般国民が望んでいるガバナンスの形態は国民と充分に時間をかけた協議の結果を通じてのみ憲法に反映されなくてはならない。国際社会はまた、国際規準をよく理解していたとしても、特定の支援国の権威と利益を維持するために国際基準を犠牲にしてもよいとするディアスポラを登用することは避けるべきである。国際社会は地域社会と弱者グループの利益になるように行動できる指導者を支援すべきである。なおかつ、国際社会は民主的ガバナンスを支持し、指導者たちに選挙のプロセスは敵や反対派を消すための手段ではないということを強調すべきである。敗者も平和的に権力の座に戻れる可能性があるということを教示することを忘れてはならない。

民主的ガバナンスを強化するために二〇〇二年に発刊された人間開発報告で特定された一連の手段を再検討してみよう。この報告書では「民主主義の負の側面[25]」に取り組むことによって民主主義を深めることが可能であるとしている。

・自由、公正でなおかつ信頼される選挙を実行できる制度を確立すること。
・権力分立に基づいて独立した司法と立法機関が存在すること。
・活気に満ちた市民社会が政府と行政機関の活動を監視し、政治参加の代替形式を提供すること。
・自由で独立したメディア。
・軍とその他の治安部隊に対する効果的な文民統制が利くような、指導者の普遍的な価値と法の支配の原則を重んじるマインドセットとメンタリティーを醸成すること。

これらの原則を実践し成果を得るには、地域にあった形式を取るのが必要である。というのは民族国家が選択する特定の民主主義様式はその歴史と状況に依存するからである。さまざまな民主主義の

25　UNDP, *Human Development Report 2002, Deepening Democracy in a Fragmented World*, Oxford University Press, 2002.

文化があるように、さまざまな民主主義のガバナンスの形式がある。民主主義とは単一の手段や軽率に組織された選挙以上のものなのである。人間開発報告書が提案したように、社会のすべての分野における民主的な価値と文化に基づいた、より深みのある政治的発展のプロセスが必要であり、それは決して終わることのないプロセスなのである。民主的な政治を促進するということは、人々が政治においてより効果的な役割を担えるように教育のレベルを上げ、民主主義制度がより人々を代表するよう手助けできるように、市民社会グループとその他の非公式な団体の成長を促進することを意味するのである。

治安部隊の無分別な使用は、安全保障における優先事項を歪曲させる可能性がある。多くの政府は警察力を軍事化し、軍と警察力の区別をあいまいにしている。公正な国家の警察力を含む治安部隊に対する民主的な文民統制とは、政府の指導者が人々の安全と安心を重んじる思いやり精神とメンタリティーを伴っていることを意味しているのである。ただ単に文民大臣であるということが、治安部隊の適正な行動を十分に保証するということではない。東ティモールで二〇〇六年に起こったように、文民出身の内務大臣が警察力を乱用することもあり得るのである。[26]

第3節　紛争後の国家指導者の心理状態と権力闘争

国外からの介入を退け独立を勝ち得た国家や社会の指導者たちは、自らの地位と権力が失われることへの恐怖心に悩まされる。権力の維持が最重要課題となり心理状態は必ずしも安定することはない。権力への執着心と資源からの富をめぐって指導者たちの間で武力闘争が起きることは多々ある。民主主義政治が根付いている社会では、権力争いは暴力に訴えることなく平和的に遂行される。選挙によって国民が選んだ指導者や政党が政権をとり国家を統治する。指導者に与えられる権力は一定期間に限られ、その上に立法府や司法府などの他の国家機関によって、政権に就いた政府指導者の権力はそれなりに制御される。紛争直後の国家においては、民主主義の理念と法の支配に基づいて、制度化された政治プロセスで市民の自由と人権が尊重され、民意に基づいて指導者を選出していける社会は稀であると言えよう。

第1章において示唆したように、国連は、紛争後の国々の人々が国家の指導者を選抜することを決定する主要な手段として、選挙プロセスを支援してきた。しかし、自由で公平な選挙を行う伝統と慣例がない紛争後の国家の指導者たちの多くは、権力と権威を確保し、暴力にさえ訴える傾向にある。

26　二八九－二九〇ページで詳細に説明する。

権力の座を得た指導者は、いったん権力を失ったらすべてを失う可能性が充分にあり、あらゆる手段を使っても権力を維持しようとする。リチャード・ネッド・ルボウ（Richard Ned Lebow）が政治権力に関して述べたように、個人の権力と富を維持するという欲望と共に失うという恐怖感が、ほとんどの指導者たちの行動を左右する重要な原動力となっている[27]。権力の座を失うという恐怖心は、先進国の人間の想像を超えている。紛争で荒廃した紛争後の国々では、権力を失うと豪華なライフスタイルを維持する収入と特権をもたらすような役職を得る機会はほとんどない。そのため紛争に明け暮れてきた指導者は可能な限り政府の役職に居つづけようとするのである[28]。

デヴィッド・ウィンターが指摘したように、国家の政治指導者と活動家の性格が政治構造と彼らの行動を形成する。言いかえれば、政治指導者と活動家は感情、認識、記憶、判断と目標に基づいて政治活動に従事する。彼らの性格が、特定の目標を成し遂げるという動機と個人的傾向に基づいて何をどのように成し遂げたいのかを決定づけるのである。「動機は（また）、望ましいゴールあるいは最終状況に近づこうとし、望まない、あるいは恐れている状況を避けようとする傾向も生じさせる」[29]。紛争後国家の場合、筆者はこれらの動機は、権力と富を得るという指導者たちの個人の欲望か、最小限度の平和と安定性を成し遂げなくてはならないという彼らの懸念のどちらかを反映していると考えている。また、彼らの行動は、意識的な、無意識的なあるいは潜在意識的な考えの相互作用の結果なのであると考える。

人々は現実をそれぞれの見方で見て、それぞれの真実を見つける。論理と推論に高い価値を見出す人々は、真実は見て感じる以上のものであると考える。そして、そのときは認識されていないが、後に認証されるかもしれない新しい真実を知ることができる。自らの感覚に依存するその他の人々は、認識と経験上の証拠に基づいた知識を使って現実を確認する。ウィル・デュラン（Will Durant）が述べたように、「近代は感覚を祭り上げることで始まった。科学におけるガレリオ、哲学におけるベーコンのように」[30]。経験主義は真実の源としてすべての知識を感覚に照らし合わせることである。真実とは一貫した感覚である。自分の目で見たことと、自らの指で感じたことのみを信じる。高い知能と論理的な考えを持った人間は真実を抽象的に見て、自身の枠組みと選好に従って他人の意図を読み取る。自身の利益と権力を維持するために他人を破壊しようとする人間は他人の意図も同様であると考えるのである。

感覚に対して生まれ持った嗜好を持っている指導者は実践的な人たちである。そして筆者には東ティモールの前大統領で現首相であるシャナナ・グスマンと前外務大臣で現大統領であるジョゼ・ラモ

27　Richard Ned Lebow, *A Cultural Theory of International Relations*, Cambridge University Press, 2008.

28　ネルソン・マンデラの例が示すように、いくつかの例外はある。東ティモールのシャナナ・グスマンは引退し、かぼちゃ農家になる夢を語ったことがある。

29　David G. Winter, "Personality and Political Behavior," in David O. Sears, Leonie Huddy and Robert Jervis eds., *Political Psychology*, Oxford University Press, 2003, p. 121.

30　Will Durant, *The Pleasures of Philosophy*, Simon and Schuster Publishing, 1953, p. 17.

ス＝ホルタにそのような傾向があると思えた。彼らは現実を認識するために、事実が示され、知覚されることを望んだ。事実が感覚によって証明されるとき、その事実に基づいて判断を下した。彼らは経験を信じ、個人的、社会的経験を通じて学び取る。一方で、推論と論理的な考えを持っている指導者は、より非個人的で客観的な判断を好む。そのようなタイプのマリ・アルカティリは、しばしば客観的で論理的である傾向を示した。

マリ・アルカティリ（2001年撮影）

指導者たちの中には非個人的で客観的な判断をより好み、個人的な関係を好まない者がいる。往々にして「冷たい」あるいは「人情がない」とみなされる。ルワンダのカガメ大統領や東ティモールのアルカティリ首相はそのような人たちである。他の指導者たちは直観的な判断をすることを好み、あまり客観的で論理的ではない。そのような人たちは一般大衆と関係を構築しやすいから、論理を好む人より市民の支持を受けやすいかもしれない。グスマン元大統領はその一人であろう。彼は社会的価値、情状酌量、親密さや説得に対して好意的に反応する。一方で、論理的傾向にある指導者は客観性、原則、法律、規準と堅固さにより重要性を置く傾向にある。彼らは分析基準や正義を重んじ、直観と感情に重きを置く指導者たちは、調和、同情や献身を好む。彼らは自らの感情や直観に基づいて決定を行う。知能と知的思考をもった指導者は客観的な基準を優先し、論理的な分析にたけている。彼らは感情的に訴えるのではなく、論理的な一貫性を通じて人々に彼らの観点を支持させることができると信じているのだ[31]。

権力を争う者が広く受け入れることのできるような平和的競争のための規則がなくてはならない。それは民主主義の原則であり、国民が、国を率いる指導者を決定する権利を執行して権力を得ることができるのである。しかしジンバブエの場合のように、規則と国民が操作されるとき、どうすべきであろうか。ミャンマーでの場合のように、権力を争う者たちが、国民に指導者を選ぶ権利があるという原則を無視するとき、どうすべきなのか。国民が武器の使用と暴力が正しいと信じるグループを選挙で選んだ場合はどうするのか。二〇〇八年のジンバブエのムガベ大統領の再選のように、国際社会は、これらの質問に対する何の答えをも持ってはいなかったと思う。

筆者はこの種の権力の乱用を防ぐために、取り組まなくてはならない点が根底にあると思う。すなわち、指導者たちと人々の心構えと考えが変えられなくてはならないのである。広い意味では、免罪の文化に取り組み、対処しなくてはならず、法の支配を確立する必要がある。このため国際社会は、大量虐殺、戦争犯罪と人類に対する罪に問われたスーダンの大統領、オマール・ハッサン・バシール

31　Daniel Goleman, *Emotional Intelligence*, Bentam Books, 1995. 次も参照。David Keirsey and Marilyn Bates, *Characters and Temperament Types*, Prometheus Nemesis Book Company, 1978.

オマール・ハッサン・バシール（2009年撮影）

（Omar Hasan Ahmad al-Bashīr）のために国際刑事裁判所（ＩＣＣ）を立ち上げ、検察長官が彼の逮捕状を求めたのである。ラミ・Ｇ・コウリ（Rami G. Khouri）が問題提起をしたように、ＩＣＣが人種差別と植民地主義の道具となっていると非難されないために、どうすれば同様の正義基準が国際社会で起こるすべてのケースに適用されることができるかである。[32] 筆者は人々の心構えと考えが最も重要であると考える。平和構築プロセスが成功するための必須条件となるのは、政府の指導者を決めるにあたって選挙のプロセスなどの平和的な決定に対する指導者たちのコミットメントの度合いである。

先にも述べた通り（二八二－二八三ページ）、紛争に明け暮れている指導者たちの心理状態を深く理解する必要性があると筆者には思われる。指導者は人間として現実を自分なりの見方で把握して、それぞれ特有の真実を見つけるのである。

平和構築の推進者と対抗者の意識と関係

紛争地域での平和構築を支援していくにあたって、国際社会からの働きかけが対象国や地域での国家機関の機能向上にばかり気をとられて、当事国や地域での指導者の心構えと考え方が平和構築に与える影響を軽視してきたと言えよう。平和構築で外部の支援者が行うべきことは、まずは現地の指導者たちの振る舞いの根底にある動機が権力欲と恐怖心であることを念頭に置き対応策を練ることである。そのうえ平和構築事業の推進者となっている者とそれに対抗する者の意識と構造を充分に理解することが重要である。ほとんどのケースで権力と富を獲得し保持する闘争が指導者たちの間で起こることが実情である。民主主義の理念に基づいたガバナンス構造が創設されたとしても、権力を獲得し維持するということが、紛争後の社会での民族や部族指導者の最大の動機である。

この平和構築事業の推進者と対抗者の意識と関係を詳細に分析した学者スティーブン・ステッドマンが指摘したように、権力の座を奪い取るために、対抗者は平和構築事業のスポイラー（spoiler）となる。適切な訳語は存在しないが、「妨害者」か「邪魔者」あるいは「破壊者」とでも呼ばれる者であると思ってよい。平和構築プロセスや推進事業を「妨害」し「破壊」する者である。国際社会と権力維持者が行っている平和構築活動を、対抗者たちは自らの権力奪還と利益獲得の可能性を脅かすものであると考え、平和的な決着に妥協せず、反対し、暴力に訴えることもするのである。ここで理解しておくべきことは、ステッドマンの分析する関係図では、指導者の立場が変わると「位置」も変わることである。すなわち指導者の立場が変ることにより、対立者は救世主にもなりうるのである。

権力の維持者と対抗者が行う多様な行動を判別して理解するために、ステッドマンはスポイラーに

32　Rami G. Khouri, "Whose crimes against humanity?" in *International Herald Tribune*,18 July 2008.

関連する四つの要点、すなわち、（1）ポジション、（2）数、（3）タイプ、そして（4）位置を識別した[33]。ポジションとは、妨害者が平和プロセスの中にいるのか外にいるのかを指す。中にいる妨害者はプロセスを邪魔するために「こっそり戦略」を使う傾向にある。一方で外側にいる妨害者は平和プロセスを止めるか破壊するために表立って暴力を使う傾向にある。妨害者たちの数とは、二つ目の主な要素あるいは問題である。それが妨害の成果に影響を与えるのである。平和の擁護者あるいは平和構築者は一人以上の妨害者に対応しなくてはならず、それぞれのニーズはそれぞれ、固有に取り扱われなくてはならない。さらに平和構築行事の推進者あるいは平和構築者は、自分たちの対応が、妨害者に与える影響をよく理解した上で妨害者に対応しなくてはいけない。第三の主な問題あるいは要素は、妨害者が持っている目的あるいは特定の興味のタイプであり、ゴールを成し遂げるためにどれほどの決意を持っているかである。

ステッドマンはまた妨害者を三つのタイプに分類している。「限定的」、「総合的」、そして「貪欲」である。「限定的」な妨害者は非常に特化した限定的な目標を持っている。対照的に「総合的」な妨害者は状況に対して絶対的にコントロールすることを望む。「貪欲」な妨害者はこの二つの中間に位置し、「利益とリスクの計算に基づいて拡張も収縮もする」柔軟なゴールを持つ。妨害者の目標に対するコミットメントは必ずしもそのゴールのタイプに対応しないということを心に留めておくことが重要である。そして妨害者がタイプを変えることもありえる。しかしそれは第四の「主な問題」――妨害者の位置――に頼るところが大きい。ここでの位置とは権力の基盤、そしてそれが主に指導者に属するものか、追随者に属するものかを指す。妨害者の振る舞いが指導者としての立場から来るものなのか、追随者の欲望を反映しているものなのか。もし位置が指導者の立場なら、妨害者のタイプにおける変化が可能である。しかし、追随者なら位置がそのような変化を起こすことはあまり可能性がない。その例として、東ティモールで二〇〇六年に起こった武力闘争のときの、数人の指導者が取った行動をあげることができよう。

一九九九年、オーストラリア軍に率いられた多国籍軍の介入は東ティモールにおける武力紛争を終わらせ、国連暫定政府が民主的ガバナンスの土台を築いた。そして東ティモールに、自由で公正な選挙のプロセスを通じた憲法に基づいた政府が確立された。しかし、二〇〇六年、政府が国軍の運営方式に関して意義申し立てをした「嘆願者」（petitioners）グループに適切に対応しなかったために、政府首脳部と不満分子との間で武力闘争が起こった。政府にとっては、これらの嘆願者はスポイラー（spoilers）と呼ばれる者たちであった。選挙で選ばれたフレテリン党が政権をとり、総理大臣となったアルカティリ氏にとっては、嘆願者は政府が推進している国家政策の「妨害者」あるいは「破壊屋」であった。しかし嘆願者の気持ちを理解していた、グスマン大統領にとっては、良き国家を築くにあたっての妨害者が誰であるかは曖昧であった。国連や国際社会の平和構築支援者たちにとって、

33　Stephen John Stedman, "Spoiler Problems in Peace Processes," in Paul C. Stern and Daniel Druckman, eds., *International Conflict Resolution After the Cold War*, National Academies Press, 2000.

この現象が妨害行為なのか、進化のためにシステムを変えようとする行動なのかを見極めることは難しかったと言えよう。そのためには、ニューマンとリッチモンドが示唆したように、「何が原因なのか、何が動機なのか、そして何が妨害をエスカレートさせるのかを理解するために、『妨害者たち』の戦術、動機、そして資金の出所を明確に理解することが不可欠である」[34]のである。

妨害者に関連するこれらの問題に対しては、妨害者管理のための三つの対応策があるとステッドマンは言う。すなわち「誘導」、「社会化」、そして「強制」である。誘導とは平和構築を妨害する派閥の不満に対処するために積極的な対応手段をとることである。これらの不満は通常、妨害者の恐怖心、あるいは公正性や正義に基づいているという主張に基づいている。妨害者が恐怖心から行動しているとき、それはある種の身体的な保護を要求している。公正性から行動しているときは、通常は物質的な恩恵を要求しているのだろう。正義感から行動しているときは、認識や合法性を要求する傾向にある。誘導はこの安定性、物質的な恩恵あるいは合法性を提供することを含み、「デフォルト戦略」となってきた。なぜならそれは往々にして、実行するのが最も簡単な戦略であるからである。残念なことに、誘導は不適正に使われたとき、問題を悪化させることもあり得る。ベトナム軍によるカンボジア侵攻で民主カンプチア政権が崩壊した後、ベトナム軍の撤退とともにプノンペンに成立した国家であるカンボジア国（State of Cambodia：SOC）などが例としてあげられる。

社会化戦略は平和にコミットし、平和プロセスに参加することを求める人たちが受け入れることができる、振る舞いに関する一連の規範を確立することを意味している。これは長期にわたるプロセスになる可能性があり、規範的に受け入れ可能な振る舞いを引き出す二つの要素を含んでいる。すなわち物質的および知的な要素である。物質的な要素とは、基本的に、妨害者たちの振る舞いを確立された規範に従って処罰あるいは賞賛すること、つまり「飴と鞭」で構成されている。知的な要素は、望ましいとされる規範的な振る舞いの価値を擁護する者が働きかけることによって構成されていると言える。それらが社会に受け入れられるには、規範が明確に確立され、すべての利害関係者に伝えられなくてはならない。そして長きにわたって一貫性がなければならない。モザンビークにおけるモザンビーク民族抵抗運動（ＲＥＮＡＭＯ）の管理が、そのような戦略が成功裏に遂行された例である。

強制戦略は処罰に対する恐れに依存する。強制戦略にはいくつかの種類がある、例えば脅威、武器の使用、「発車する電車戦略」、撤退戦略などである。脅威は、文字通り、妨害者を脅し、味方になるようにする手段である。武器の使用とは軍隊の力で妨害者を「打ち負かす」ことを意図している。「発車する電車戦略」は、妨害者が参加しようがしまいが平和プロセスは後戻りすることなく進めていくことを示唆している。筆者が五〇〇人に上るＵＮＶ選挙管理人団の総括運営者として参加した国際連合カンボジア暫定統治機構（United Nations Transitional Authority in Cambodia：UNTAC）がよい例と言えよう。明石康氏が国連特別代表として率いたＵＮＴＡＣがカンボジアで行ったクメー

34　Edward Newman, and Oliver Richmond, eds. *Challenges to Peacebuilding managing spoilers during conflict resolution*, United Nations University, 2006, p.7.

ル・ルージュに対する国連の戦略はリスクが高かったが、成功裏に実施された「発車する電車戦略」であると言えよう。撤退戦略は、妨害者が協力することを拒絶すれば擁護者が撤退するという戦略で、「発車する電車」の対極にある。この戦略は国連の威信を落とすばかりでなく、悲惨な結果を招く場合がある。ルワンダでの大量虐殺がその顕著な例である。

平和構築のプロセスにおいて、対立者たちのポジション、数、タイプそして位置関係をよく理解すれば、三つの戦略すなわち「誘導」、「社会化」、「強制」のどれが有効か、状況に応じて分類できるとステッドマンは説いている。通常は、絶対的な対立者あるいは妨害者には、武器の使用か「発車する電車」が唯一効果的な戦略である。誘導は限定された妨害者に有用かもしれないが、それは彼らの不満がその他のステークホルダーたちにとって受け入れ可能である場合に限られる。さもなければ、それ相応の社会化か強制が必要かもしれない。しかし、誘導は決して貪欲な妨害者に使われるべきではない。それは単にさらなる不満への欲望をそそるだけになりがちであるからである。状況によっては、それなりの強制が必要かもしれない。しかし長期にわたる社会化が、貪欲な妨害者たちに対する唯一真に効果的な戦略である。これらの適合規則というのはただガイドラインにすぎない。特定の紛争状況に応じて戦略は個別に立てられなければならないだろう。

もし平和構築推進者が、対立者のタイプを適切に診断し、適正な戦略を選択することができれば安定は維持される可能性がある。しかし、もし対立者が間違って診断され、不適正な戦略が実行されれば平和は持続せず安定性は失われるだろう。

人々の心構えや考えに意味のあるインパクトを与える介入の手法は何度も策定しなおされなければならない。筆者が四年三か月従事した東ティモールの例を取って考えてみよう。国連東ティモール統合ミッション（ＵＮＭＩＴ）は何をしたのか。たぶん、国連東ティモール支援団（ＵＮＭＩＳＥＴ）と国連東ティモール事務所（ＵＮＯＴＩＬ）が行ったことはまったく同じではないにしても、それほど異なってはいなかったかもしれない。国連平和維持ミッション、ＵＮＭＩＳＥＴ、ＵＮＯＴＩＬとＵＮＭＩＴによって実行された警察トレーニングの実質と本質は何であろうか。それは国家の警察官や司令官の心構えと考えを進化させるためのインパクトという観点からどれほど効果的だったのであろう。警察官が上官や政治指導者の命令に盲目的に従うことがないように、筆者たちは、どうしたらうまく東ティモールの警察官を訓練することができるのか戦略を練った。キャップストーン・ドクトリンが「ミッションの信頼性」を維持するために実行されなくてはならないと説いていることは確かである。一つの組織として行動する統合された国連の警察隊を組織し、管理することは重要であるが、現地の警察官の考え方と行動の仕方を変えることは至難の業である。

保護する責任（Ｒ２Ｐ）やその他の国際社会での理論は、国家の指導者たちと治安部隊が国民を保護する責任を持つことに期待している。民主主義において、国家の指導者たちと治安部隊はまた、彼らの決定と行動に関して国民に説明責任を持つ。国家の指導者たちも治安部隊も憲法条項と人権の尊重に従ってプロとして振る舞い、行動することを期待されている。これはさらに、国家の指導者と安全保障職員は、民主社会で公務員を拘束するのと同様の規則や原則に従うべきであるということを意味する。国連開発計画（ＵＮＤＰ）の『人間開発報告書』が示唆したように、治安部隊の民主的ガバナンスを成し遂げるために三つの課題がある。第一に、治安部隊に対する行政府による直接統治を確立すること。第二の課題は治安部隊のプロフェッショナリズムの文化と政治的中立を育成すること、第三に、警察力を軍と明確に分離させることである。[35]

多くの国々において、特に紛争後の社会においては、治安部隊の行動と国民に対する説明責任は尽きない課題である。警察と軍事機能を混同することは、警察官と軍の兵士の間に混乱を起こす。また、この二つの治安機関の間の関係の曖昧さは衝突や不必要な暴力の主要原因と考えられている。また、政治指導者たちが警察を彼らの専制的な権力の道具にすることもありがちである。このため、安全保障機関のプロフェッショナリズムを育成し、彼らの各々の役割と機能を明確に分別することが提案されてきた。しかし実際、筆者が安全保障管理と運営を見て、治安機関における紛争の原因は、所属する民族、文化、宗教による職員やその他の個人に対する差別と不公正な扱いであるように思える。悪意のある指導者たちは、容易にその差異を利用し、駆り立てる。それゆえ、安全保障機関の制度メカニズムを形成する際、国際平和構築者は、公正性や、さまざまな背景や地域共同体から来た職員の間の結束をどうやって維持するかに焦点を当てる必要がある。さらに、安全保障機関職員が自らの義務は国民に奉仕することであると十分に理解するように、彼らの心理が変わることが不可欠である。

東ティモールの警察アカデミーで階級認定試験が行われている最中の二〇一〇年一月八日、当時のシャナナ・グスマン首相とジョゼ・ラモス＝ホルタ大統領が国家警察隊（ＰＮＴＬ）隊員たちに、国民と国に奉仕するために心構えを変えるよう繰り返し呼びかけたことは意義があった。ホルタ大統領はＰＮＴＬ警察官がＰＮＴＬの組織をより強化し、法と秩序をより最適にプロとして実行するために、次のように強調した。「警察官採用試験は、隊員（ＰＮＴＬ警察官）が仕事をよりプロとして遂行できるように、考え方を変えるために行われている」。さらに、「これはまたＰＮＴＬ組織改革のための政府計画の一部である」とも付け加えた。[36]

治安維持を担当する職員の心に混乱が生じることを避けるためには、命令と制御体系が明確に確立されなくてはならない。各々の安全保障機関が果たすべき役割、報告体制と任務遂行における不明確さは、安全保障分野改革全体の結束性を深刻に危険に陥れる。安全保障分野の改革を成功させるために、国際平和構築者は、政治指導者がその運営におけるプロフェッショナリズムと公正さを育成することにコミットするようにさせるべきである。紛争後の国では、独立を求めて戦った戦闘員が軍隊に入隊できるのか、主要な社会的インパクトとして外部に残されるのかを左右するその認可は、政治的な要素であるだけでなく、経済、社会的な要素でもあるのである。さらに、政治的な操作に抵抗できる安全保障機関のプロフェッショナリズムと中立性を育成することが不可欠である。

35　国連開発計画『人間開発報告二〇〇二』九〇頁。
36　*Diario Nacional* のテトゥン語の記事「グスマンとホルタが警察官に考え方を変えることを呼び掛ける」を引用した、二〇一〇年一月八日付の東ティモール購読者ニュース Local and International Media Monitoring.

妨害者とは、戦争で利益を得た、あるいは紛争後の状況で自分たちの利益を増やしたい個人の集団であるとも言えよう。あらゆる平和プロセスは勝者とともに敗者、「妨害者」を生み、しばしば平和プロセスの遂行を妨害する。平和プロセス、そして選挙は、紛争を継続することを望む者からの攻撃のリスクにさらされている。妨害者の問題は選挙援助と密接に関連している。それが必要となる援助の形式を変えるからである。民主的プロセスを確実なものとすることが援助の主要分野であるとすれば、安全を確保することは、それ以上に大事なことであるのだ。また、選挙は政党の育成なしには進まない。平和的な政党に権力を争わせることが必須なのである。そのため、選挙援助には今や平和的な政党の育成が戦略的なミッションのひとつとして構成されるようになった。紛争後社会のほとんどは貧困や国民の間の深い溝で特徴づけられている。政党の育成に対する適正な援助がなければ、彼らはそのような溝を広げる傾向にある。政党の中にはもともと紛争の原因となった不安に訴えることによって有権者のサポートを得るものもいる。そうした政党は帰属意識関連の問題に関しては強硬派の立場をとる傾向にあり、民主化プロセスにとってはマイナスの結果を生むのである。

第8章　紛争後社会における指導者の志
――「永遠なる平和」のために

第1節　『永遠平和のために』必要な条件とは

世界から国家間の戦争そして国内や地域社会での紛争をどのようにしてなくすことができるであろうか。今から二世紀ほど前に、哲学者イマニュエル・カント（Immanuel Kant）が提唱した『永遠平和のために』[1]なされるべきことが、平和構築を成功に導くためには核心的な必要条件であると言える。カントが提唱した永遠なる平和論の解析を行って、グローバリゼーションの世界でどのように平和が構築されるか考察してみよう。

頻発する国家間の紛争によって平和秩序が大きくゆらいでいた一八世紀の末期のヨーロッパで、カントは永遠なる平和はどのような条件を満たすことで達成できるか自らの哲学的思考を駆使して考察

イマニュエル・カント（1724-1804）

した。この提言が単なる理想論だと批判されてきた傾向があるが、深く読み解くと、人間本性への鋭い洞察が込められていることがわかる。

『永遠平和のために』が書かれた時代には、民衆たちが戦争を忌避し平和を希求する一方で、国家間のエゴが対立しあい、一部権力者たちによる軍備拡張や戦費の増大がとめどなく進んだ。長い歴史の流れの中では、戦争を回避し、恒久平和を実現することは不可能なのかという絶望感も漂っていたと言えよう。そんな中、カントは「国家」の在り方や「政治と道徳」の在り方に新たな光をあて、人々がさらされている国家間での戦争の脅威に二世紀前に立ち向かった。

カントは国家を人間と同様の生体として捉えた。そして人間自体は、道具として扱われるべきではなく、人間が自らの尊厳を保つことが究極の目的であると説いた。それと同時に、人間の貪欲さと利己性を鋭く分析した。人間は自らの欲望と利益のみを追求する邪悪な存在であり、国家も同じように自らの国家利益のみに関心をもっている。国家そして民族間の対決や紛争を防止するには、この二つの対比する傾向、すなわち尊厳と利益の追求欲を融合させることが必要条件であると提唱した。

国際社会の自然状態は戦争状態であるとカントは見極め、人間そして国家の貪欲さに鑑み、停戦合意や平和条約を結んだところで、戦争や紛争の再発を防止することはできないと説いた。そして、紛争の根源的な原因を除去できない状態で、永遠な平和状態を築きあげるには、戦争や紛争を予防できる国際的な制度を確立する必要があるとした。そのために特定の国家や社会での慣習や規則を国家間の基準とすることは、覇権国の力が絶対的な場合を除けば、混乱と紛争を招くのみであるとし、社会の永遠な安定と平和を成し遂げるには、普遍的な道徳法則を根拠とした定言命法（Kategorischer Imperativ）を確立すべきであると説いた。

定言命法とはカント倫理学における根本的な定理であり、理性に基づいて究極的には無条件に従うべき道徳的に絶対的な法であると定義された。これはどのようなことを意味したか、国家そして国際社会の望まれる統治方法から見てみよう。

まず国家の統治に関してカントは、人民に選ばれた代表者が法律を定め運営する主権国家であることにより、独立を保つと共に、道徳法則を自らに課す理性に基づいた法の支配を基盤とすると考えた。そのためには公正で公開性のある統治を行うことが重要であると説いた。そして、「常備軍の廃止」「諸国家の民主化」「平和のための連合創設」など、戦争や紛争が起こる余地のない国際社会を構築するには、世界連邦あるいは世界共和国などが理想像として考えられたが、個々の国家と国民の言語や文化などの存在が喪失されることを危惧し断念した。その代わりに、国際社会を構成する国家が結ぶ

1　カント『永遠平和のために』宇都宮芳明訳、岩波文庫、一九八五年。

条約からなる国際法を基にして、国家間の協調を促す国際連盟や国際連合のような国際組織を設立することを提唱した。このような組織では、国家の主権と独立が維持されると判断した。

筆者は、カントがなぜ理想状態とされてきた戦争のない「世界国家」を断念して、国家の「平和のための連合」を提案したかを、より深く解明していく必要があると思う。民族間、宗教観の対立が激化し、テロや紛争が絶えない時代に突入した今こそ、人間の本性に根ざした指導者の考え方や行動を征御していく法や制度のあり方を再構築すべきであると考えている。「世界国家」という構想ではなぜ駄目なのかという問いに対して、世界国家への統合により、異なる文化、価値観、言語という個別の事情を超えて、特定の強者の文化や価値観が一方的に物事を決定することになり、国際社会に大きな亀裂を生みかねないというのがカントの考えであった。これは人間や国家の性格に関しての洞察を反映しているかもしれないが、このカントの問題意識は必ずしも論理に従っているとは言えない。政治的な中立国として知られているスイスではドイツ語、フランス語、イタリア語及びロマンシュ語が公用語であり、文化や価値観も異なっているが、人権を擁護し民主主義を土台として連邦国家として機能しており、世界でも優秀な国家の一つとして高く評価されている。

しかし国家間の軍事力のバランスや、アメリカなどの強大な軍事力と経済力のある特定の国の覇権の下で、一時的な安定と平和を保つことはできても、永遠なる平和が達成されるものではないことは確かだろう。国際社会を構成する国家群がすべてのメンバーに公正と受け取られる法の支配を確立して、それに基づいて紛争を解決する統治方法により永遠なる平和が成し遂げられる。これは、ブトロス＝ガーリが一九九六年に自らが発表した「民主化への課題」（第1章参照）の中で取り上げた国際社会の設立を意味していると言えよう。日本という国家が安定して治安が保たれていることは、中央政府自身が法に従い権力を公正と公開性を遵守しつつ施行しているから実現されているのである。これは誇るべきことであり、国際社会全体がこのようになれば、永遠なる平和を成し遂げることができるようになる。そのために、従来の国家間の軍事同盟などによる勢力のバランスを求めるのではなく、グローバルガバナンスの観点に立って、日本は積極的に国際社会で、平和構築に貢献していくことが望ましい。

第2節　紛争後の社会での平和構築の核心的な要素

カントが生きていたときに起こったフランス革命にともない、一九世紀になると自由主義の思想が台頭し、人民が主体となった政治体制が創立されるようになった、そして、二〇世紀になると第一次世界大戦後の国際連盟の創設により、自由民主主義体制と国際平和の達成が試みられた。第二次世界大戦後には、国際連盟の崩壊から学んだ教訓を生かして、国際連合が設立された。国際法を順守し、平和と安全を保ち、基本的人権を守り、自由な社会の促進と市民の生活水準の向上を目標とした。しかしながら、東西の冷戦状態に入ると、アジア、アフリカそして南アメリカで半世紀近くにわたり、自由民主主義と共産主義のイデオロギーの対立による国家間の戦争や武力紛争が絶え間なく続いた。

ソ連の崩壊に伴い冷戦が一九九〇年代の初頭に終結すると、自由民主主義が世界中で良きガバナンス（Good Governance）の土台となると思われた。戦後のリベラリズムすなわち自由民主主義政治の思想が自由民権と経済成長をもたらすと信じ、発展途上国そして紛争地域での民主化に国際社会の平和構築支援者は邁進してきた。しかし、政治経済体制の自由民主化は住民の生活の向上に即時には効果をもたらさずに、かえって国家社会を不安定にして紛争の再来を招くことも多々あった。そのような状態で、紛争多発国や地域では、治安の安定をもたらし持続できる平和の構築を成し遂げるために、現地の統治体制よりも指導者の志と資質が決定的な要因であることが明らかになってきた（第7章参照）。

第二次世界大戦後、冷戦が東西を分断した時代において、W・W・ロストウ（Rostow）は、一九七一年に出版された著書で、近代化の根底にある要素に関して、発展途上国での政治の特性を検証し、政治と社会の間のバランスは、農業生活の伝統的な統治方法より、商業・産業の近代的な行政へとシフトしなければならないと説いた。そして政治形態と権力の移行のための新しい統治構造をとり入れるようにしなくてはならないと説いた。単に相続した社会的立場や性格などというものよりも、政策で政治と政治家を判断しはじめなくてはならなくなったと判断した。そして台頭する政治構造が民主主義として現れてくるなら、権力を供与し移譲するための形式を育成しなくてはならないと分析した。[2]

同時代のもう一人の著名な学者、イルマ・アデルマン（Irma Adelman）と同僚シンシア・タフト・モリス（Cynthia Taft Morris）は七四か国の要素分析に基づいて、民主的ガバナンス形態も独裁的なガバナンス形態も、経済活動に対してまったくあるいはほとんど体系的な効果を及ぼさず、その代わり、経済の進展のペースと非経済的要因の間に密接な関連があったことを指摘した。非経済的要因における「決定要素」の本質と重要性は、社会経済開発の段階に応じて、体系的に変化することが明らかになった。産業革命以前の社会では団結力や統制力などが経済活動に対する最も重要な非経済的な影響力であった。産業化が発展した国々では、経済活動にインパクトを与えるのは政治力になった。社会的進化と政治的進化、そして経済の近代化は、国々が社会経済的により高いレベルへと進化していくに従って変化しながら相互に作用しているという四〇年以上前に発表された見解は、いまだに有効であると言えよう。グローバリゼーションが深化するなかで、人々の経済行動、社会活動そして政治行動の相互依存性が増してきていることを認識する必要がある。今日、社会の最低レベルで生きている人々は、四〇年前の同レベルにいた人たちよりも、社会で何が起こっているかをより多く知り、指導者に対してより多くのことを期待するようになった。紛争後の国家においては特にそうである。アデルマンは深い洞察により、政治的安定性、官僚制度の近代化、そしてより強固な独立国家の構築は、このような状態の国々にとって素質のある国家の指導者の一番重要な政治的目標であるべきだとした。[3] 筆者には、指導者の素質が重要であるというアデルマンの説は二一世紀の紛争後の国家に

2　W.W.Rostow, *Politics and the Stages of Growth*, Cambridge University Press, 1971, p. 59.

とってより的を射ていると思える。紛争後の状況にある発展途上国の指導者たちが、国民が安定した社会で生活水準をあげることができる国にすることを指導者の責務であると常に心に置いておくべきであるとする考え方には同感である。

その後にはロナルド・イングルハート（Ronald Inglehart）が、一九八一年から一九九〇年にわたり四三か国において行った調査で、近代化の過程と近代化後の期間に、これらの国々で起こった変化を分析した。信条体系と政治的、社会経済的変数の間の強い関係性を示すために、世界の価値観調査というユニークなデータベースを引用している。このデータベースは政治と社会的生活の大衆への影響を知るために、今までで一番幅広い範囲をカバーしたものとみられている。世界人口の七〇％を占める国民一人当たりの年収が三〇〇ドルの社会からその一〇〇倍以上高い国家社会までを分析し、自由民主主義国家から独裁国家までの社会からの情報を網羅した。

この研究の結果は、社会経済的変化の軌跡の中でいくつかは他の軌跡より、社会の変化は予測可能であることを示唆している。[4] すなわち経済的、政治的、そして文化的変化の間の関係を分析して、政治的、文化的な変化は、経済発展に伴って往々にして予想可能な方法で起こると断定した。社会が一度産業化に向かうと、大衆の流動化から性差による役割における差異の縮小まで、関連する変化の全体的な兆候が現れる傾向にあると主張した。これらの変化は、世界的な観点からみると、経済的、政治的環境の変化を反映しているように思われる。しかし、それらは世代的な時間差をもって起こり、それら自身がかなりの自主性と勢いを持つと判断した。イングルハートはさらに、産業化後の社会の価値観に根本的なシフトが起こり、産業社会において特徴的な手段としての合理性に再び重要性が置かれるようになると主張した。

第二次世界大戦後の価値観は国家主権と民主的な政治体制を誕生させ、国際社会的な変化をもたらしてきた。グローバリゼーションが急速に進展するにつれ、国際社会体制の構造が激変しはじめた。技術や資本のみならず労働者の自由な移動が可能になると、国際経済は効率を増し成長しつづけた。しかし、その利潤は少数の国家、資本家そして投機者により独占され、国家間と国内での格差が急速に増し、政治・経済的な不安定をもたらした。その上に、人種そして宗教の対立を深め、多くの地域で再び紛争と戦争の可能性が現実のものとなった。

第3節　国家指導者と国際社会の平和構築支援者の志

本書の最後に、武力闘争に明け暮れる現地の指導者たちがどのような志を抱いて行動していくべき

3　Irma Adelman and Cynthia Taft Morris, *Society, Politics, & Economic Development: A Quantitative Approach*, Johns Hopkins Press, Baltimore, 1967, pp.272–273.

4　Ronald Inglehart, *Modernization and Post modernization: Cultural, Economic, and Political Change in 43 Societies*, Princeton University Press, 1997.

か、また、先進国など国際社会の平和構築支援者がどのような志を持って活動をしていくべきかを考察したい。結論としては、紛争多発国や紛争後の国々や地域で持続可能な平和を構築するためには、現地の指導者たちと国際社会からの平和構築支援者の志が合致して融合することが決定的な要因となると言えるだろう。

筆者が国連の平和構築活動に従事したカンボジア、ソマリア、ルワンダそして東ティモールで学んだ教訓は、国家の指導者が自己の権力欲や外部からの不当なプレッシャーに屈することなく、道徳法則に従って自らの意志で国家の安定と経済社会開発を成し遂げるための自律精神の重要性である。また、恒久平和を可能にするには、まずは、指導者が強い意志を持ち、紛争当事者の和解を達成し、国民の福利を確保することであり、国際社会が支援していくことである。

紛争後の国家の指導者の志

紛争多発国そして紛争後の国家における平和構築活動を施行していくにあたって、現地の指導者は、地球共同体への帰属意識と統一性を保ちながら持続可能な平和と開発を成し遂げるための国家の能力構築が重要な目的であることを、心に留めておくことが必要である。その上で、公的機関とくに治安部門に従事する職員は、心構えと思考方法を変えることが重用である。このことは単純にみえるかも知れないが、平和構築支援活動の土台として厳守する必要がある。

ルワンダと東ティモールという、ジェノサイドと長い独立闘争を経験しそれが精神的な傷となっている二つの国家に筆者は国連の代表として務め、これらの二つの国家の基盤を築き統治能力を養成していくとことに現地の指導者と一緒に関与してきた。ルワンダにおいては、一番必要とされたときに国連が逃げ出してしまい、虐殺を止められずに厳しく批判された。その後の二〇年の間に、ルワンダの指導者、ポール・カガメ大統領は、国家の強靭な統治基盤を作りアフリカで一番安定した社会を構築した。

ポール・カガメ（2014 年撮影。Veni Markovski/CC-BY-SA-4.0）

筆者が一九九五年一月から一九九六年七月までの国連常駐調整官としての任務を終え、首都キガリを去る寸前に、当時は副大統領であったカガメ現大統領との会話で要請したことを今でも鮮明に覚えている。筆者はそのときカガメ氏に、世界のほとんどすべての人たちが不可能だと思っていることを成し遂げてほしいと要望を告げた。それは自立した国家を築きあげると同時に、自らを戒める自律の精神で国民に責任を持つ安定した進歩的な国家を築きあげるということであった。単なる国家の安定だけでなく、国民の人間としての成長と社会の近代化を成し遂げることができるということを意図した。

この二〇年間にルワンダはアフリカで最もダイナミックで進歩的な国となり、他のアフリカの国々から賞賛されている。一方、先進国の知識人や人権擁護者たちからはルワンダが専制主義国家になり恐怖の満ちた社会になっていると批判されている。独裁者になってきたとの批判もあるが、それでも部族間の憎しみを克服するために、フツ族とツチ族の差別を撤廃しすべての国民はルワンダ人であるとの考え方で共存できる社会を構築したことは、カガメ大統領の堅い決意の賜物と言えよう。国民が望む治安の安定と経済の成長を可能にしたのは、国際社会がルワンダの自立精神を尊重して介入をしなかったからであるとも言える。強固で安定した独立国家と国民一人一人が安全であると同時に自由で過ごせる社会が共存できることが望ましいが、この二つの価値観で選択を強いられた場合にどちらをまず選ぶかが必要になる場合がある。そのときに、国際社会が介入して決めるべきか、その国の指導者と国民に任せることが優先されるべきかが、問われることになる。

　地球の反対側にあるもうひとつの国、東ティモールでは、シャナナ・グスマンのリーダーシップの下で平和構築が成功してきて国際社会からも評価されている。インドネシアからの独立後には、指導者の間の権力闘争を起こしたが、当事の首相であったアルカティリ氏の辞任と多国籍軍の投入により、国家の安定を回復した。ルワンダと違って、東ティモールは国連のたゆみない平和維持活動、平和構築活動そして復興支援から多大な恩恵を受けてきた。主要な支援国が不適切な政治的介入を避け、国連を通して専門的な技術支援をしてきたことは建設的であった。公共機関を順調に稼働させるために、国際連合、世界銀行、欧州連合や日本などが国家組織の能力構築援助をしたことも有益であった。国際社会の支援国が紛争後の国の新生を東ティモール人が成し遂げられるという希望を与え、東ティモール人がそれに成功するという国際的な期待感が東ティモールの指導者と国民の心理を高揚させ、自立精神を強化するために多大な影響を及ぼした。それと同時に権力の乱用を防ぐために、透明性と法の支配を守っていくことが国家の安定にも寄与したと言えよう。

東ティモールの指導者は、自らそして国民が今までの考え方を変える必要性があり、究極的には、国民の心理を変えるという課題に取り組まなくてはならないと痛感していると、筆者に数回にわたって示唆した。筆者は国連を引退した後にも東ティモールを毎年のように訪問したが、二〇一〇年の三月に訪問したときは、シャナナ・グスマン首相が国家警察の式典で、警察官が今まで従ってきた行動の規範や考え方を大胆に変え、市民に好感が持たれる「近隣警察」（community police）になることが必要であることを力説した。「近隣警察」というのは、警察官が地域共同体の人々とより密接に接することができるよう徒歩で警察任務を遂行する警察官を意味した。この概念は日本の交番制度に似ており、警察官が徒歩で巡回をすることを意味するだけでなく、治安を保つために権力の代行者というよりむしろ市民側に立って行動するということの重要性を示している。

ルワンダと東ティモールの両国で勤務しながら筆者が学んだことは、民族間の関係や治安環境の変化に対応して、指導者が均衡の取れた統治を行う心構えを持つ必要性であったと言えよう。自分たちが勝ち得た領土や社会を維持し、それを持続可能な開発プロセスへと進展させる決意をしたことであ

5　*The New York Times*, Editorial Opinion Page, "Many Africans see Kagame's Rwanda as a model. They are wrong," August 11, 2017. *The Economist*, "Rwanda and its President Paul Kagame, feted and feared," July 15, 2017.

る。すなわち、指導者が成し遂げた重要なことは、心の再構築なのである。どこでどうやって彼らがこの心構えと考え方を身に付けたのかを説明するのは難しい。しかし、平和構築の成功の秘訣は、指導者が新しく身に付けた心構えであることは疑いない。

紛争後の地域における治安の安定と持続可能な平和を築きあげることができる指導者は、平和と国益を追求するために国内外からの阻害要因から社会を守らなければいけない。そのためには、外国からの圧力に耐えられる自立心を養い、また、国内での腐敗や権力闘争を抑制できる自律心を維持することである。宗主国が過去に行ってきた植民地政策とか侵略行為を自らの失政の原因として延々と論ずるのではなく、社会の将来に明るい展望を抱き、実現することに専心する決断力と意志の堅さである。カガメとグスマンは、それがヨーロッパの宗主国であるベルギーであれ、アジアの大国のインドネシアであれ、不屈な精神を維持して外国からの影響を受けることなく、自らの社会を構築するという強い意志をもってきた。

新たに独立した国や紛争後の国々では、過去を振り返り、過去の残虐行為や悲劇に責任があるとして宗主国などを責めるだけで終わってしまう傾向があるが、グスマンの関心が将来の国家造りに向けられていたことは、高く評価すべきである。自らのビジョンを現実にするために、力強く行動するための自制心を持っていた。長年に渡って独立闘争を戦ったグスマンには、心から湧き出る楽観主義と独立への堅い意志があった。それと同様に、理想とされる社会を創造したいという願望と決意があった。独立を勝ち取った国が徐々に専制主義化していくと、独裁国にならないように政府に待ったをかけた彼の堅い決意を、筆者は一緒に仕事をしていて肌で感じた。

国家や国益を第一に考える自立心に富んだ指導者を育成することが、国家において持続可能な平和を構築するために必要不可欠であることは明らかである。そのために、国連の平和構築ミッションにとっては、指導者と国民に国家の利益を最重要視するような心構えをはぐくむ手助けをすることが、最大の責任なのである。いったんこの基本的な原則がミッション指導者の心にしっかりと根付いたら、今まで論じてきた一連の改革活動が遂行されることになると言えよう。

国連平和活動、特に平和構築活動を主導する指導者の心構えに必要な要素を要約すると以下の点になる。

シャナナ・グスマン（2002 年撮影）

第一には、紛争多発国の主要な活動家が多種多様な動機と願望を持っていることを、平和構築支援者たちは十分に認識することである。民主的ガバナンスの文化が指導者と国民に根づくまでのかなりの期間、平和維持活動を続けていくことが不可欠であるが、そうすることで権力の移譲が武力紛争なしに行われることができるようにすることである。国家の利益や一般の人々の幸福を犠牲にしてまでも、社会において特定の指導者たちが自からの特権や立場を維持することが目的となる傾向がある。

第二点としては、平和ミッションの運営に関して、平和維持と平和構築活動が統合されることがますます必要になってきているのを理解することである。平和維持から平和構築へ、そして、その後の持続可能な開発枠組みへ移行している紛争後の国家において、社会の安定を成し遂げるために、運営上の教訓が重要である。それらは六つのことがらに分類できる。すなわち①治安分野改革におけるその国特有の必要性への取り組み、②基本的な公共サービスを提供するための政府能力育成、③民主主義ガバナンスの原則と構造の確立、④公共機関および公務員の透明性と説明責任の確保、⑤真実、和解の促進と司法制度の確立、そして⑥貧困削減と経済成長の達成である。

国際平和構築支援者たちは、現地の指導者および国民の心理と心構えを理解し、進化させる必要があることを理解せず実践もしていない。しかし、このことは平和と社会の安定の持続可能性を成し遂げることに従事している平和構築者支援者にとって最も重要な任務なのである。そうすることによって、平和構築支援者は現地の人々の安全保障に対する見方と、現地の土着の権力構造における変化を望む住民たちの望みを十分に理解することができるようになるに違いないと思う。平和維持活動部隊が継続することが必要かどうかは、国際軍事監視軍の目の前にある見かけの安定性だけではなく、現地の活動家と人々の精神と心に及ぼす意味合いも考慮に入れて決定されるべきである。

国連の平和構築政策は、国家構築努力における制度上、手続き上の面にその焦点を集中させてきた。しかし、平和構築の目標を成し遂げるために何がなされるべきか判断をするにあたって、紛争後の社会における政治的本質と文化に関しては十分に取り組んでこなかった。平和構築における国家と地方の指導者が担う役割に関しての信頼できる理論を展開してこなかったのである。

紛争後の国家における持続可能な平和構築のプロセスは、究極的には、政治社会の成長に依存している。その成長のためには、政治指導者が彼らの個人の欲望と利益を超越し、より幅広い社会的利益、そして国益に対してコミットしなくてはならない。ルシエン・パイが指摘したように、政治的発展のプロセスでは人々が明らかに偏狭的な観点から超越して、包括的な政治制度の課題に取り組むにつれて、同調者と支援者が広がっていかなくてはならないのである。平和構築における究極の目的は、住民が安心できる安全で安定した社会と、個人の自由である。それは指導者と国民にしっかりと根付いた民主主義において以外は極端に限られている。

国際社会の平和構築支援者の志

国際社会から紛争地に赴く平和構築支援者たちは、現地の社会における政治文化を深く理解する志を抱くことが必要である。そして現地の指導者や住民の心構えと振る舞いを解読し、持続可能な平和の構築と国家の成長へと導くことである。そのためには、平和構築支援活動の究極的な目的は、現地の指導者や活動家と信頼関係を築いて、指導者たちの心構えと心理を変革することである。

平和構築活動の目的が、現地の指導者と人々が法の支配や選挙プロセスを含む民主的ガバナンスの原則を受け入れることであれば、平和構築支援者は現地の社会的、文化的な要素を熟知して、平和構築の支援戦略と活動に反映させなくてはならない。現地の指導者と活動家たちは、権力や権威をめぐる闘争に躍起となるあまり、基本的人権や法の支配等の国際規範を受け入れ順守することができないのが現実である。現地の指導者たちは、往々にして自らの個人の権力と権威が維持できるかどうかを懸念する一方で、国民は、自らの身体的な安全と福利厚生など、人間としての基本的なニーズを満たすために必死である。そのようなニーズは世界共通ですべての人間に当てはまる。国際社会で平和構築支援に携わる者たちは、このような国家の指導者と国民の行動や振る舞いを理解することは最も重要である。なおかつ平和構築者支援者は、現地の指導者や活動家が抱いている願望やニーズの優先順位を理解する必要がある。平和ミッションや援助機関が自分たちの価値観や目的を現地に押しつけると、必ずしも現地の価値や優先事項と合わずに意図していない結果が出る場合が多々ある。[6] なぜ基本的で国際的な概念が必ずしも紛争後の国家において受け入れられるわけでないかを十分に理解することが必要である。現地の価値、習慣、文化的な特性と歴史的プロセスを深く理解し、受け入れることで、受け入れ国と国際社会の二つの平和構築の展望が一つの一貫性のある目標へと統合されるのである。

国際社会での平和構築支援者が現地の指導者や住民の心構えと心理を理解するなら、自立可能なガバナンスを形成するための効果的な支援も可能になるであろう。そのために、現地の指導者と活動家が自信を得て、馴染みのないプロセスの一部であると感じないように、平和構築政策と実践を現地の環境にあわせて調整することが必要なのである。筆者がルワンダ、ソマリアと東ティモール、カンボジアで平和維持と平和構築ミッションに従事したとき、現地の職員の方が国際職員より現地のできごとに関して洞察深いと感じた。現地職員が知り、理解していることを的確に伝えてもらうことによって、現地の指導者の願望と振る舞いを十分に理解すると感じた。

　多くの平和活動を現場で施行するにあたって、私たちが抱いている潜在意識に影響を受ける傾向がある。政策を実践に移す国際機関のスタッフの中には、現地の価値体系と社会的な慣習が平和構築プロセスへの障害であるとみなし、それらを払拭して「近代的な」ものと入れ替えるべきであると考える傾向が依然としてある。東ティモールでは、国家の指導者たちは、国家の公用語としては原始的なテトゥン語ではなくポルトガル語に置きかえられなくてはならないと判断した。

　国民を対象物として扱ったりせずに、主体者と見なさなければならない。国際機関の政策と手段としての平和構築プロセスにおける主導的な存在と見なすべきであることは、平和構築ミッションの本質を変える必要性を示唆している。現地のスタッフが平和維持や平和構築ミッションにおいて、現地の状況を分析し、遂行のための提案を行うことを任されることはめったにないのである。それは、国際的規範を現地の習慣や信条と完全に統合する際の障害でありつづけている。平和維持活動に携わる国際機関の職員は主に先進国から来ており、往々にして現地の人達を対等なレベルで接し理解しようとしない傾向がある。そのため現地の人たちとコミュニケーションを取り信頼関係を築くための土台

6　Aoi, Chiyuki, Cedric de Coning and Ramesh Thakur eds., *Unintended Consequences of Peacekeeping Operations*, United Nations University Press, 2007.

を確立することができないのである。信頼関係があってこそ、現地の活動家がプログラムや政策を形成するのに主要な役割を果たすことができるのである。さらに、現地のスタッフは被害者が懸念の対象であり、平和構築プロセスの戦略を形成し、選択をするための協力者としてとは見なされない傾向がある。

平和構築支援者が往々にして犯す過ちは、自国で抱いた現地の社会のイメージや考えに基づいて政策や計画を立て行動する傾向があることだ。現地の社会の歴史的過程において、長い期間を経てその地域独自の考え方や価値観が育ってきたのだということを忘れているのだ。この傾向のせいで、平和構築の国際社会の支援者は、自分たちの考え方を理解しているが現地の国民と社会を代表しているわけではない活動家と主に付き合う傾向がある。また、ほとんどの平和維持、平和構築に従事する者は、自らの考え方と対処の仕方において、文化的、宗教的な含蓄の重要性を過小評価する傾向があると言えよう。東ティモールの場合、モザンビークでの二四年にわたる亡命生活の後に帰国したマリ・アルカティリ首相は、キリスト教会と国家を分離しようとした。東ティモールの帰属意識の基礎を構築するためにキリスト教会が重要な役割を担ってきたことを十分に理解していなかったのである。当時、外交関係者の多くが首相の政教分離政策を支援したことは、アルカティリ氏と同じ問題意識をもっていたことを証明した。

指導者が長年亡命生活を送った後に帰国するという多くの紛争後の国家では、二元的な政治文化圏が形成されることがある。権力保持者や統治者たちの間に存在する文化、そして統治される大衆の中に維持される文化である。統治者は大衆の願望を十分に理解し、共有する努力が必要である。国外から戻ってきたエリートの中には、自らの権力と権威を守る法律と規則を制定することに専心して、大衆が願っていることや社会にとって最低限度必要であることを軽視する指導者がしばしばいる。お互いに違和感を抱き対立関係を産むことになる。東ティモールで二〇〇二年に起こった反政府暴動が一例であろう。紛争後の国家の指導者そして国際社会の平和構築支援者たちは、政治的、社会的発展へと繋がるプロセスに従事する前に、現地の文化的、社会的な要素を理解することが不可欠である。政治的、社会的発展は、個人の権利の尊重と共同社会の責任が維持されることができるような個人の価値体系と共同社会の価値体系に基づいていなくては不可能である。

各々の活動家が自らの問題意識で問題を解決しようとすることで問題が起こることがよくある。そのことにより、もともとの紛争の原因となった構造的な不平等と差別が悪化することがある。例えば、現地の習慣と伝統を尊重するという名目のもとに、紛争以前のインフラを復旧しようとすることは最も論理的で公正な行動を行っているように思えるが、新たな組織を築こうとするグループとの対立を招くことがしばしばある。平和構築プロセスが多重で複雑なために、現地の活動家による単なる協働以上の信頼関係を築く必要がある。このため、平和構築プロセスの活動家は、互いに恩恵を受ける相互依存の状態が生まれるような環境を作り出すことに力を注ぐべきである。そうすれば、現地の活動家たちは、国際社会や選挙の勝利者によって作られた政策の単なる対象者ではなく、平和構築プロセスの必要な協力者であると認識しはじめる。

また、統治するための合法性は決して一度に与えられるものではないことを認識するべきで、決して終わることのない相互作用プロセスを通じて、一歩ずつ構築されていかなくてはならないのである。国際平和構築支援チームの役割はその中立性を維持するとともに、国家の指導者が被統治者の同意を得るためには、定期的な協議を行うことが重要であることを認識させることである。

平和構築支援活動の究極的な目標は、現地の指導者と活動家の心構え、心理を進化させることである。自分たちの対立に決着をつける手段として権力や武力を使うことを認める傾向は、武力紛争の主な根源でありつづけてきた。この暴力の悪循環は、指導者の心構えと心理を変えることによってのみ撲滅させることができる。このために、平和構築支援者にとっての主な課題は、現地の指導者の心理を十分に理解し、彼らの対立する願望と利益を平和的解決へと導き、民主的なガバナンスの原則と規則を真に受け入れさせることである。究極的には、民主的なガバナンスの構造だけでなく、民主主義の文化も育成され、国家の指導者が民主的原則に基づいた最低限の行動倫理基準によって征御されるようになるまで市民が啓蒙されることが必要である。

紛争後の社会の変革と指導者の役割

今が、冷戦終焉後の二〇年の間に施行されてきた平和構築活動の成果を評価する時である。内紛後に平和を強固なものにするための一般的な対処の仕方に基づいてそれは遂行され、その後、自由民主主義的な平和基本原則が実行され、必要な場合は、国連やヨーロッパや北アメリカの主要国を代表すよる関係グループの支援によって選挙が行われた。紛争多発国や紛争後の国家を、選挙と法の支配によって統治される民主社会に進化させるということは高貴な考えだった。しかし、このプロセスを軽率に推し進めることは、マイナスの効果、あるいは不安定化を起こすような効果さえ持つ。民主化のプロセスはいくつかの国々で分裂社会を生み、安定への可能性を無に帰してきた。この不安定化効果を懸念して、ローランド・パリス（Roland Paris）のような学者たちは、まず民主化と市場化の不安定化効果を平和的な範囲で管理できる自立可能な制度を確立し、その後徐々に政治、経済改革を行うことを提唱した。言いかえれば、彼は平和構築に携わる者が自由民主化プロセスを始める前に、効率的で効果的な政府の部署や機関の土台を確立することを提案したのである。[7]

民主主義が軋轢を生じさせる効果があるため、民主的な政治制度における自由競争的な本質を指摘する学者も存在する。そのような分裂に慣れていない社会において勝者と敗者のレッテルを張る選挙制度がそうであり、選挙が社会的、政治的紛争を悪化させる傾向にあると考えている。そして自由競争的な民主化プロセスと、和解あるいは平和構築の努力を成し遂げる必要性の間の複雑な関係を明らかにしている。それは民主化と平和構築のプロセスが持つ短期のマイナス効果と長期的に持続する効

7　ローランド・パリスは、「自由化」を選挙、政府の権力の使用における憲法上の限界、言論、団結の自由や人権等の基本的な国民の自由を含む民主化として表している。パリスによると、「自由化」という用語は、経済学では市場経済モデルへの移行を意味する。詳しくは Paris, Roland. *At War's End: Building Peace after Civil Conflict*, Cambridge University Press, 2004, p.5.

果の間の注意すべき区別である。戦争から民主主義へのより効果的で着実な移行を容易にする理論と政策を展開する必要がある[8]。

最近、ニューマン（Newman）とリッチモンド（Richmond）が自由民主主義の促進の有効性を再検証した。ボスニア、アフガニスタン、東ティモールとシエラ・レオネのような紛争多発国や紛争後の国家における武力紛争の再発を防ぎ、確固たる平和を確立する必要性があるという観点での研究に基づいたものである。この研究で彼らは、現在の平和構築の自由主義の前提を精査し、批判した。その前提とは、民主主義の促進、市場に基づいた経済改革、そして平和を構築するための原動力としての近代的な国家に関連する一連のその他の制度である。もし自由主義的な平和が実行可能なら、それが同時に合法的であるということなのか。あるいは覇権統治、あるいはネオリベラリズムの新しい形式なのか。国家構築、自由主義的な平和構築、そして平和構築に関する現在の概念からの解放を目指す課題は何か。何が、あるいはどの国家に関する展望が奨励されるのか。平和構築とは、紛争やその国際的反動を封じ込めようとする現実主義者の戦略的活動なのか、それとも、紛争の根底にある原因を解決し、草の根活動家とともに問題に取り組むことができるのか。「自由主義的な平和構築に関する新しい観点」がこれらの論争に新鮮な洞察を提供した。それはまた、主な国連平和構築のケースに焦点を当てながら、より幅広い範囲の経験を通じて、その影響と自由主義的な平和構築の記録を考慮に入れている。それは国家制度の再構築を含む、より幅広い分野の活動を考慮することによって民主主義と市場経済への狭小な焦点を超越している。理論と、紛争後の社会からの分析を取り込むことによって、この研究はまた権力、合法性と国際秩序についてのより広い議論を展開し平和構築の将来の展望を論じている。[9]

第2節のはじめに述べたように、一九八九年のソビエト連邦の崩壊以来、国際社会は、紛争多発国や紛争後の国を含むすべての国々において自由民主主義がガバナンスの形式として適正であると確信してきた。しかし、成熟した民主主義に存在している民主主義制度の形式と構造は、各々の社会が数十年、数世紀かけて、その原則と通用する様式をその独自の要件に適応させてきたものである。筆者らは、民主主義を理解するにあたってそれを見落としてきたのである。民主主義の要素の間での相互作用の複雑さが十分に理解される必要がある。このため、デヴィッド・アプター（David Apter）が特定した政治体制の土台を築く三つの特性を認識すべきである。[10] 第一に、主に規範となる道徳である。[11] 第二の要素は組織的なシステムである。第三は、システムとその下部システムの基本的な構造特性である。システムとその構造は、政治体制の道徳的、規範的な要素として社会において進化しつづける要件に適応するために変化する。そのため、「筆者たちが知っているように、民主主義制度は、最も

8　Jarstad, Anna K. and Timothy D. Sisk eds., *From War to Democracy: Dilemmas of Peacebuilding*, Cambridge University Press, 2008.
9　Newman, E., R. Paris and O. Richmond, eds., *New Perspectives on Liberal Peacebuilding*, United Nations University Press, 2009.
10　Apter, David E., *The Politics of Modernization*, The University of Chicago Press, 1965.
11　これは古くはプラトンや孔子によって美徳として論じられた中で特定された。

近代化している社会であまりに過激に進化するため、それらが何か他のものになっていると認識しないのは我々の側の純粋な盲目性である」[12]ことを、私たちは認識すべきなのである。まず社会の平和と安定性をもたらし、そして社会とその人々を発展させるガバナンスの原則、システムと構造を順応させることが必要である。平和構築者の主要な任務は、社会における政治文化と価値を理解し、その後、平和と安定性を確保し、そしてその人々の発展と彼らに権力を与えるガバナンスの枠組みを見つけることであるべきである。

持続可能な平和と安定性をもたらそうとする努力において、平和構築者は主要な指導者と活動家たちの特徴と性格を十分に理解する必要がある。また、指導者の欲望と意図を認識する必要もある。平和構築者の主要任務は、指導者が個人の欲望と国益の間の均衡点を維持できるようにすることである。しかし平和構築者の究極の責任は、平和的な方法で国益を確保するために、リーダーシップにおける必要な変化をもたらすことなのである。

12　Apter, *Op. cit.*, p.2.

あとがき

ブトロス＝ガーリが国連事務総長になって一九九二年に「平和の課題」を発表してから二五年間、国連は紛争のない社会を築くために、平和構築支援をしてきた。筆者は一九九三年にカンボジアで明石康特別代表の率いる国連カンボジア暫定統治機構（ＵＮＴＡＣ）が行った選挙に国連選挙監視団の運営責任者として従事した。その後、ソマリア、ルワンダ、東ティモールで国連の平和活動に携わってきた。これらの国々の現場で学んだことは、平和を構築するのに必要なのは平和構築活動ではなく、平和を構築する現地の指導者と信頼関係を築き、紛争を予防し再発を防ぐにはどうしたらよいか、一緒に考えることであった。

ブトロス＝ガーリの後を継いだコフィ・アナンは、二〇〇〇年になると「ミレニアム宣言」、二〇〇五年には「ミレニアム開発目標」そして、「より大きな自由を求めて」を発表し、開発、安全保障、人権問題に関わる活動を平和活動とともに施行すべきと説いた。ブラヒミ・ドクトリン、キャップストーン・ドクトリン、ニュー・ホライズン、そして「保護する責任」などの処方策を講じて、平和活動がより効率的・効果的に行なわれるように試みてきた。また安全保障理事会の改革をも提案したが、既存の権益を保持しようとする主要国と競合する国々により、現状維持の体制を変えることはできなかった。

現時点（二〇一八年一月）でグテーレス事務総長が推進している国連改革も、平和、開発、人権の部門をより密接に連携させて包括的に行動することを目指している。平和と安全保障の柱を一本にして国連の平和活動を「一体となった柱（whole-of-pillar）」アプローチにより素早く効果的に行う強い意志を示した。そしてＨＩＰＰＯ勧告を受け入れ、政治の卓越性とアプローチの柔軟性を確保し、国連が紛争予防と危機対策を行うことを示唆した。

最近になって、二つの想定外のできごとが、国連改革の可能性を現実化してきた。第一には、アメリカ・ファーストと宣言しながらも、トランプ大統領が二〇一七年九月一八日に国連改革のための特別会議をニューヨークで開催し、一か月後の一〇月二〇日には、グテーレス事務総長をホワイトハウスに迎え、国連が世界のすべての国々を一堂に集め討議できることを知り称賛した。これはトランプ大統領を含む世界の指導者たちが、国連の歴史的な役割の重要性をより鮮明に認識する方向に向かっていることを明示したと言えよう。

第二の想定外の出来事は、二か月後の一二月二〇日に開かれた安保理の一般討論会で、参加した六〇か国もの国々の代表が、グテーレス国連事務総長の国連改革案を歓迎して支持したことである。紛争の形態が変貌している中で、新たな紛争の予防と紛争の拡散を防止するための包括的な戦略が必要であることを強調し、安保理が新たな脅威の本質を精査し、根本的な原因と紛争の加速的な激化に対処できる防止策を立てるべきであるとした。この安保理の会合の議長であった日本の別所大使が、参加者の問題意識と見解を反映して、大量破壊兵器の拡散、テロの拡大、非国家主体や国家間の犯罪組織など、非伝統的で錯綜した脅威が増すにつれ、安保理は「人間の安全保障」の概念を取り入れ、個々の人間の安全を確保できる社会を構築すべきと説いたことは、意義あることであった。

最後に、この本の出版にあたって多大な貢献をしてくださった元日本評論社の飯塚英俊氏に、深く感謝を申し上げる

二〇一八年一月　筆者

●著者略歴——

長谷川 祐弘（はせがわ すけひろ）

1942年生まれ。ミシガン大学卒業、国際基督教大学修士（国際行政学）、ワシントン大学博士（国際関係開発論）。1969年から37年間、国連に勤務。カンボジア総選挙 UNV 選挙監視団統括官（1993年）、ソマリア国連平和活動、政策企画部長（1994）、国連開発支援活動調整官（ルワンダ1995-96年；東ティモール2002-06年）、国連事務総長特別代表（東ティモール担当、2004-06年）など要職を歴任。国連退職後は法政大学教授（2007-13年）、国連大学客員教授（2007-15年）、国連学会理事（2007-16年）などを務め、現在、NPO 法人日本国際平和構築協会理事長、日本国際連合協会学術交流担当理事、国連システム学術評議会東京事務所長。

著 作：*Primordial Leadership: Peacebuilding and National Ownership in Timor-Leste,* United Nations University Press (2013).「東ティモールの平和構築と指導者の役割——2006年の国家危機から学んだ教訓」、東大作編著『人間の安全保障と平和構築』日本評論社（2017年）、等多数

国連《こくれん》平和《へいわ》構築《こうちく》——紛争《ふんそう》のない世界《せかい》を築《きず》くために何《なに》が必要《ひつよう》か

2018年3月25日　第1版第1刷発行

著者　長谷川祐弘
発行者　串崎 浩
発行所　株式会社 日本評論社
〒170-8474　東京都豊島区南大塚3-12-4
電話 03-3987-8611（代表）、8621（営業）
振替 00100-3-16
印刷　精文堂印刷
製本　難波製本
装丁　林 健造

ISBN 978-4-535-58716-8